走进青海
历史文化丛书

草原王国吐谷浑

青海省地方志编纂委员会办公室 编

胡 芳 崔永红 著

青海人民出版社

图书在版编目（CIP）数据

草原王国吐谷浑 / 青海省地方志编纂委员会办公室编；胡芳，崔永红著 . -- 西宁：青海人民出版社，2023.2

（走进青海历史文化丛书）

ISBN 978-7-225-06429-1

Ⅰ . ①草… Ⅱ . ①青… ②胡… ③崔… Ⅲ . ①吐谷浑—民族历史—研究 Ⅳ . ① K289

中国版本图书馆 CIP 数据核字（2022）第 198883 号

走进青海历史文化丛书

草原王国吐谷浑

青海省地方志编纂委员会办公室　编

胡芳　崔永红　著

出 版 人	樊原成
出版发行	青海人民出版社有限责任公司
	西宁市五四西路 71 号　邮政编码：810023　电话：（0971）6143426（总编室）
发行热线	（0971）6143516 / 6137730
网　　址	http://www.qhrmcbs.com
印　　刷	陕西龙山海天艺术印务有限公司
经　　销	新华书店
开　　本	787 mm × 1092 mm　1/32
印　　张	11.25
字　　数	190 千
版　　次	2023 年 2 月第 1 版　2023 年 2 月第 1 次印刷
书　　号	ISBN 978-7-225-06429-1
定　　价	40.00 元

版权所有　侵权必究

《走进青海历史文化丛书》编纂委员会

主　　任：杨松义

委　　员：李泰年　云公保太　董得华　刘淑青
　　　　　马　渊　师玉洁

总 策 划：杨松义

执行策划：师玉洁　戴发旺

主　　编：杨松义

副 主 编：李泰年　云公保太

出版说明

　　文化是民族的精神命脉。坚定的道路自信、理论自信、制度自信，其本质是建立在悠久的文明传承基础上的文化自信。不忘历史才能开辟未来。习近平总书记指出，"优秀传统文化是一个国家、一个民族传承和发展的根本，如果丢掉了，就割断了精神命脉。我们要善于把弘扬优秀传统文化和发展现实文化有机统一起来"，"努力实现传统文化的创造性转化、创新性发展，使之与现实文化相融相通，共同服务以文化人的时代任务"。青海是中华民族和中华文明的重要发源地，青海的历史，见证了中国历史的久远；青海的文化，丰富了中华文化的内涵。建设富裕文明和谐美丽新青海，既需要一代又一代人的接续奋斗，更需要在汲取历史养分中找方向、找动力、找信心。

　　地方志纵览史实，横陈百科，明远详近，信今传后，既是中华优秀传统文化的重要组成部分，又是中华优秀传统文化世代相继的重要载体。从20世纪80年代至今，经过几代方志人的不懈努力，全省形成了卷帙浩繁的方志文化成果，构成了一座以地情为重要内容并不断丰富发展的地方志资源宝库，在保存历史、传承文明、繁荣文化、促进发展等方面发挥了重要作用。进入新时代，更好地发挥地方志存史育人资政的功能，必须紧紧抓住深刻阐释优秀传统文化、大力弘扬优秀传统文化这个全部工作的着眼点和发力点。

《走进青海历史文化丛书》是青海省地方志编纂委员会办公室组织编纂的地情文化丛书，以普及青海地方历史和优秀传统文化为宗旨，坚持编纂质量和社会效益第一，突出系统、真实、生动、简明的特点，具有较强的知识性、趣味性、可读性。期望本丛书的出版能进一步坚定全省各族人民的历史自信、文化自信，以史为鉴，继往开来，把可爱的青海建设得更加美好。本丛书是在2004年青海省地方志编纂委员会办公室策划编纂的《青海史话》的基础上，经过原编著者认真打磨、反复修改形成的。在编纂过程中，吸收了史学界、文化界最新的研究成果，在此一并致谢。

丛书编辑组
2022年10月

目录

引言 ... 一

吐谷浑西迁及建国 ... 五
一、追根溯源 ... 五
二、兄弟马斗 ... 九
三、千里跋涉 ... 一四
四、吐延遇刺 ... 一八
五、叶延立国 ... 二一
六、碎奚惊变 ... 二五
七、视连仁孝 ... 二九

吐谷浑王国的勃兴 ... 三三
一、视罴秣马厉兵 ... 三三
二、树洛干少年英武 ... 三八
三、阿柴折箭遗训 ... 四三

四、生擒赫连定 　　　　　　　　　四九

五、慕璝奉表告捷 　　　　　　　　五五

六、慕利延西征于阗 　　　　　　　五九

七、拾寅定都伏罗川 　　　　　　　六七

八、由战而和 　　　　　　　　　　七一

吐谷浑王国走向鼎盛　　　　　　　　七七

一、度易侯攻灭宕昌 　　　　　　　七七

二、丘冠先因礼仪被杀 　　　　　　八〇

三、伏连筹外并戎狄 　　　　　　　八四

四、伏连筹救助北魏 　　　　　　　九〇

五、伏连筹与柔然联姻 　　　　　　九三

六、夸吕增筑伏俟城 　　　　　　　九九

七、远交近攻 　　　　　　　　　　一一〇

八、腹背受敌 　　　　　　　　　　一一四

九、北周攻陷伏俟城 　　　　　　　一一九

十、"吐谷浑道"的兴盛 　　　　　一二四

十一、水乳交融 　　　　　　　　　一三七

吐谷浑王国由盛转衰　　　　　　　　一四四

一、扰掠隋边 　　　　　　　　　　一四四

二、隋文帝君子风度 　　　　　　　一四九

三、裴矩巧使借刀杀人之计　　　　　　　一五五
　　四、隋炀帝西征吐谷浑　　　　　　　　　一六一

吐谷浑王国复国　　　　　　　　　　　　一七〇
　　一、伏允复国　　　　　　　　　　　　　一七〇
　　二、袭扰唐境　　　　　　　　　　　　　一七四
　　三、互市承风戍　　　　　　　　　　　　一七八
　　四、分化同盟军　　　　　　　　　　　　一八二
　　五、伏允老耄失政　　　　　　　　　　　一八七
　　六、李靖西征吐谷浑　　　　　　　　　　一九〇
　　七、诺曷钵降唐　　　　　　　　　　　　一九九

吐谷浑王国灭亡　　　　　　　　　　　　二〇四
　　一、诺曷钵请婚　　　　　　　　　　　　二〇四
　　二、甥舅之国　　　　　　　　　　　　　二〇九
　　三、禄东赞攻灭吐谷浑国　　　　　　　　二一六
　　四、诺曷钵背井离乡　　　　　　　　　　二二三

后王国时代的吐谷浑　　　　　　　　　　二三二
　　一、离井背乡的吐谷浑王族　　　　　　　二三二
　　二、唐代内迁的吐谷浑人　　　　　　　　二四五
　　三、五代、北宋初年内迁的吐谷浑　　　　二五〇

四、吐蕃统治下的吐谷浑邦国　　二五六
　　五、吐谷浑人的历史密码　　二六八

余论　　二八四
　　一、吐谷浑与中原王朝的关系及其
　　　　兴亡原因　　二八四
　　二、寻找遗失的草原王国吐谷浑　　二九〇
　　三、走马北中国的鲜卑民族　　三二〇

主要参考文献　　三四〇
后记　　三四四

引言

已经过去了的，就是历史。历史常被人提起，但并不是所有发生过的历史都能留在人们的记忆中。有很多辉煌，很多失落，甚至绝大部分生命的血泪都被遗忘在历史的一隅，少有人触及。

历史无言，高原苍茫。

青藏高原是离天最近的地方。在这片古老的土地上，蓝蓝天空与漫漫黄沙对视，皑皑白雪与青青绿草相伴。历史静静地走过，来来去去，生生灭灭，羌、吐谷浑、党项、吐蕃等古老民族在神奇而瑰丽的青藏高原上纵横驰骋，演绎了一幕幕金戈铁马、生动鲜活的往事……

其中，从东北的白山黑水间千里跋涉，历尽艰难险阻，辗转迁徙到青藏高原的吐谷浑人，在这块遥远而广袤的土地上建立了一个生命力极其顽强的草原王国。在各民族争相逞英豪的辽阔的中华大地上，在处处闪耀着刀光剑影的漫漫时空中，这个草原王国几经沉浮，顽强生存了350多年。这是个奇迹，而这个奇迹却是鲜为人知的。地处偏域的吐谷浑人的历史曾长久地被湮没在岁月的积尘之中，无迹可寻，也少有人问津。

时光流逝，古老的草原王国吐谷浑在历史的记忆中沉睡了千余年。直到20世纪80年代，西北著名民族史学者周伟洲先生殚精竭虑，挖掘了历朝历代文献中关于吐谷浑的片言只字的零星记载，撰写了一部《吐谷浑史》，才还原了吐谷浑发展的大致的历史轮廓。这是吐谷浑人的幸运，也是西北民族史学界的幸运。21世纪以来，有关吐谷浑的新的研究成果和考古发现不断问世，而周伟洲先生也在时隔30多年后对《吐谷浑史》和《吐谷浑资料辑录》两本书进行了增补再版，吐谷浑的历史面貌逐渐明晰、丰满了起来。

为了让读者对吐谷浑王国有个大致的了解，我们在这里先简要地梳理一下吐谷浑的发展历史。吐谷浑是东晋初至唐前期活动在青海高原上的游牧王国。吐谷浑源出慕容鲜卑，也被称为"吐浑""退浑"等，其祖先可追溯到东胡。"吐谷浑"原本是人名，是辽东鲜卑慕容部首领的庶长子，由于部落壮大与草场狭小的矛盾，与其弟慕容廆发生口角，约于晋太康四年至十年（283—289年）间负气率部西迁，于西晋永嘉末年（312—313年左右）西渡洮河，留居到今甘肃、青海交界地区大夏河流域一带。吐谷浑的孙子叶延约于329年正式建立了以鲜卑贵族为核心、联合羌人豪酋共同执政的地方政权，并以其祖父名字作为王族姓氏、族名和国号，国都约在今甘肃省临夏市。从此，"吐谷浑"就成了这一支慕容鲜卑和他们在西北建立的草原王国及其民族的名称。吐谷浑国共传15代，有22位君主，在青海高原存续3个多世纪，是中国历史上存国时间最长的地方政权之一，其22位君主或雄才大略，或仁孝友爱，或儒雅好学，或刚愎自用，都有着自己鲜明的个性和不同的政治建树，也有着各自精彩的人生故事。

吐谷浑的历史以663年被吐蕃攻灭为界，可分为吐谷浑王国时期和吐谷浑邦国时期（即吐蕃统治时期）两个阶段。吐谷浑王国时期，吐谷浑的历代君主奋发图强、叱咤风云，为青海高原的开发和中西文化的交流互鉴做出了巨大贡献，尤其是"吐谷浑道"兴盛一时，在中西交通史上书写了浓墨重彩的一页。吐谷浑邦国时期，留居在今甘肃、青海等地的吐谷浑部众受吐蕃统治，渐渐融入吐蕃之中，而投归唐朝的吐谷浑王室和贵戚多在朝廷任职,融入了唐政府的官僚体系,民众则在与当地汉族和其他民族长期交往交流过程中逐渐被同化,最后融入到汉族和其他民族之中。

中华民族有5000多年的文明历史,在其漫长而辉煌的发展历史中,只有300多年建国史的吐谷浑王国是微不足道的,它就像沧海里的一颗明珠,只绽放了刹那的光华。但从中华民族共同体形成视域来说,吐谷浑的发展历史颇具代表性和典型性,其兴衰与消亡真实地反映了吐谷浑民族逐步融入中华民族共同体的历史进程,是中华民族多民族交往交流交融的历史缩影与典型例证。

吐谷浑西迁及建国

一、追根溯源

吐谷浑是活跃在我国西北地区历史舞台上的古代民族之一,对开发和建设大西北作出过很大贡献。可如果要追根溯源的话,这个"逐水草而居"的游牧民族并不是土生土长的西北土著居民,而是从遥远的东北千里迢迢迁徙到西北的。

吐谷浑原属辽东鲜卑慕容部。鲜卑是中古时期活动在我国北方的游牧民族,是东胡的重要分支。秦汉之际,东胡被匈奴冒顿单于打败,分为两部,分别退保乌桓山(今内蒙古自治区阿鲁科尔沁旗以北)与鲜卑山(今内蒙古自治区阿鲁科尔沁旗西),均以山名作族名,形成乌桓与鲜卑,受匈奴统治。东汉桓帝时(147—167年),鲜卑族的杰出首领檀石槐统一了分散的鲜卑各部,在弹汗山(今山西阳高县北洋河上游）建立可汗王庭，形成了强大的部落军事联盟，向东、西、北三面扩张。这一时期，鲜卑控制的区域南接汉地，北拒丁零，东却扶余，西击乌孙，东西长14000余里，南北宽7000余里，网罗了很多山川、水泽、盐池。檀石槐将这辽阔的区域分成东、中、西三个部分，每部设"大人"统领，东、中、西三部又各由20多个或10多个较小的部落组成。慕容部属于中部鲜卑，与柯最部、阙居部同属于鲜卑本部部落，这三个部落因肤色较白，被西部鲜卑和其他民族称之为"白部""白虏"，又因该部首领的名字叫慕容，故被人称作"慕容鲜卑"。

慕容鲜卑最初居住在右北平（治今河北平泉）以西至上谷（治今河北怀来）一带。曹魏初年，慕容部的首领莫护跋率领部落向东迁徙，迁到了辽西（治今河北卢龙东南）。魏明帝景初二年（238年），莫护跋因跟随司马懿到辽东讨伐燕王公孙渊有功，被封为"率义王"。受封后，莫护跋又一次率部落迁徙，迁到了辽河西昌黎郡的棘城之北（今辽宁锦州附近），在那儿建立了国家。当时，燕国的少年男子喜欢戴一种叫步摇冠的帽子，戴上后，走起路来一步三摇，显得十分飘逸。莫护跋很喜欢这种样式的帽子，就经常将头发敛起来，戴上步摇冠。国内的人纷纷效仿他，一时蔚然成风。这是历史记载中慕容鲜卑接受先进的汉文化的开端。从此,慕容鲜卑就开始吸收先进的汉文化,到莫护跋的孙子涉归时,这种吸收更为广泛和全面,史载其"渐变胡风,遵循华俗"。也就是说,这一时期,慕容鲜卑逐渐改变了自己的传统习俗,开始学习和遵从中原汉族的风俗。

莫护跋死后,部落由他的儿子木延统领,木延曾受封为"左贤王"。魏正始七年(246年),木延跟随幽州刺史毋丘俭出征高句丽、秽貊,立下战功,被封为"大都督"。木延死后,木延的儿子涉归继位。涉归继续依附魏晋政权,多次跟随魏晋的军队出战。晋武帝太康二年(281年),涉归以"全柳城(今辽宁朝阳地区)之功",进拜"鲜卑单于",并被封为"昌黎公"。受封后,他又率领部落迁都到了汉族聚居的辽东北(今辽宁彰武、铁岭)一带。晋太康十年(289年),涉归的儿子慕容廆又从辽东北迁回到辽水之西昌黎郡徒何(今辽宁的义县)青山。元康四年(294年),又由徒何南迁到棘城。

涉归有两个颇有政治才干的儿子,他很器重自己的这两个儿子,对他们寄予厚望,希望他们将来能光大鲜卑族的基业,所以连取名都是依照鲜卑族最初居住地的两条河流的鲜卑名字命名的,即依照乌侯秦水（今老哈河）和乐水（今西拉木伦河）的鲜卑读音分别取名为吐谷浑和慕容廆。吐谷浑是庶长子，涉归曾给他分了1700户人家（一说700户），让他统领。慕容廆，字若（弈）洛瑰，虽比吐谷浑年纪小得多，但因为是嫡子，被立为嗣子。慕容廆身材魁梧，英姿飒爽，孩童时曾见过安北将军张华雅一面，张华雅非常器重他，曾称赞他是"命世之器"，认为他长大后一定会是个匡难济时的豪杰之士，还将自己的帽子送给慕容廆，与他结为忘年之交。

晋太康四年（283年），涉归去世。当时，慕容廆年仅15岁，缺乏政治经验，他的叔父慕容耐野心勃勃，乘乱夺取了王位，并欲图加害慕容廆。慕容廆见形势不妙，急忙往辽东逃亡。慕容耐一心想斩草除根，闻讯后立即派人追杀慕容廆。慕容耐派出的人一路紧追不舍，眼看就要追上慕容廆了，慕容廆急中生智，跑到路边的民家，用席子遮住了自己。追杀的人冲进屋里，举目四顾，没发现慕容廆的影迹，怕他逃远了，不敢耽搁，又回到屋外从原路追赶，慕容廆这才捡回一条小命。晋太康六年（285年），慕容耐被不满其所为的部下所杀，国内拥护慕容廆的人从辽东将其迎回，拥立他作可汗。

不久，吐谷浑和慕容廆兄弟失和，吐谷浑一气之下率部众西迁,其子孙后代以遥远的青海为政治中心,建立了一个强大的草原王国,并融合当地的羌、氐等民族,形成了一个新的民族——吐谷浑。而正因为慕容部莫护跋至慕容廆时,频繁地迁徙于辽西和辽东,加上吐谷浑的曾祖父莫护跋曾在昌黎郡的棘城之北建立过国家,史书上一般称吐谷浑为"辽东鲜卑",吐谷浑的后代也才说自己"始自昌黎"。

二、兄弟马斗

吐谷浑起先只是一个人的名字,是鲜卑慕容部首领涉归庶长子的名字,到后来,才成为一个国家和一个民族的名称。说起来,吐谷浑民族的兴起和王国的建立竟然是由一场马斗引起的。

晋太康四年至十年(283—289年)的一个春天,辽东大地上又是草长莺飞,到了放牧的黄金季节,绿茵茵的草地上,到处都是撒欢的马群。突然,吐谷浑部的马群和慕容廆部的马群在狭小的草场上相遇了,因处于发情期而好斗的马群竟然相互打起架来了。瞬时间,牧场上群马嘶鸣,乱成一团。牧人们管不住混乱的马群,便急忙去禀报各自的首领。

年轻气盛的慕容廆听到这个消息后勃然大怒，不分青红皂白就派人去责备兄长吐谷浑："父亲在世之时，就对我们各有安排，让我们分别率领自己的部众。你为何不离得远一些，以致于马群发生相斗？"吐谷浑听了这话，来了气，对慕容廆说："马是畜生，爱打架是天性。马儿打架，怎么能迁怒到人身上！你也太不近人情了。我马上就走，到离你万里之遥的地方去！"

吐谷浑连夜召集部落的大小头目，发布迁徙的命令。第二天一大早，1700户人家纷纷将帐篷捆绑到马背上，赶着成群的马、牛、羊等畜群，扶老携幼，浩浩荡荡地向西迁徙。已经40多岁的吐谷浑骑着一匹火红色的骏马，意气风发地走在队伍的最前面。据土族学者吕建福考证，当时，随吐谷浑西迁的主要有可朱浑氏、乌洛兰氏、乙那娄氏、莫那娄氏、叱奴氏、斯尼氏7个部落，还有随迁的王氏、常氏、悉如氏等乌桓部落，其他鲜卑部落主要是所经之地的宇文部、段部和白部的一些部落，其中，白部有素和氏，当时随吐谷浑西迁的大人名叫素和西越，随吐谷浑西迁后率部居住漓水（今甘肃积石县大夏河）流域。

慕容廆一时说了气话，后来见兄长吐谷浑真的率部众远徙，后悔不已，急忙派长史史那楼冯和父亲涉归的几位老部下飞马去挽留吐谷浑。史那楼冯劝留的言辞十分恳切，使一心要到西边开辟新领地的吐谷浑不得不拿天意推辞，他说："从我们的祖先起，慕容部就在辽东树立了威望。先父在世之日，曾让巫师占卜，巫师预言说'你有两个儿子，能享君主之位，并能流传给子孙。'我虽是长子，但属庶出，按理不能僭越于弟弟之上。现因马斗而使兄弟失和，大概是天意如此。如果你们不信，请试着将马往东赶，马群若一直向东走，我就随你们回去。"

史那楼冯命令随从的2000名骑兵赶着吐谷浑部的马群朝东走，马群走了数百步后，突然长声悲鸣，声震群山，回过头就朝西奔驰。史那楼冯不甘心，命令随从赶着马群再次向东，结果跟前面一样，马群仍然往西走。就这样，来来回回折腾了十几次，史那楼冯累得精疲力竭，最后终于相信了吐谷浑的话，他跪下来告辞说："这是天意，不是人力所能挽回的。我回去禀报可汗，叫他不要再派人来挽留了。"

史那楼冯等人挥泪告辞了，难舍故土的部众们，也一个个向着故乡遥望，暗暗擦拭着泪水。为割断部众的思乡之情，鼓舞士气，吐谷浑将部落的全部人马聚集到一起。他骑着马站在高处，挥舞着马鞭，豪迈地对部众说："父老乡亲们，不要悲伤，我们慕容鲜卑个个都是流血不流泪的勇士,我们一定能强盛起来。慕容廆继承了我父亲的基业,他的国统应该能传到曾玄孙,时间能延续一百多年。而我们要到西边去开拓新的疆土,前路艰险,很可能到我的玄孙时我们的功业才能显著,但无论如何,我们的西迁一定能成功,我们一定能找到自己的新家园!"听了大首领的话,吐谷浑部落里的人顿时振奋了起来,他们带着希望,满怀信心地继续踏上了西去的路途。

鲜卑语中哥哥的发音是"阿干"。吐谷浑西迁后,慕容廆非常想念他,就写了著名的《阿干之歌》,以寄托自己的思念之情。这首歌情真意切,其歌词唱道:"阿干西,我心悲,阿干欲归马不归。为我谓马何太苦?我阿干谓阿干西。阿干身苦寒,辞我土棘往白兰,我见落日不见阿干,嗟嗟,人生能有几阿干。"慕容廆每逢思念特别深切,情难自禁之际,便命宫廷的乐手演唱这首歌。后来,慕容廆的子孙继位时,便拿这首歌作为登基时的辇后鼓吹大曲来演奏,代代流传了下去。这首歌还通过各种途径流传到了别的国家,深受大家的喜爱,直到唐代时,唐王朝的宫廷音乐中还保留着这首歌,演唱时还仍用鲜卑语来演唱,但那时,人们已听不懂那些承载着兄弟间深情厚谊的古老而陌生的歌词了。

关于吐谷浑分部西迁的原因和经过，魏晋时期的中原史学家都认为是因一场意外的部落马斗引起的，并随之讲述了一个兄弟情深的故事。而周伟洲先生则认为，当时居于辽东、辽西的鲜卑各部之间，相互争夺人口、牲畜和牧场的斗争十分激烈，而慕容部比较弱小，占有的牲畜、牧场十分有限，吐谷浑部和慕容廆部之间的马斗，实际上是因牧场狭小而引起的深刻矛盾，这才是促使吐谷浑远徙的根本原因。土族学者吕建福的分析则更深入了一步，他认为吐谷浑的西迁与慕容部的汗位之争有关，而且兄弟俩还从政治斗争发展为军事冲突，吐谷浑向慕容廆长史史那楼冯宣告"我兄弟且俱当享国"，是充分表达自己的政治立场和分部称汗的事实。双方谈判失败后，史那楼冯率2000骑十几次往回赶吐谷浑的马群是双方发生了激烈的军事冲突，吐谷浑在军事上取得了胜利，才最终得以西迁。

尽管兄弟俩存在着不可调和的矛盾和斗争，但吐谷浑和慕容廆无疑都是十六国前期少数民族首领中志向远大、雄韬伟略的杰出之士。据史书记载，慕容廆的文治武功均十分出色，从治国才能来说，他在大棘城（今辽宁义县西）发展农桑，提倡儒学，举贤任能，不但推进了慕容鲜卑的封建化，使慕容鲜卑逐渐从游牧转向农耕,还促进了棘城地区经济和文化的发展。从军事才能来说,慕容廆战功赫赫,平定辽东,自称"鲜卑大单于",是前燕的奠基者。而吐谷浑则带着部众千里迢迢迁徙到遥远的大西北,成为草原王国吐谷浑的开创者。兄弟两人都为自己的子孙后代开拓出了一片辽阔的大地,在史册上留下了浓墨重彩的一笔。

三、千里跋涉

长路漫漫,前途艰险,吐谷浑带着部众们跋山涉水,一直向西迁徙。据史书记载,吐谷浑带着部落向西迁徙,一天走80里。他们先是经过了鲜卑族的两个部落宇文部和段部的领地,又经过了濡水、白山一带的白部领地。当时,宇文部、段部的一些部落和白部的素和氏部落或是被吐谷浑裹挟或是自愿随吐谷浑西迁,他们一路向西,经过艰苦的长途跋涉后,来到了今内蒙古阴山地区。

阴山一带原是匈奴故地,气候温和,水草丰美,很适宜游牧民族居住。来自漠北和东北的游牧民族大都迁徙到这里生活。在吐谷浑的部落到来之前,从东北呼伦池迁来的拓跋鲜卑，早已在这儿游牧多年了。但那时，这个地方还没出现特别强大的部族，而势力稍强的拓跋力微部正处在诸部叛离、内部纷扰的状态，自顾不暇，因此，吐谷浑才得以在阴山之南、黄河之北的河套平原一带落脚。对吐谷浑部落而言，阴山意义重大，给了整个部落休养生息的家园，以致于建国 350 年之久的吐谷浑王国灭亡之后，其内迁到唐朝国境的吐谷浑王族还以阴山人自居，把阴山作为自己的故乡。

晋元康五年（295 年），游牧在阴山一带的拓跋鲜卑强盛了起来，在其强大攻势的威慑下，居住在黄河内外的少数民族部落大都臣服于拓跋部，吐谷浑不得已也向拓跋部低头。从晋光熙元年（306 年）起，因拓跋部首领拓跋猗卢对外穷兵黩武，四处征伐，对内明刑峻法，实行严酷统治，诸部民众动不动就因违抗命令而被军法处置，死去的人多达上万人，内部人心不稳，加上王族内讧不断，父子兄弟相残，势力大为削弱，失去了对各部落的控制。于是，原先依附拓跋部的各个部落纷纷借此摆脱其控制，吐谷浑也乘机得以脱身，渡过黄河往南迁徙。

291 年，晋朝爆发了"八王之乱"。这场战乱整整持续了 16 年，引发了中原地区更大的胡汉移民大潮。西晋永嘉七年（313年），在阴山一带游牧了约20多年后，却又最终难于在此长期立足的吐谷浑部落也汇入了这股大规模移民的潮流之中。时年，年近70高龄的吐谷浑首领为了给子孙们重新寻找一块能安身立命的地方，不顾自己年高体衰，率领部落又一次踏上了寻找新家园的旅途。在阴山一带和吐谷浑一起游牧的一些部落也随吐谷浑部落一起迁徙。据吕建福考证，随吐谷浑南迁的阴山部落有拓跋氏、纥拔氏、阿若干氏、匹娄氏、掘氏、他娄氏、达票氏、拔列兰氏、叱罗代、他骆拔氏、出大汗氏、是楼氏、解枇氏、壹斗眷氏、纥豆陵氏、独孤浑氏等，其中拓跋氏随迁的较多，后在吐谷浑国建立后因人多势盛，形成一股较强的政治势力，其首领中有被封为名王的，也有与可汗家族通婚的。

吐谷浑率部经朔方（今内蒙古鄂尔多斯高原）、陇右时，沿途有不少鲜卑、乌桓及匈奴部落加入，随迁的有乌桓部落薄氏、匈奴部落须卜氏、鲜卑部落乞文泥部和轲成泥部等，吐谷浑部落迅速壮大。当吐谷浑率部最终到达枹罕（今甘肃临夏回族自治州）时，已成为一支部落众多、人数可观的浩浩荡荡的大军。这一次，吐谷浑部往南迁徙的路线大致是从阴山往南，到河套南，西南渡陇山到陇西，又西渡洮水，到了枹罕，在枹罕西北的罕开原广大坂（今临夏州积石山县境）居住了一段时间后，就很快向南和向西扩展。据《魏书》卷87《吐谷浑传》记载，"吐谷浑遂从上陇，止于枹罕，自枹罕暨甘松，南界昂城、龙涸，从洮水西南极白兰，数千里中，逐水草，庐帐而居，以肉酪为粮"。

东晋建武元年（317年），即吐谷浑率部落从阴山迁到枹罕的四年之后，一生处在颠沛流离之中，以百折不挠的信心和毅力执着地为部落寻找一块繁衍生息之地的吐谷浑，在完成了民族迁徙的历史使命之后，溘然与世长辞，享年72岁。智慧果敢的吐谷浑就这样匆匆离去了，他的英名却长留在人间，其事迹千百年来一直被后人们传颂不息。《晋书》卷97《吐谷浑传》对他做了很高评价："吐谷浑分绪伪燕，远辞正嫡；率东胡之余种，奄西羌之旧宇。纲疏政暇，地广兵全；廓万里之基，贻一匡之训。弗亡忠义，良可嘉焉。"并称赞道："谷浑英奋，思矫颓运，克昌其绪，实资忠训。"

四、吐延遇刺

吐谷浑可汗一生生育了60个儿子，他死后，20岁的长子吐延继位。吐谷浑的这位第二代创业英主生得高大威猛，勇力过人，性格豪迈洒脱，英勇善战，很有英雄气概。西北一带的羌、氐等少数民族把他看作是西楚霸王项羽一类的人物，连他原来的名字都不用了，直呼他为"项羽"。一听说"项羽"来了，与他为敌的人无不闻风丧胆，落荒而逃。

羌、氐是土生土长的西北古代居民，吐谷浑刚迁到西北的时候，这两个民族还停留在原始社会末期阶段，他们住得比较分散，没有统一的首领，生活和生产都比较原始、简陋。而吐谷浑跟他们不同，早在辽东时，从吐谷浑可汗的曾祖莫护跋时起，就已接受了先进的汉文化，因而，吐谷浑的政治、经济和文化比羌、氐要先进一些。吐谷浑人进入西北以后，四处征战，用武力抢夺羌人的人口和土地，从而使自己的人口猛增，统治地区逐步扩大。

据史书记载，吐谷浑部创居枹罕罕原之后，就以枹罕为桥头堡，不断向南边和西边的广大羌区扩展。他们越过罕开南溪（今甘肃临夏老鸦关西），溯漓水（今甘肃大夏河）而上,南入洮漒（今甘南草原），西进沙漒（今甘青交界一带的河曲草原）。吐谷浑部从漓水流域进入洮漒之地，征服了洮羌，将其领地拓展到了洮河中上游，并越过西倾山，到达了甘松之南（今四川北部和甘肃南部一带）。之后，吐谷浑继续向西南拓展，至昂城（今四川西北的阿坝），占据了今天阿坝草原，并从阿坝一带向西北沿黄河大积石山（今阿尼玛卿山）与白兰山（今巴颜喀拉山）之间的川道，直达黄河源头，占据了白兰（今以鄂陵湖、扎陵湖为中心的地区，西端延及柴达木盆地东南缘）。在短短的十几年中，吐谷浑部在吐延可汗的率领下，浴血奋战，开疆拓土，不仅保住了他们最初落脚时占据的从枹罕西北到甘松之南的大本营，还开辟了南达昂城、西至白兰的广阔领地。

吐延不仅很有作为，心志也很高，他经过十几年的征战，给子孙后代打出了一片广阔的天地，可谓是功勋卓著了，但他自己并不满足于这点功绩，也不甘心偏安西陲，还想驱驰中原，决雌雄于天下，名垂史册。吐延志向远大，视野开阔，仰慕先进的汉文化。有一次，他对部下慷慨陈词，抒发出了自己心中的志向，他语气激昂地说："身为大丈夫，就应当生在中国，处在汉高祖和光武帝的时代，和名将韩信、彭越、吴汉、邓禹一起驰骋中原，决一雌雄，使自己名垂青史。我们本来已是生不逢时了，现在又流落到这穷乡僻壤的地方，既听不到儒家礼教的教诲，又得不到朝廷的封赏，活着与麋鹿同群，死了也只做个用毡裘裹身而葬的鬼魂，真是可叹！唉，这样无所作为地活着，虽然每天能看到日升日落，但扪心自问，我们难道不该感到惭愧吗？"

吐延号称"项羽"，可不是浪得虚名的。他的为人处事还真有些像项羽，他不仅像项羽一样武艺超群、英勇善战，性情也像项羽一样暴躁残忍，不能体谅部下。他在夺取羌人的土地和统一诸羌部落时，采取的手段与措施颇为强硬，引起了广大羌人的愤恨与不满。东晋咸和四年（吐谷浑叶延一年，329年），昂城的羌族酋长姜聪趁吐延不防备，一剑刺在了他的胸口上。剑刺得很深，大惊失色的众将奔上前来，将姜聪砍成了肉酱，但已于事无补。气息微弱的吐延不肯拔出胸口的剑，他把长子叶延叫到身边，拉着心腹大将纥拔泥的手说："这小子刺杀我，是我自己的过错，我上对不起先父，下对不起子女。我们部落之所以能控制诸羌，完全是因为我的缘故。现在我不行了，恐怕诸羌不好控制了。等我死后，你赶快带人去保白兰。那里地处偏远，民风懦弱，容易控制。我儿叶延年纪还小，如果交给别人，我不放心。如今,我把他交给你,请你竭尽全力辅佐他。这孩子若能顺利继位,我就没有遗憾了。"托孤之后,吐延大叫一声,拔出了身上的剑,转瞬间,鲜血四溅,壮志未酬的吐延气绝身亡,年仅35岁,在位13年。

吐延开疆拓土,在辽阔的青藏高原上为西迁的吐谷浑族开辟了新的家园,同时也统一了西羌故地,促进了鲜卑与西羌的交流融合。他倾心汉文化,对中原王朝有很高的认同感,是古代西北少数民族中的杰出人物。《晋书》卷97《吐谷浑传》评价说:"吐延风标宏伟,见方于项籍。始遵朝化,遽夭于姜聪,高节不群,亦藩中之秀也。"

五、叶延立国

吐延有12个儿子,他遇刺身亡后,诸将遵循了他临终的嘱托,拥护他的长子叶延为王。叶延继位时,年仅10岁。叶延少年时勇敢果断,长大后坚毅沉着,他励精图治,继往开来,做到了其祖父和父亲没有做到的事——立国取号,一手建立了吐谷浑的国家政权。

叶延小时候非常孝顺,他因父亲吐延被羌族酋长姜聪刺杀，痛不欲生，深恨自己不能手刃仇人，便做了一个草人，在草人身上挂了一张写有"姜聪"字样的纸条。每天早上一起床，叶延要做的第一件事，就是拿上弓箭去射草人，射中了便痛哭流涕，射不中则怒目而视，大声嗥叫，天天如此，风雨无阻。叶延的母亲看他这样苦自己，心疼不已，便劝他说："仇人姜聪已被众将乱刀砍死了，你年龄还小，何苦要天天这么折磨自己？"叶延泣不成声地回答母亲说："我知道我这样做于事无补，父亲也不能复活。可是父亲对我有养育之恩，而我这个做儿子的，却不能亲手报杀父之仇。想起这一点，我心里痛苦极了，只有每天射草人姜聪，我心里才能好过一点。"叶延侍奉母亲也非常孝顺，母亲病了，5天水米不沾牙，叶延也5天不吃不喝，陪着母亲。

叶延自幼好学，通古博今，喜欢问一些有关天地造化、帝王年历方面的问题。有一天，少年叶延突然向司马薄洛邻等人发问道"三皇是谁的儿子？五帝又是哪一个母亲生的？"众人瞠目结舌，顿时无言以对。对这些看似简单、实则很难考证的问题，大家从来没深究过。一群叱咤风云、管理着王国重要事务的重臣顿时被这个聪慧的少年君王问了个脸红耳赤。最后，司马薄洛邻站出来，硬着头皮回答说："臣等不才，对此一无所知。"叶延环顾四周，看见众人都低着头，禁不住长叹一声，说："唉，自三皇五帝以来，那些天命、象术之类的事在有关典籍中记载得清清楚楚。而你们只知道面壁自守，不知道学习，你们是多么的孤陋寡闻啊！俗话说'夏虫不知冬冰'，这句话说的真是没错啊。"①

叶延熟读史家典籍，仰慕中原儒家文化，他从三皇五帝的不明来历联想到自己，觉得应该用一种方式将自己祖先的来历保留下来，好让子孙后代不忘本。于是，他想起以前读书的时候，曾在儒家经典《礼》上看到过诸侯的后代有用祖先的名字作姓氏的传统，便自称自己的曾祖父奕洛韩（涉归）曾被封为"昌黎公"，说自己也是诸侯的后代，要按古礼用祖先的名字作姓氏和国号。叶延虽然没见过祖父的面，但他特别敬仰祖父吐谷浑，觉得他是个很了不起的人。故此，一方面是为了遵循古礼，一方面是为了纪念祖父，大约在东晋咸和四年（吐谷浑叶延一年，329年），叶延继位不久，便开始用祖父吐谷浑的名字做

---

① 《晋书》卷97《吐谷浑传》所记原话是：延曰："自羲皇以来，符命玄象昭言著见，而卿等面墙，何其鄙哉！语曰'夏虫不知冬冰'，良不虚也。"

为王族姓氏、族名,并立国号为"吐谷浑"。①

从此,吐谷浑作为一个国家政权正式建立,史书上相应地用"吐谷浑"来称呼这一支慕容鲜卑和他们在西北建立的草原王国。

吐谷浑在叶延正式建立政权之前,只是一个较大的部落联盟,最高首领称为"可汗",其余部落首领被称为"大将"或"部大"(主要用来称呼羌族首领)、"别帅",而此时的"可汗"只是鲜卑人对自己首领的称呼,没有国王和君主的含义。叶延建立政权之后,进一步吸收先进的汉文化,"建官多效中国""其官置长史、司马、将军,颇识文字",并建立了以吐谷浑为中心的与诸羌豪酋的联合政权,形成了较为完整的管理国家的政治机构和官吏制度。当时,吐谷浑统治下的各部首领仍被称呼为"部大""酋豪""别帅"等,而其国境的东北界在枹罕、漒川、甘松的南部和西南部。

---

① 《晋书》卷97《吐谷浑传》所记原话是:叶延又曰:"《礼》云:公孙之子得以王父字为氏,吾祖始自昌黎,光宅于此,今以吐谷浑为氏,尊祖之义也。"

六、碎奚惊变

东晋永和七年（吐谷浑叶延二十三年，351年），吐谷浑国主叶延辞世，享年33岁，在位23年。叶延有4个儿子，他去世后，长子碎奚继位。碎奚为人宽厚仁慈，好学仁厚，友爱孝廉，说话办事不够果断，他的3个弟弟的性格却恰好与他相反，专横霸道，飞扬跋扈，不把碎奚这个正儿八经的国君放在眼里，经常随心所欲地干扰国政。这样，日子长了，国家大权几乎全落到了他们手中，差不多到了人们只知道有王弟，而不知道有国君的地步。国内的老百姓对胡作非为的3个王弟非常不满，认为他们是国家的祸害，都痛恨地称他们为"三孽"。

碎奚当政的时候，吐谷浑国内有三个王弟专权，外面的时局也对吐谷浑不太有利。碎奚继位的这一年，世居西北的氐族人苻健占据了长安，自称"秦王"，建立了前秦政权。经过近20年的东征西战，到东晋咸安元年（吐谷浑碎奚二十年，371年）时，前秦的第三位国主苻坚攻灭了前燕，降服了盘踞在仇池（今甘肃西和县南）的氐王杨纂，占据凉州的前凉王张天锡也因畏惧向苻坚谢罪称臣。此时，吐谷浑的统治中心在漒川，与仇池氐王杨纂的领地相邻。碎奚见西北各王在前秦的强大攻势之下纷纷向其俯首称臣，尤其是听闻仇池氏王杨纂降秦之事后，深受震撼，产生了唇亡齿寒之感。他急忙派使者向苻坚献马5000匹，金银500斤（一说50斤）。见吐谷浑王碎奚遣使来拜，一心想"以德怀远"的苻坚十分高兴，立刻下旨封碎奚为"安远将军、漒川侯"。从这时候起，吐谷浑与北方其他政权开始产生交往。碎奚虽接受了前秦的封号，但前秦的管辖范围并没有到达吐谷浑之地。

那个时候，经过将近半个世纪的苦心经营，吐谷浑政权已取得了羌人的支持与合作。吐谷浑王碎奚的身边有不少羌族人，朝官中的很多重要职务都由羌族人担任。当时，西漒钟羌部落的豪酋钟恶地担任长史一职，手握朝中重权。钟恶地熟读汉族典籍，有较深的汉学修养，是个很有谋略的政治家。他见3个王弟威逼君王，造成一国有四主的局面，深觉忧虑不安。又见正在日益强盛起来的东邻——前秦对吐谷浑虎视眈眈，怕国内的危机会导致外患，便下决心铲除"三孽"，维护国家的政治稳定。

东晋太元元年（吐谷浑碎奚二十五年，376年），钟恶地经过深思熟虑之后，决定立即实施清君侧的行动，为此，他特地去找主管军事的司马乞宿云商议。

他对乞宿云说："昔日郑庄公、秦昭王只宠爱了一个弟弟,就几乎毁了自己的国家,哪像我们,现在竟有三个王弟一块骄横无礼,肯定会祸及国家。我和您都是国家的首辅,也是老臣,如果君王遭遇什么不测,我们有何面目去见九泉下的先王?为了国家的安定,必须速速除掉他们。"乞宿云平日里对为非作歹的3个王弟也深为不满,对国家内乱频生、强敌环伺的现状也颇为忧虑,经过一番慎重考虑之后,他同意了钟恶地的想法,但认为应该先告诉碎奚。钟恶地听了乞宿云的建议,摇着头强烈反对:"不行,大王是个没有决断的人,不能告诉他。如果告诉他,我们的行动肯定会失败。"

每月的十五日,是吐谷浑的大臣们上朝朝见国主、禀报事务的日子。到了那月的十五日,文武百官都到齐了。正当众人在朝堂上朝见国王的时候,钟恶地和乞宿云突然向"三孽"发难。钟恶地用眼睛一示意,事先与钟恶地密谋好的那些站在碎奚左右的羌族官员和侍卫们,一个个如狼似虎地扑将过来,擒住了毫无防备的"三孽"。"三孽"连一句辩解的话都没来得及说,刚叫了几声"大哥",就被钟恶地他们拉到室外斩首了。

事变发生时,碎奚不知道出了什么事,仓促间以为是钟恶地他们要发动政变,吓得从宝座上掉了下来。钟恶地和乞宿云见了,急忙奔上前,将碎奚扶到宝座上坐好。钟恶地跪下来禀告说:"臣等罪该万死,事先没将此事禀报大王,让大王受惊了。但事出有因,臣昨晚梦见先王对我说'三个王弟将要发动叛乱,你必须速速除掉他们'。臣是奉了先王的命令才这么做的,请大王明鉴。"碎奚虽然惊魂未定,但也看出钟恶地是假借先王之命杀掉了自己的3个弟弟。本想杀了他替弟弟们报仇,可转念一想,钟恶地是朝廷第一重臣,手握大权,深受众人拥护,行事又假托先王之命,杀了他恐怕众人不服。再说,3个弟弟已经身首异处了,即使杀掉钟恶地也不能使死者复活,弄不好还要引起动乱。碎奚思前想后,最后只好强忍着悲痛,挥挥手,说:"罢了,罢了,你们走吧!"

碎奚平素对3个弟弟非常友爱,尽管他的这3个弟弟不把他当回事,经常在众臣面前让他下不来台,他也一样地喜欢和疼爱他们。现在见他们顷刻间命丧黄泉,不由得悲痛欲绝,再加上事出突然,受了惊吓,竟生了重病,卧床不起。碎奚不能也不愿意再管理国政了,于是,他将长子视连立为世子,嘱托他说:"是我懦弱无能,连累了三个弟弟,我没有脸到九泉之下去见他们!国事我也没脸管了,现在都交给你,无论事务大小,你看着办就行了,不必再禀报我。我已是将死之人,现在不过是推日子罢了。"不久,碎奚就因哀痛不已病死了,在位25年,有子6人,时年42岁。东晋太元元年(吐谷浑碎奚二十五年,376年)碎奚死后,视连继承了王位。

事实上,在这一事件温情脉脉的面纱下隐藏着一场激烈的宫廷斗争,只是当时的史家一厢情愿地用仁厚和忠君的外衣掩盖了血腥而残酷的政治斗争。据周伟洲先生研究,吐谷浑国内的这次政变是吐谷浑王族与羌人豪酋钟氏集团之间为争夺权力而引发的一次流血事件,是鲜卑族吐谷浑氏与羌人争斗的延续。最终羌族暂时占了上风,大权落到了长史羌族首领钟恶地手里。一直到视连继位,钟恶地仍长期掌握着吐谷浑的国政,逼得视连不得不以守孝为名韬光养晦,这种情形一直延续到视连的儿子视罴后才发生了根本性转变。

七、视连仁孝

视连既是一个孝子,又是一个生活很朴素的人。本来,能当上国主是一件天大的好事,但他一点也不快乐，他老觉得父亲伤心而死是因为他这个做儿子的没尽到责任，他为自己没能及时解除父亲心中的哀伤而不住地责备自己。因为存了这个心，整整7年，他没有举办过一次宴会，没有举行过一次游猎活动，凡是那些声色犬马之类的娱乐活动，他一概不参与。视连小时候办事谨慎，颇有志向，但这时候，他的志向和他对国家的责任心完全让他的孝心给淹没了，在这7年里，视连连政事都不愿管了，他把国家事务全交给钟恶地等人去管理，自己只管全心全意地守孝。

视连只顾自个儿尽孝守礼，一旁可急坏了忠心耿耿的老大臣钟恶地。钟恶地熟读史书，深谙治国安邦的道理。他觉得视连太偏执了，为了守孝，过分节制自己的欲望，不饮酒、不玩乐倒也罢了，竟连管理国事都没有个章法，实在不像个君王的样子。于是，钟恶地忍不住要劝一劝视连，他对视连说："做君主的，在治理国家时，要有德行，使大家心服口服敬爱自己；同时要有威严，使大家俯首帖耳听命于自己。在生活中，君主要尝尽五味的甘美，要享受声色的娱乐，才能不损害个人的身心健康。这四方面，是圣明的帝王们之所以比别人高明的地方，而您却全部简略掉了。从前昭公因为俭啬而丧命，徐偃王因为仁义而亡国,虽然仁义能兴国,但有时也会亡国。治理国家要用德礼,救助世人要用刑法,二者不可偏废,否则会造成国家的混乱和覆亡。因此,虽说仁孝之心是出于人的天性,但也应该学学周公和孔子,像他们那样建威立德,而不可片面地追求徐偃王的那种仁义,使刑德萎顿而树立不起来。"

视连听了钟恶地的劝谏,虽然觉得很有道理,无奈以仁孝为重的观念和做法在他心中根深蒂固,他是很难改变了。他只能哭着回答钟恶地说:"我家自先世以来,一直以仁孝忠恕相承。先王因追念兄弟友爱不能到头,悲愤而亡。孤现在虽然位居君王,不过是行尸走肉罢了。如果行声色游娱之乐,孤怎能安心?建威布德之事,还是托付给将来吧!"①

基于这种思想,7年后,视连虽然勉强当政,但终究没什么作为,他对内继续用仁义治国,不用威刑;对外则向后秦、西秦等国称臣纳贡,委曲求全。视

---

① 《晋书》卷97《吐谷浑传》所记原话是:钟恶地进曰:"夫人君者,以德御世,以威齐众,养以五味,娱以声色。此四者,圣帝明王之所先也,而公皆略之。昔昭公俭啬而丧,偃王仁义而亡,然则仁义所以存身,亦所以亡己。经国者,德礼也;济世者,刑法也。二者或差,则纲维失缒。明公奕叶重光,恩结西夏,虽仁孝发于天然,犹宜宪章周孔,不可独追徐偃之仁,使刑德委而不建。"视连泣曰:"先王追友于之痛,悲愤升遐,孤虽纂业,尸存而已。声色游娱,岂所安也!纲维刑礼,付之将来。"

连就像是一个主动拔掉了自己利牙,剪掉了自己利爪的老虎,没有一点点威风。可这时,围在吐谷浑王国周围的可是一群勇猛的雄狮,尤其是雄才大略的西秦王乞伏乾归,更是其中的佼佼者。在短短的几年时间里,乾归接二连三地降服了邻近的羌、鲜卑、氐等一些少数民族部落,一时之间威名远扬,西北地区没有人能抵挡他的锋芒。形势严峻,吐谷浑王国被迫将统治中心从漒川转移到了沙州(今青海贵南穆格滩一带),但即使这样,吐谷浑王视连仍觉得不够安全。于是,在东晋太元十五年(吐谷浑视连十五年,390年),视连派使者到西秦进献方物,向其俯首称臣,乞伏乾归封视连为"沙洲牧、白兰王"。

视连虽然一生都没什么作为,但他始终相信吐谷浑王国一定能在中国西部昌盛起来,他将对王国强大的冀望寄托在了子孙身上,他临终前对长子视罴说:"我的高祖父吐谷浑常说子孙后代中有兴旺发达的人,能永久地成为中国西部的藩国,流芳百世。我是做不到了,你也可能见不着,这人或许会在你的子孙后辈之中出现吧。"①

---

① 《晋书》卷97《吐谷浑传》所记原话是:临终,谓其子视罴曰:"我高祖吐谷浑公常言子孙必有兴者,永为中国之西籓,庆流百世。吾已不及,汝亦不见,当在汝之子孙辈耳。"

吐谷浑王国的勃兴

一、视罴秣马厉兵

东晋太元十五年（吐谷浑视连十五年，390年），即视连向西秦遣使进贡的同一年，一生小心谨慎的视连郁郁而终，在位15年。视连有两个儿子，除了长子视罴，还有个小儿子叫"乌纥堤"。视连死后，长子视罴继位。视罴的为人和性格跟他的祖父和父亲大不一样，是个英勇果断、颇有雄才大略的君王，他对祖父和父亲以仁孝治国、取轻邻敌的做法很不以为然，决心励精图治，改变吐谷浑王国受邻国欺辱的局面。视罴立志要称霸天下，继位之后，他曾对金城汉族儒生，时任吐谷浑王国博士的骞苞抒发过自己的志向，他豪气干云地说："先王用仁义治理国家，不愿多用能显示君王威严的刑法，显得宽仁有余，威严不足，所以受四邻的侵侮。当今天下扰攘，群雄并起，我应该当仁不让，怎可拱手屈从别人呢？从现在起，我要秣马厉兵，争衡中国，先生以为如何？"謇苞是饱学之士，听了视罴的话后十分激动，他赞赏地说："大王的话真是高瞻远瞩啊，秦陇英豪如果听到了您的这番话，必定会望风来归附大王您的。"

视罴继位后，开始大力整顿国政，他继承了父辈们积极吸收先进汉文化的优良传统，重用汉族知识分子。他当政期间，吐谷浑王国内的重要官职，如司马、博士等都是由汉族儒生来担任的。视罴礼贤下士，虚心招揽人才，四方的豪杰之士纷纷来投靠。他还亲自整顿军队，督促将士练兵习武，准备建功立业。经过视罴的一番努力，吐谷浑国内人才济济，不仅军事力量得到了加强，政治凝聚力和经济实力也逐步得以增强。视罴通过一系列大刀阔斧的政治改革，有力地削弱了羌族贵族权力，改变了自他爷爷碎奚以来一直由羌族豪酋把持国政的局面，得到了国人及汉族谋士们的拥护和支持，巩固了曾一度摇摇欲坠的王权，树立了吐谷浑王的绝对权威。至此，吐谷浑王室与羌族贵族之间的斗争宣告结束，吐谷浑王室取得了最终的胜利。

东晋太元十五年（吐谷浑视罴一年，390年）十月，乞伏乾归听闻吐谷浑国王位变更，他对视罴继位之事非常重视。乾归认为，视连向西秦遣使进贡，吐谷浑王国名义上已成为西秦的藩国，便特地派专使到吐谷浑王国册封视罴。专使到达吐谷浑王国后，立即宣读诏书，封视罴为"使持节、都督龙涸（今四川松潘地）已西诸军事、沙州（今青海贵南穆格滩一带）牧、白兰王"。胸怀大志的视罴哪里甘心屈居于人下！他不仅对西秦的封赏严词拒绝，还对使者说出了这么一番豪言壮语："自晋以来，朝纲不振，奸雄并起，刘（指匈奴人刘渊，为前赵开国皇帝）、石（指羯族人石勒，为后赵开国皇帝）暴虐作乱，秦、燕飞扬跋扈，你家河南王占据了这样好的地方，理应纠合正义之师，讨伐那些不顺应朝廷的奸贼，替天子分忧，可他不但不纠集义兵，讨伐那些乱臣贼子，反而僭越本分，私下里四处册封，一心想与群凶同流合污！你家河南王的做法也太让人不齿了。本王托祖宗的福气，国内尚有2万精兵强将，正想着要用这支部队扫荡秦、陇，铲平沙、凉，然后到泾水、渭水那边去饮我的战马，杀掉那些乘乱自立的奸雄，封住东边的关口，关闭去往燕、赵的路，最后到西京去迎天子，尽远藩应尽的责任。请替我转告你家河南王，干吗不为天子立功，受朝廷的封赏，好流芳来世呢？"

乞伏乾归是一代枭雄，雄武英杰，为人儒雅有度量。晋太元十三年（388年），西秦的开国之君乞伏国仁去世，众大臣认为国仁的儿子乞伏公府性情冲动，不适合当君主，便公推国仁之弟乾归当国君。乾归继位后，陆续收服了南羌独如、休官阿敦、鲜卑大兜国、氐王杨定等西北的一些少数民族部落，其声望在西北地区如日中天，无人能比。乾归派专使去册封视罴的时候，正是他声望日隆之时，听了视罴的这番"狂言"，乾归再有度量，也禁不住勃然大怒。但权衡之下，他觉得吐谷浑此时国力不弱，眼下还不是跟视罴算这笔账的时候，便含恨忍气与视罴周旋。

"君子报仇，十年不晚。"乞伏乾归这口气整整隐忍了8年，这8年中，每想起视罴的指责，乾归心里就像是扎进了一根刺，很不舒服。加上这几年吐谷浑王国在视罴的治理下，国势蒸蒸日上，乾归更是无法坐视不理。东晋隆安二年（吐谷浑视罴九年，398年）九月，西秦王乞伏乾归终于决定向吐谷浑发兵。他派秦州牧乞伏益州、武卫将军慕容允、冠军将军翟瑥率2万大军，直奔吐谷浑国境，去讨伐视罴。西秦大军压境，视罴毫不怯懦，亲自率军迎击来犯之敌。十月，两军在度周川（今甘肃岷县西南）展开激战，这是吐谷浑与西秦之间战争的开端。那时，正是深秋季节，辽阔的度周川大地上草木枯黄，北风萧瑟，战旗迎风招展，鼓角齐鸣，厮杀声惊天动地，战争进行得十分惨烈。吐谷浑的军队最终没能战胜久经沙场的西秦军队，视罴大败，不得不退回吐谷浑的大后方——白兰。经过这次战役，吐谷浑损兵折将，损失严重，无力与西秦再战。视罴也亲自领教了西秦的厉害，知道吐谷浑远不是西秦的对手。为了保存实力，心高气傲的视罴不得不忍气吞声，向西秦遣使谢罪，进贡方物，还忍痛将儿子宕岂送到西秦作了人质。

视罴惨败，乾归总算是出了胸中一口恶气，本来还想进一步赶尽杀绝，但这时由河西鲜卑秃发乌孤建立的南凉兴起，后秦逼近，乞伏乾归自顾不暇，无力消灭元气小伤的吐谷浑，只好继续推行笼络政策，把宗室女嫁给视罴为妻。视罴一心想"秣马厉兵、争衡中国"，却没想到经过几年的整顿，吐谷浑的军队别说去中原勤王，连他曾嘲弄过的西秦王的部下都打不过。想起自己以前的大言不惭，视罴不禁又是羞愧，又是忧愤。就这样，过了2年，壮志未酬的视罴因心情郁闷，不幸英年早逝了，死时年仅33岁，在位11年。

二、树洛干少年英武

东晋隆安四年（吐谷浑视罴十一年，400年），吐谷浑王视罴去世。当时，视罴的儿子树洛干才9岁，由于他年龄太小，王位便由视罴的弟弟乌纥堤继承。乌纥堤又被称为"大孩"，性情懦弱，是个好酒贪色之人，他见嫂嫂念氏美艳聪慧，便依吐谷浑"父兄死，妻后母及嫂"的风俗，娶念氏为妻，并对她宠爱有加。念氏不仅人长得漂亮，还很有政治才干，她见乌纥堤整日迷恋酒色，荒废国政，便开始干预国政。不久，吐谷浑国内的大小事务便大都由念氏来定夺了。念氏治理国事井井有条，吐谷浑国内的人都对她敬畏有加。念氏不仅是个优秀的政治家，还是个杰出的母亲，吐谷浑历史上赫赫有名的君主树洛干、阿柴（又作阿豺、阿犲）、慕璝及慕利延，都是她的儿子。其中，树洛干和阿柴是她跟视罴生的，慕璝和慕利延是她嫁给乌纥堤后生的，这4位君王继位后都很有作为，这跟她的培养和教导是分不开的。

乌纥堤继位的这年七月，西秦王乞伏乾归被后秦王姚兴打败，西秦遭受重创，暂时覆灭。亡国后的乞伏乾归父子不得已投奔南凉，不久，乾归将儿子乞伏炽磐留在南凉，又独自去长安投奔后秦王姚兴。

在乾归父子逃亡的这段时期内,西秦的大片土地无人防守,乌纥堤乘机出兵,占领了原西秦边界的一些地方。乾归听说了这事后,非常生气,发誓等日后东山再起之时,一定要报这次的夺地之仇。后来,乾归被后秦派遣到故地苑川镇守。4年后,即东晋义熙元年(405年),经过长期的休整,乞伏乾归又逐渐恢复了元气,他认为报仇的时机到了,便亲自率领大军去讨伐吐谷浑。懦弱无能的乌纥堤自然不是乾归的对手,吐谷浑的军队大败,损失了1万多人,乌纥堤跑到了南凉,不久在胡园(今甘肃武威南)去世,在位6年,时年35岁,视罴的儿子树洛干继承了王位。

树洛干9岁丧父,10岁时被叔父乌纥堤立为世子,16岁继位。他继位后率领自己所统帅的数千家部众返回了莫何川(今青海贵南穆格滩一带),在莫何川自称"大都督、车骑大将军、大单于、吐谷浑王",号"戊寅可汗"。树洛干少年英武,志向远大,从小就表现出了过人的胆识和勇气。继位后,他曾向众人郑重宣告:"自孤先祖迁居到此地,已经七代了,孤本想与你们一起享受安乐的日子,但强敌环伺,时局不容我们安稳。如今我军威武神勇,有精兵强将数万。孤将振威梁、益,称霸西戎,观兵三秦,远朝天子,诸君以为如何?"众将听了树洛干这番鼓舞人心的话,都大为振奋,说:"我王志向远大,英武果敢,这是极好之事,愿大王努力,臣等愿为大王效劳。"

为了实现"称霸西戎"的志愿,树洛干采取了一系列发展生产和加强法制的政策与措施。经济方面,他推行了轻徭薄赋的政策,减免了赋税和劳役,使国民得以休养生息,吐谷浑的经济得以发展;政治方面,他实行了赏罚分明的政策,提高了政府的威信,增加了国家的凝聚力。如此一来,不过短短几年,吐谷浑王国很快就复兴了起来。吐谷浑的国势增强、人民安居乐业之后,树洛干不仅受到了国民的爱戴,还受到了周边其他民族的拥护,沙、漒等地的少数民族纷纷前来归顺他,吐谷浑因此得以重新占据了被西秦强占的原漒川(今洮水中上游一带)故地。

吐谷浑国复兴之后,树洛干开始迈出了他"称霸西戎"的第一步。东晋义熙七年(吐谷浑树洛干六年,411年)二月,树洛干率大军去征伐南凉。南凉王秃发傉檀派太子秃发武台迎战,被树洛干打败。南凉军队败退之后,树洛干占领了浇河(今青海贵德县)之地。当时,秃发傉檀多次被北凉沮渠蒙逊所败,正处在焦头烂额之际,无力还击吐谷浑。但是,西秦乞伏乾归、乞伏炽磐父子却不甘坐视吐谷浑强大起来。东晋义熙八年(吐谷浑树洛干七年,412年)

二月，乾归亲自带兵，率领2万骑兵去攻打吐谷浑，在赤水（约在今甘肃岷县东）打败了吐谷浑的支统（别部帅）阿若干兄弟。阿若干兄弟战败后投降了乞伏乾归，乞伏乾归让他们兄弟俩镇守赤水、层城（今甘肃临潭附近），阿若干被乾归封为"平狄将军、赤水都护"，他的弟弟吐护真被封为"捕虏将军、层城都尉"。阿若干兄弟降西秦，极大地削弱了吐谷浑的势力，但并没给吐谷浑造成致命的打击。

当初，西秦王的王位本来应由乞伏公府世袭，但因众大臣推举，王位被乾归继承了，公府对此一直怀恨在心。晋义熙八年（412年）六月，乞伏公府借机弑杀了乞伏乾归，乾归的儿子乞伏炽磐又杀掉了乞伏公府，并继承了王位。权略过人的乞伏炽磐一上台就对吐谷浑大动干戈，仅大半年的时间，就连续向吐谷浑出了4次兵：东晋义熙九年（吐谷浑树洛干八年，413年）春，炽磐派龙骧将军乞伏智达、平东将军王松寿去征伐树洛干，西秦的军队深入到了吐谷浑中心莫何川北的重镇浇河，在浇河大败树洛干，擒获了吐谷浑的将领呼那乌堤，俘虏了3000多户后返回。这年四月，炽磐再次出兵攻打吐谷浑，他派安北将军乌地延、冠军将军翟绍讨伐吐谷浑的别统（即别部帅，聚居在区域以外的部落首领）句旁，两军战于泣勤川，句旁大败，西秦军队俘获甚多。六月，乞伏炽磐亲自出征，率众将在长柳川（今青海东南境）讨伐吐谷浑别统支旁，俘虏了支旁及所属的部民5000多户后返回。九月，乞伏炽磐又率诸将再次征伐吐谷浑，在渴浑川（今甘肃靖远县城西南100公里处）打败了吐谷浑别统握迓（《晋书》写作"掘达"，《资治通鉴》写作"掘迓"），这一次，吐谷浑损失十分严重，男女23000多人被掳掠。

经过这几次战役，西秦占据了吐谷浑的浇河、漒川、沙州之地，树洛干受到了很大打击，吐谷浑的国力急剧衰弱下来。而乞伏炽磐威望日隆，西秦的国力达到了鼎盛时期。即使这样，视树洛干为眼中钉的乞伏炽磐还不肯善罢甘休。东晋义熙十三年（吐谷浑树洛干十二年，417年），乞伏炽磐又派安东将军乞伏木弈于率领7000轻骑去讨伐树洛干。木弈于在塞上（今甘肃临潭以南）打败树洛干之后，又在尧扞川（今洮水上游一带）打败了树洛干的弟弟阿柴的军队，俘获了5000多人，树洛干退到白兰去防守。在这几年与西秦的战役中，吐谷浑方面屡战屡败，即使是曾夸口要"争霸西戎、观兵三秦"的树洛干亲自出马也一样惨败，少年气盛的树洛干气不过，羞愤成疾，不久就病死了，享年仅24岁，在位

13年。临终时,他把弟弟阿柴叫到身边,嘱托后事:"我的长子拾虔年龄还小,我把国事托付给你,请你好自为之。"

少年英武的树洛干病死,乞伏炽磐总算是除却了南边的心腹大患,他高兴地对臣下说:"这小子英武不凡,就像黑猪长了白蹄,甚是碍眼。去年,昙达东征北凉,姚艾败走;今年,木弈于西讨吐谷浑,吐谷浑远遁。境宇稍微肃清了些,奸凶也灭绝了,孤的左右都是贤臣,孤如今没有忧虑了。"

三、阿柴折箭遗训

东晋义熙十三年(吐谷浑阿柴一年,417年),阿柴继位,自号"骠骑将军、沙州刺史",给树洛干加谥号为"武王"。阿柴受命于国家危难之时,他牢记先世多次被西秦打败的耻辱,发奋图强,立志开疆拓土。继位后,他利用西秦和北凉互相争伐,无暇顾及吐谷浑的大好时机,发兵攻打临近的羌、氐部族中的弱小部落,兼并了其领地,并从西秦和北凉手中夺回了原属吐谷浑的沙州、漒川旧地。阿柴还竭力向四面扩张国土,不仅将势力延伸到了环青海湖地区，而且一度扩张到河西走廊西部一带。谯纵据蜀称王时期（405—413年），他派侄儿西漒公吐谷浑敕来泥率兵南下，拓土到了龙涸（今四川松潘）、平康（今四川黑水芦花镇东北60里）一带，兼并汶山一带冉駹、氐羌、胡虏诸族，打通蜀汉、丹栗（今汉源一带），乃至南朝的交通。

据吕建福研究，在西南方向，阿柴将势力扩展到了金沙江以东，雅砻江中上游和大小金川及大渡河流域的西山羌地区。他还从白兰将势力扩展到通天河中下游的多弥羌、通天河上源及藏北高原分布的苏毗羌、西北昆仑山深处的可兰羌，打开了向西通往西女国（今西藏阿里以西尼泊尔北部一带）的道路，向南通往宝髻（今拉萨一带）、薄缘夷（今尼泊尔一带）的道路。在西北方向，阿柴兼并环青海湖地区的鲜卑族乙弗、契汗部落的土地，并进一步将势力向北推进到了弱水（亦称张掖河）之南，由此，开通了越祁连山、达河西走廊、西通西域、北连柔然的西北弱水道，并使其与东南的岷江通道相联结，吐谷浑国内出现了一条贯通全境的中外交通大道，这就是最早开通的吐谷浑道。[①]至此，阿柴可汗在短短的几年时间

---

① 吕建福：《土族史》，北京：中国社会科学出版社，2002年，第55—56页。

里，以浇河（今青海贵德县）为中心，处在诸羌之中，兼并了羌、氐数千里的地方，成为西北地区的强国。阿柴可汗也因此在西北地区声名远扬，被他所征服的羌、氐、胡诸族咬牙切齿地称吐谷浑人为"阿柴（豺）虏"，这个别号延续了很久，直到200年后吐蕃兴起，吐谷浑人还被称为"阿柴（豺）"。

西秦王乞伏炽磐见阿柴雄才大略，又坐卧不安了。东晋元熙元年（吐谷浑阿柴三年，419年）四月，炽磐派征西将军乞伏孔子率领5000轻骑去攻打吐谷浑，西秦的军队在弱水南打败了吐谷浑觅地率领的军队。战败后，觅地率领6000部下投降了西秦，被乞伏炽磐封为"弱水将军"。阿柴见吐谷浑的国力还不足以和西秦对抗，不愿硬碰硬，便主动改善同西秦的敌对关系。西秦建弘二年（吐谷浑阿柴五年，421年）四月，阿柴向西秦遣使称臣，乞伏炽磐封阿柴为"征西大将军、开府仪同三司、安州牧、白兰王"。从这时起，西秦基本停止了对吐谷浑的征伐，双方进入了暂时的和平时期。

阿柴跟他的前几代先祖一样，非常仰慕中原文化，对中原王朝有很强的归属感，他曾登上西强山（在今甘肃洮河上游），寻找江源，以求打通通往长江下游的道路。阿柴登高望远，看见垫江（即今白龙江，嘉陵江上游）从山南侧发源，滔滔东流，不禁触景生情，便问随从的大臣们："这条河向东流，叫什么名字？从什么地方汇入什么河？"站在他身边的长史曾和忙上前回答："这条河从仇池（今甘肃西和县西南）流过，经过晋寿（治今四川昭化东南）郡，从宕渠（治今四川渠县）郡流出，在宕渠郡它才叫'垫江'，垫江在巴郡（今重庆一带）汇入长江，然后又从广陵流入大海。"

阿柴听了，长叹一声，感慨道："一条河水尚且知道汇入大海，何况人呢？我们虽然是塞外小国，也应该有个归属！"晋元熙二年（420年），刘裕废东晋恭帝自立，建立了宋政权，史称刘宋，中国历史就此进入了南北朝时期。宋晋平元年（吐谷浑阿柴七年，423年）二月，阿柴派使者到建康（今江苏南京）向他认为是华夏正统的南朝刘宋政权遣使上表，进献土特产。和阿柴同时遣使入贡的还有北凉王沮渠蒙逊。宋少帝刘义符见西北两王遣使入朝，非常高兴，特地下诏封官晋爵，诏书上说："吐谷浑王阿柴虽然置身在偏僻的地方，却照样有仰慕忠义的心思，着实值得嘉奖，应该授给较高的职位，可令他都督塞表诸军事，官拜安西将军、沙州刺史、浇河公。"阿柴还没来得及领受任命，宋元嘉三年（吐谷浑阿柴十年，

426年），宋文帝又派使者董湛对阿柴再次拜官授职。在这之前，阿柴正打算向刘宋派遣使者，但他突然得了暴病，不治而亡，最终还是没能接受刘宋的封赏。不经任何军事上的征伐，阿柴和沮渠蒙逊都自发地向相隔千里之遥的刘宋政权遣使入贡，尤其是阿柴，把对刘宋政权的朝贡看作是国内的头等大事，虽然不能排除他们怀有借刘宋之力来对抗西秦的意图，但这个举动更多地说明吐谷浑、北凉这些地处偏域的少数民族政权对中原王朝有极强的认同感和归属意识，显示了我们中华民族自古以来就有着的极大的向心力和凝聚力。

阿柴是吐谷浑历史上少有的开明之君，他不仅目光远大，还很有智慧，他病危时对子孙的一番教诲语重心长，至今仍脍炙人口。宋元嘉三年（吐谷浑阿柴十年，426年）十月，阿柴得了重病，眼看快不行了，奄奄一息的阿柴把家人召集到跟前，挣扎着向大家托付后事。阿柴先安排国事，他喘息着说："先兄车骑将军树洛干以国事为重，舍弃了自己的儿子拾虔，把王位传授给了我。我怎么敢忘掉先兄的无私之举，存私心立自己的长子纬代为王呢！我死之后，请大家尊奉我的弟弟慕璝做国主。"效法树洛干将王位传授给了同母异父的弟弟慕璝之后，阿柴命令自己的20个儿子各拿出一支箭，从这20支箭中抽出1支交给同母异父的弟弟慕利延，让慕利延折断它。慕利延轻而易举地将这支箭折断了，把断箭扔到了地上。阿柴又叫人把剩下的19支箭捆成一束交给慕利延，让慕利延试着折断这捆箭束。慕利延使出了吃奶的劲，箭捆未受丝毫损伤不说，倒是慕利延的手有些隐隐作痛。阿柴指着慕利延手中完好无损的箭束，郑重地告诫大家："你们看到了没？单支箭容易折断，捆成一束的箭则很难折断，这就是团结力量大的道理。你等只要齐心合力，国家就能长治久安。你们一定要牢记这个道理啊！"话刚说完，这位吐谷浑的一代英主就闭目长逝了。① 这就是历史上著名的阿柴折箭遗教的故事。阿柴关于团结一致、齐心合力才能保住国家的训诫，即使是在今天也是极其宝贵的精神遗产。

---

① 《魏书》卷87《吐谷浑传》所记原话是："阿豺又谓曰：'汝等各奉吾一支箭，折之地下。'俄而命母弟慕利延曰：'汝取一支箭折之。'慕利延折之。又曰：'汝取十九只箭折之。'延不能折。阿豺曰：'汝曹知否？单者易折，众则难摧，勠力一心，然后社稷可固。'言终而死。"

四、生擒赫连定

慕璝和慕利延都是乌纥堤的儿子，慕璝是阿柴同母异父的弟弟。因慕璝很有才干和谋略，阿柴临终时毅然舍幼立长，留下遗命让大家尊奉慕璝为国主。宋元嘉三年（吐谷浑阿柴十年，426年）冬十月，慕璝以王弟的身份继位。慕璝继位后，为了对抗宿敌西秦，发动了外交攻势，除不断地向刘宋遣使通好外，还积极与邻国结好，与北凉沮渠蒙逊、夏主赫连定都保持了良好的关系，从外交上孤立了西秦。慕璝还采取了招集抚纳政策，他招抚了西秦、北凉等国中失业的老百姓，以及周边羌、戎等少数民族部落，安抚的部落多达五六百个。这么一来，吐谷浑王国的人口一下子大幅度增加，国力也进一步强盛了。

吐谷浑与西秦是宿敌，从视罴、乌纥堤、树洛干到阿柴，吐谷浑的4代君王都败在乞伏乾归和乞伏炽磐父子手下，但到慕璝时，西秦已威势不再、今非昔比了。与吐谷浑呈崛起之势相反，西秦因与北凉连年争战，国内人丁稀落，百业萧条，国势逐渐衰弱下来了。由于西秦的国势衰落，曾经在渴浑川之战中投降西秦10多年的原吐谷浑部属握逵等人，从渴浑川率领部众2万落（即户）举族叛秦。他们先逃到昂川,然后又从昂川归附了慕璝。宋元嘉五年(428年)正月,西秦兼任商州刺史和浇河太守两职的姚潜叛降北凉河西王沮渠蒙逊,西秦王乞伏炽磐派尚书焦嵩接替姚潜的职位,并派焦嵩率3000骑兵去讨伐姚潜。二月,焦嵩在讨伐姚潜的途中被慕璝的儿子元绪截击活捉,吐谷浑就此又夺回了浇河之地。之后,占据平凉(今甘肃平凉)的大夏国主赫连定封慕璝为"河南王",慕璝接受了赫连定的封号。

这年五月,叱咤风云的乞伏炽磐去世,他的第二个儿子乞伏暮末继位。乞伏暮末的才能和威望与乞伏炽磐有天壤之别,他上台后滥施酷刑,弄得国内外人心背离,部民纷纷叛离,西秦进一步衰弱。但强弩之末仍有威势。宋元嘉六年(吐谷浑慕璝四年,429年)五月,北凉河西王沮渠蒙逊发兵去攻打西秦西平郡,活捉了西平太守麹承,接着又攻打西秦,乞伏暮末被迫从枹罕迁都定连(在今临夏北),沮渠蒙逊派世子沮渠兴国进攻定连,被暮末打败,沮渠兴国被俘,后被暮末任命为散骑常侍,暮末还将自己的妹妹平昌公主嫁给了沮渠兴国。六月,吐谷浑王慕璝派弟弟慕利延率领5000骑兵去支援沮渠蒙逊,会合北凉的军队一起攻打西秦,也被西秦的辅国大将军段晖打败。慕璝不甘心失败,第二年六月,他亲自带兵,率领18000人的大军去攻打西秦的新都定连,又被段晖打败。定连城虽然没打下来,但慕璝的势力已经扩展到西秦的中心地带。

慕璝遵循了历代吐谷浑国主尊南朝为正统的一贯政策,继续向刘宋王朝遣使进贡。宋元嘉六年(吐谷浑慕璝四年,429年)十二月,慕璝向刘宋遣使上表,进贡方物,表上有如下表达忠心的话:"皇上是应天命而生的真龙天子,众望所归,臣亡兄阿柴仰慕天朝,忠心可见。去年七月五日,天朝使者董湛到敝国,向我等宣读皇上的诏书,对亡兄阿柴封官授爵,但臣家门不幸,亡兄早逝。臣虽是无能之人,却也明白报答天恩责无旁贷,臣誓死效忠皇上,今后若有反覆,就请皇上收回封赏。臣愿奉皇上旨意,接受皇上任命,请皇上明察,再赐章策。"宋元嘉七年(吐谷浑慕璝五年,430年)正月,宋文帝刘义隆特地下诏表彰慕璝,诏书上说:"吐谷浑慕璝兄弟仰慕忠义,诚心着实可嘉,理应授册封爵,以表彰他们的忠心。令慕璝都督塞表诸军事,官拜征西将军、沙州刺史、陇西公。"

这时,曾经横行西北的西秦走到了它的末日,北凉王沮渠蒙逊、吐谷浑王慕璝步步进逼,继位仅4年的西秦末代君主乞伏慕末四面楚歌,不得不企图投靠北魏以保全性命。宋元嘉六年(429年),暮末派遣使者到北魏，要求内迁，北魏答应将平凉、安定（治今甘肃泾川一带）之地给他，以作为封地。宋元嘉七年（430年），西秦遭受了严重旱灾，从正月起一直没下雨，处于饥荒之中的部民叛逃的很多，且大多归附了吐谷浑。这年十月，内外交困的乞伏暮末火烧新都定连城，毁坏了带不走的金银宝器，率领仅剩的15000户部民往东去上邽（今甘肃天水），打算从上邽投奔北魏。乞伏暮末迁出定连城的时候，繁华的定连城火光冲天，人们四处逃命，呼儿唤女乱成一团。大火一连烧了几天几夜，火光熄灭后，城内到处是残壁断垣，一片狼藉，百姓流离失所，处在饥寒交迫之中。大夏国主赫连定见乞伏暮末穷途末路，赶忙趁火打劫，派兵去攻打乞伏暮末。正在向北魏行军的乞伏暮末被中途拦截，不能前行，只好退回到南安（治今甘肃陇西）防守。吐谷浑也乘机出兵，占领了原属西秦的从苑川至西平、枹罕的大片土地。

宋元嘉八年（吐谷浑慕璝六年，431年），赫连定派他的叔叔北平公赫连韦伐率领1万大军去攻打南安，南安城那时恰好在闹饥荒，城里的百姓都饿得开始吃人了。乞伏暮末内外交困，众叛亲离，他的部下纷纷投降了大夏国。六月，乞伏暮末走投无路，只好用车辆载着空棺材出城投降。赫连韦伐将乞伏暮末押送到上邽，赫连定心狠手辣，诛杀了乞伏暮末及西秦皇族500人，西秦就此灭亡。西秦灭亡前后，西秦的辅国大将军段晖和段承根父子叛离西秦，投奔了吐谷浑王慕璝，慕璝内附北魏后，段晖父子又归附了北魏。赫连定虽然灭掉了西秦，但他自己也处在北魏拓跋氏的进逼之下，溃亡在即。灭了西秦乞伏氏的宗族之后，赫连定带着刚刚投降的西秦降俘共约10万多人，向西奔袭，企图灭掉北凉，占据河西之地。

当年六月，赫连定带着大队人马浩浩荡荡地从治城（今甘肃临夏西北黄河南岸）黄河峡口横渡黄河，想过河夺取北凉王沮渠蒙逊的土地。却不知"螳螂捕蝉，黄雀在后"，吐谷浑王慕璝探知赫连定要渡黄河，早就派益州刺史慕利延和宁州刺史拾虔（树洛干之子）率领3万大军埋伏在此地。因为出发太仓促，夏军并没有做好充分准备，他们渡河的工具极其简陋，大都是临时做的，有窄小的木船，有几棵树捆在一起的木排，也有原始的羊皮筏子。黄河水势汹涌，好多木排和船只下水不久，就被湍急的河水冲得无影无踪，看到这种情况，赫连定急得直跺脚，士兵们则裹足不前，不敢下水。如此一来，夏军渡河速度特别慢，天快黑了，他们还只过了一半。这时，慕利延等人乘夏军人疲马乏、首尾不能相顾之时突然发动了攻势。养精蓄锐了大半天的吐谷浑军队出其不意地冲杀了出来，正忙于渡河的夏军顿时乱了阵脚。夏军又累又饿，正处于指挥混乱、立脚不稳之际，加上夏军军中大都是西秦降俘，军心不稳，虽号称10万，实际战斗力并不强。吐谷浑的骑兵拦腰一冲，夏国的军队立马就溃不成军了，不少人连打都不愿打，就丢盔弃甲，跪在地上讨饶了。赫连定匆匆忙忙坐上小船想逃命，却没有人肯给他撑船，小木船只在水里打转。慕利延见了，挥了挥战旗，将士们冲上前去，从水里活捉了惊慌失措的赫连定。

  不可一世的赫连定被活捉，大夏王国建国26年，经历了3代君主，从此灭亡。在西秦、夏、北魏的相互战争中，吐谷浑坐享渔翁之利，没有费多大力气和损失，就灭掉了大夏国，不仅兼并了西秦原有的大片土地，还从赫连定那里掠夺到了大批西秦和大夏国的人口和财物，乞伏氏、赫连氏从此成为吐谷浑的一部分。这个时候，吐谷浑的疆域大大地扩展了，除了原有的土地，还占据了沙州全部，河州、秦州大部分及凉州的一小部分地区，其疆界一直向东推进到了渭河上游，东南端的疆界也从岷江扩展到了涪江上游和白水江流域，即阴平（今四川理藩县附近）

一带。吐谷浑王国统治的地域变得更加辽阔了，人口也一下子增加了上百万。可以说，慕璝可汗兼并了西秦原有的国土和部民，灭掉了大夏国，"东面以争天下"，开辟了极为辽阔的东部疆域，最终实现了吐谷浑历代可汗一心要往东发展的夙愿，在一定程度上实现了他们"称霸西戎"的梦想。从此，吐谷浑王国进入了它的兴盛时期，不仅成了西北地区举足轻重的强国，还与中原大国魏、宋势力相当，呈三足鼎立之势。

五、慕璝奉表告捷

生擒大夏国主赫连定之后，吐谷浑国内人心振奋，吐谷浑王慕璝也非常高兴，重赏了有功的将士。当时，北魏是北方大国，北魏拓跋氏与大夏国赫连氏是世仇。慕璝知道，吐谷浑灭掉大夏国，对北魏来讲是立了大功，因此，他认为有必要向北魏告捷，而北魏太武帝拓跋焘也派使者到吐谷浑国要求将赫连定解送到北魏。宋元嘉八年（吐谷浑慕璝六年，431年）八月，即活捉赫连定的这年八月，慕璝派侍郎谢太宁向北魏上表告捷，要求向北魏献俘。北魏太武帝拓跋焘封慕璝为"大将军、西秦王"。宋元嘉九年（432年）三月，吐谷浑王慕璝派人将赫连定押送到了北魏的都师平城（今山西省大同市），拓跋焘当即杀掉了赫连定。

慕璝认为自己为北魏立了大功，但北魏只给他简单地封了两个虚职，没有赏赐任何实物，慕璝对此颇有些不满。因此，在解送赫连定入北魏的同时，慕璝又向北魏太武帝拓跋焘上了一封奏章。奏章中，慕璝以擒献赫连定之功，向北魏提出了一些具体要求，其内容大致是："托皇上的福气，臣擒获了逆贼赫连定，特此向皇上献捷。承蒙皇上赐予高爵，臣不胜荣幸。可皇上只给臣赏赐了一些华丽的车辆和旗子，并没有赏赐相应的土地和财物，请皇上明察，并盼赏赐臣一些土地和财物。臣如今接管了西秦的故地，可西秦的老百姓先前被逆贼赫连定掳掠，大部分辗转流落到了东面，我现在已成了皇上的臣子，我的土地和子民也是皇上的土地和子民，请皇上开恩，将皇上境内的西秦流民遣返回乡。西秦原来派到魏的使者乞佛（伏）曰连、窟略寒、张华等三人的家小在敝处，也希望皇上放还他们，好让他们早日与家人团聚。盼请皇上施恩于我荒远之地，臣等感恩不尽。"

拓跋焘读了慕璝的上表后，非常重视，特地召开朝会，与王公大臣们商议如何答复。以太尉长孙嵩为首的议郎、博士279人参加了这次朝会。在朝会上，北魏众臣以大国和华夏正统自居，一个个抢着发言，高谈阔论，言下之意大都把吐谷浑看成是"荒服之国"，认为对慕璝"封官拜王，已经逾越了常规，赏赐了华丽的车马和旗子，也已经把他当成上宾一样对待了。至于赏赐多少丝制品，旧典上并没有明确记载，应该见机行事，临时决定"。他们举出了西汉吕后赐给匈奴呼韩邪单于御车2乘、马2匹，单于回赠马千匹，并入朝称臣时贡献万匹马的例子，就此驳斥吐谷浑的要求是"旧典所无"。群臣还认为吐谷浑为"塞外之人，不过因时乘便，占据了秦、凉的地方，并没有拓疆扩地的功勋"，斥责吐谷浑"土地没有增加多少"的要求是"贪得无厌，过分至极！"还一厢情愿地认为慕璝对北魏忠心耿耿，现在之所以提出这样不合理的要求，完全是受左右迷惑而导致的。对西秦流民的处置，这些自以为是的大臣还想要一把大国威风，竟然议定："慕璝现在既然已经称藩，四海安定，天下成为一家，可以将西秦流民送到京师，然后再让他们回去。"至于慕璝要求返还的乞佛三人，大臣们认为他们以前是作为一国的使者来到北魏的，如今国破家亡，不必再回去，而慕璝现今是皇上的臣子，可以不听他的，想来他也不会有什么怨言，等等。

太武帝拓跋焘听了众臣的意见后，最后下命令道："你们商议得很对，没有什么不妥当的地方。西秦王慕璝占据的金城、枹罕、陇西这些地方，是他自己夺取的，朕就顺水推舟封给他。这么一来，这些地方就是我赏赐的，何须再赐封地？再说，吐谷浑使者来上书时，朕赏了好几次丝绸，赏赐的丝绸不止一匹，也没必要再赏了。"

就这样，自视甚高的北魏君臣傲慢地拒绝了吐谷浑王慕璝的要求。对北魏期望较高，一心归附的慕璝，一腔热诚反被迎面浇了一盆冷水，不禁对北魏大为失望。从此，慕璝对北魏遣使进贡的次数大大减少了。本想显示一把大国威风的北魏弄巧成拙，不仅没有使慕璝心服，反而使慕璝从此与北魏离心，恐怕这是迂腐的北魏君臣所没想到的，也不是他们所期望的结果。

相对于北魏来说，刘宋政权对慕璝的态度要稍好一些。宋元嘉九年（吐谷浑慕璝七年，432年）六月，即吐谷浑执送赫连定入魏的同年，慕璝在北魏遭受冷遇后，又遣司马赵叙到刘宋入贡，并向刘宋告捷，禀报生擒赫连定之事。刘宋王朝的第三个皇帝宋文帝刘义隆对吐谷浑王族拜官授爵，待遇十分优厚,宋文帝封慕璝为"使持节、散骑常侍、都督西秦、河、沙三州诸军事,征西大将军,西秦、河二州刺史,领护羌校尉",并授以慕璝"陇西王"的爵位,封慕璝的弟弟慕利延为"平东将军",树洛干之子拾寅(又写作拾虔)为"平北将军",阿柴长子纬代(又写作炜代)为"镇军将军"。另外,宋文帝刘义隆还下诏让慕璝遣还因刘义真之败而被大夏国主赫连勃勃俘虏的南方将士。慕璝遣还了朱昕之等55户,大约有154人返回故乡。因刘宋王朝这一次对吐谷浑王族礼遇有加,在这之后的几年里,吐谷浑频繁地向刘宋遣使进贡,从慕利延二年(437年)至慕利延七年(442年)的6年中,吐谷浑每年都向刘宋遣使朝贡,没有一年间断过。

六、慕利延西征于阗

宋元嘉十三年(吐谷浑慕璝十一年,436年)冬天,慕璝去世,慕利延继阿柴、慕璝之后再一次以王弟的身份继位。宋元嘉十四年(吐谷浑慕利延二年,437年),北魏派使者下诏书,给慕璝加谥号为"惠王",封慕利延为"镇西大将军、仪同三司",并改封他为

"西平王",封慕璝的儿子元绪为"抚军将军"。在此之前,吐谷浑的势力已经扩展到青海湖及西平(今青海西宁)一带,而原居住在这一带的乙弗部鲜卑、契翰部等,也早已并入了吐谷浑。同年,慕利延向刘宋遣使入贡。宋元嘉十五年(吐谷浑慕利延三年,438年)二月,刘宋封慕利延为"使持节、散骑常侍、都督西秦、河、沙三州诸军事、镇西大将军、领护羌校尉,西秦、河二州刺史,陇西王"。此后几年,刘宋陆续对吐谷浑王族封官授职,于宋元嘉十六年(吐谷浑慕利延四年,439年)改封慕利延为"河南王",封树洛干的儿子拾寅为"平西将军",慕利延的庶长子繁昵为"抚军将军",慕利延的嫡子琼为"左将军、河南王世子",并追赠阿柴为"安西、秦、沙三州诸军事,沙州刺史,领护羌校尉,陇西王"。

宋元嘉十六年(吐谷浑慕利延四年,439年),北魏太武帝拓跋焘率大军进攻姑臧(今甘肃武威),北凉被攻灭,北凉的乐都太守沮渠安周在魏军的追击下,南下投奔吐谷浑。慕利延见北凉在北魏的强大攻势下亡国,心里直犯嘀咕,担心魏军趁热打铁南下攻打吐谷浑,于是打算率领部众到西面躲避北魏的风头。他带着人向西一直穿过了今柴达木盆地的沙碛地,才稍稍感到安全,便暂时驻扎了下来。拓跋焘念慕璝有生擒赫连定且将其献送到北魏的功劳，便派使者前去宣谕抚慰。慕利延确定北魏没有攻打吐谷浑的意图后，才率领部众返回了故地。

在慕利延当政时期，北魏的势力不断扩张，短短几年时间，太武帝拓跋焘灭掉了北燕、北凉、仇池等国，开始有时间和力量来对付吐谷浑了。加上近几年吐谷浑频繁向北魏的敌国——刘宋遣使进贡，却很少向北魏"称臣纳贡"，北魏君臣早就在心里窝了一肚子火，总想找机会好好教训一下吐谷浑。宋元嘉二十一年（吐谷浑慕利延九年，444年），他们终于逮着了一个好机会。这年六月，吐谷浑王族发生了内讧。阿柴的儿子纬代（《宋书》写作"辉伐"）、叱力延兄弟与慕利延产生了矛盾，他们怕慕利延对他们不利，便勾结北魏使者，打算投靠北魏。纬代等人的密谋不慎泄露，慕利延当机立断，杀掉了纬代。但纬代的弟弟叱力延等8人却逃脱了。这几个人跑到北魏京师，向北魏求救，要求北魏出兵讨伐慕利延。这件事距阿柴折箭遗教只隔了18年，慕利延、纬代、叱力延都是阿柴临终时在一旁恭听其教诲的人，如今，言犹在耳，这些不肖子孙却将阿柴凝聚着人生智慧和数代人治国经验的教诲完全抛之脑后，不久，终于引来了亡国之祸。

这一年，北魏刚刚安定了河西，并在湟水流域的西平设了鄯善镇。这一带平服之后，太武帝将下一个进攻目标对准了吐谷浑。吐谷浑王族的内讧和叱力延等人的投奔，使北魏找到了绝好的攻伐时机和借口。于是，正中下怀的拓跋焘立即封叱力延为"归义王"，派晋王伏罗率领高平（今宁夏固原）、凉州（今甘肃武威）等地的军队去攻打吐谷浑。这年九月，伏罗的大军抵达了乐都，他们偃旗息鼓，悄悄地抄近道去偷袭吐谷浑。魏军直奔吐谷浑的要津大母桥（约在今青海贵南县尕马羊曲，但日本学者佐藤长则认为在今循化县东清水河河口之东的临津关，周伟州先生认为此说可信）。大母桥又叫"河厉桥"，是吐谷浑在黄河上修建的著名桥梁，是当时横渡黄河的要冲，联系着南北、东西的交通。此桥长150步，两边用石条垒成，节节相叠，中间横着放长木，用石条镇压，桥面宽阔平坦，且每隔3丈，就用大木材作成长板横放在桥面上，两边设有桥栏，桥栏装饰得十分华丽。"河厉"是吐谷浑语中"飞鹰"的音译，是说桥的形状像展翅飞翔的雄鹰，这座桥凝聚着吐谷浑人的聪明才智和高超的造桥技能。

魏军突然抵达大母桥后，慕璝的儿子拾寅向河曲奔逃，伏罗派人追击，大败拾寅，斩杀了拾寅的部众5000多人,慕利延的堂弟伏念、长史鹍鸠黎、部大崇娥等人率领部属13000落投降了北魏。

宋元嘉二十二年(吐谷浑慕利延十年,445年)四月,一心想灭掉吐谷浑的拓跋焘再次调兵遣将,兵分两路,对吐谷浑发动了大规模的军事行动。他先派征西大将军高凉王拓跋那等深入吐谷浑的根据地白兰、阴平(今四川理藩县附近),攻打吐谷浑王慕利延。六月,拓跋焘又派秦州刺史、天水公封敕文率领7000步兵和骑兵从上邽(今甘肃天水)出发,到枹罕攻打慕利延的侄子拾归(树洛干之子)。这支大军出发后,拓跋焘嫌兵少,又派安远将军、广川公乙乌头等二军增援,与封敕文的大军在陇右会师。然后,大军从陇右西南向武始(今甘肃临洮)进军。驻守在枹罕的拾归听说魏军将要到来,吓得连夜弃城而逃。八月,封敕文率大军进入枹罕,俘获了拾归的妻子和城里的百姓,将城里的数千家百姓迁移到了上邽(今甘肃天水),留下大将乙乌头镇守枹罕。同月,高凉王那等所率的大军经乐都,过西平,抵达了青海湖东南的曼头山(在今青海兴海县河卡乡境,一说在今青海共和县西南),慕利延带着部落西走白兰。慕璝的儿子被囊迎战魏军,被那等打败被迫逃走,中山公杜丰率领精兵追击,被囊不得已从白兰西北逃到今敦煌南的三危山，再向南折回到雪山（今阿尼玛卿雪山）。杜丰一路穷追不舍，最后，在常年积雪的雪山上擒获了被囊、拾归及因赫连定之败而投降了吐谷浑的乞伏炽磐之子乞伏成龙，将他们押送到了平城。

吕建福认为，北魏与吐谷浑的这几次战争实际上是对丝绸之路南北道的争夺，北魏打败吐谷浑，继而夺取焉耆，进而控制了丝路的北道交通。而由于北魏阻塞了吐谷浑通往西域及北方草原的北方道路，吐谷浑可汗慕利延为了更直接控制西域南道要地，继续保持与西域、南朝的商贸交通，在宋元嘉二十二年（吐谷浑慕利延十年，445年）四月前后，借助大批羌人属国、属部的兵力，在魏军入侵吐谷浑之前就已经开始了有名的军事远征。他率领大军从白兰出发，一路向西，取苏毗道（通天河上游的苏毗羌常用的越过昆仑山进入柴达木盆地南缘的古道），征用了大量的苏毗人，经羌塘高原，穿越昆仑山口，进入塔里木盆地南缘，再向西北进军，出其不意，兵临城下，攻取于阗（今新疆和田）。当时，吐谷浑和于阗之间的战争打得非常激烈，于阗人的抵抗十分顽强，双方伤亡惨重，死了数万人，最后于阗战败。吐谷浑的军队攻破城池之后，慕利延处死了于阗王，又扶持了一个听令于他的新王。慕利延征服于阗后，接着又南下西女国（后世称"大羊同"或"北象雄"），征服了西女国后，从西女国取道，向西征讨罽宾（今克什米尔地区）。当时，罽宾人居险而守，吐谷浑人付出了很大代价，慕利延曾向刘宋求援，最终取得了胜利，罽宾王向慕利延俯首称臣，双方建立了外交关系，慕利延班师回国。其路线大致是从罽宾回到西女国，然后从西女国取四十里海、大岭道返回。①

慕利延远征于阗、西女国、罽宾等地，将吐谷浑国的势力范围从通天河上游向西一直推进到了喀喇昆仑山，不仅牢牢掌握了西域通道，还为后来兼并塔里木盆地南缘奠定了基础。此后，吐谷浑逐步占领了鄯善（都伊循城，今新疆若羌东米兰）、且末等地，作为复国后在西部的统治区域。历代吐谷王对这些区域特别重视，曾派第二世子以宁西将军的职位率部落 3000 镇守，以便抵御来自西域的来犯之敌，吐谷浑也从此控制了丝绸之路的南道。

在对吐谷浑的战争中，北魏取得了很大的胜利，夺取了吐谷浑的重镇枹罕，而吐谷浑惨败，一时失国。但吐谷浑王国是领土辽阔的部落国家，吐谷浑民族又

---

① 《魏书》卷 87《吐谷浑传》所记原话是："后复遣征西将军、高凉王那等讨之于白兰，慕利延遂入于阗国，杀其王，死者数万人。南征罽宾。遣使通刘义隆求援，献乌丸帽、女国金酒器、胡王金钏等物，义隆赐以牵车。"

是"随逐水草、庐帐为屋"的游牧民族，敌人入侵时，他们带着牲畜和财物大批转移，敌军撤离后，他们又骑马奔驰，很快就能返回故土。因此，只过了一年，魏军撤离后，即宋元嘉二十三年（吐谷浑慕利延十一年，446年），慕利延率领部众从于阗返回了故土，吐谷浑得以复国。慕利延返回后，害怕魏军再次入侵，于宋元嘉二十八年（吐谷浑慕利延十五年，450年）派使者向刘宋进贡上表，要求从龙涸（今四川松潘）入宋境避难，表上说："如果不能自保，打算率部落入龙涸、越巂门（在今四川西昌东南）。"并向刘宋要求赐予牵车（即羊车，古代一种以羊驾驭的车）。这一次，慕利延的贡礼十分丰厚，礼物中有他西征中缴获的战利品乌丸帽、西女国金酒器、胡王金钏等东西，都十分精美罕见。刘义隆对这些东西爱不释手，赏赐了牵车，并答应慕利延，如他不能自保，可以从越巂进入宋境。后来，北魏再没有向吐谷浑进攻，慕利延也就没有南迁避难。其时，吐谷浑王国与北魏互相认可的边界也基本上稳定下来了，其大致的走向是祁连山以南，青海湖以北，再由青海湖东南赤岭（今青海日月山）西南到浇河、枹罕以南。

北魏太武帝拓跋焘对攻伐吐谷浑所取得的巨大胜利，一直引以为傲，直到宋元嘉二十七年（450年），他向刘宋刘义隆下书示威时,还特地在书中夸耀说:"你往日和北边的芮芮(柔然)通好,和西边的赫连、蒙逊、吐谷浑勾结,与东边的冯燕(北燕)、高丽来往,好像十分了不起。可这些和你勾搭的国家,我全部歼灭了,一个都没剩,看你还能得意到几时。"

七、拾寅定都伏罗川

刘宋元嘉二十九年(吐谷浑慕利延十七年,452年),慕利延去世,慕利延堂兄树洛干的二儿子拾寅继位。拾寅从小见识不凡,被人们称作"神童",他长大后随叔父们征战,英勇率先,多次立下战功,曾被刘宋政权封为"宁州刺史、平北将军"。拾寅继位之后,将国都从莫贺川(今青海贵南县茫拉河流域)迁到了伏罗川(今青海都兰县香日德或诺木洪,一说为今青海兴海县曲什安河一带。日本学者佐藤长则认为伏罗川应该是树洛干时的国都莫何川,自树洛干以来一直是吐谷浑的统治中心)。拾寅改变了吐谷浑"逐水草,无城郭"的旧俗,在伏罗川开始使用文字,修筑城郭,建造宫殿,吐谷浑国内当时已经有佛法。①王公贵族们也纷纷效仿,在宫殿周围修建了各自的住宅。吐谷浑的都城虽然不是特别华美壮观,却也稍具规模,但普通百姓仍住在用毛毡做成的简陋帐篷或百子帐里。在伏罗川修建宫殿之后,拾寅完备了吐谷浑的政治制度,他的行为举止跟以前的吐谷浑王大不相同,其衣食住行十分奢侈,行事进出也跟帝王似的,十分威风。

拾寅执政时,在慕利延西征的基础上,继续扩大战果。其时,吐谷浑国向西攻取了北魏的鄯善镇,将鄯善、且末以及直到于阗之东的塔里木盆地南部完全纳入势力范围,从而重新打通了从柴达木盆地翻越阿尔金山直达西域南道的交通。向东攻打北魏,大败魏军,夺回了洮水中上游之地,派将军良利镇守,并以支持宕昌王虎子之弟羊子为名,派大军深入其国土,试图与北魏夺取宕昌的控制权。②

拾寅继任可汗之位后,为了取得刘宋和北魏的支持,分别向刘宋和北魏派遣使者请求任命,刘宋和北魏都对他进行了封授。刘宋明帝封拾寅为"使持节、督秦、河、沙三州军事,安西将军,领护羌校尉,西秦、

---

① 《梁书·诸夷传·河南传》,转引自周伟洲编著《吐谷浑资料辑录》,北京:商务印书馆,2017年,第30页。
② 吕建福:《土族史》,北京:中国社会科学出版社,2002年,第69页。

河、沙三州刺史，河南王"。北魏世祖派使者封拾寅为"镇西大将军，沙州刺史，西平王"。宋大明五年（吐谷浑拾寅八年，459年），刘宋封拾寅兄长拾虔为"平西将军、金城公"。

后来，拾寅认为自己住在天高皇帝远的地方，加上伏罗川地势险要，觉得北魏的势力渗透不到那里，便恃险自傲，对北魏开始怠慢起来，好几年都不向北魏遣使进贡。对南方的刘宋却还算客气，虽也是遣使不多，但好歹在宋元嘉三十年（吐谷浑拾寅四年，455年）和宋大明四年（吐谷浑拾寅七年，458年），曾两次向刘宋遣使献方物。

北魏君臣对拾寅定都伏罗川后的所作所为，非常不满，加上吐谷浑王国盛产金银，牛马众多，便生了觊觎之心。北魏和平元年（吐谷浑拾寅九年，460年）五月，定阳侯曹安向北魏文成帝上表，说吐谷浑国内盛产金银、牛马肥壮，如果派兵攻打，肯定能收获很多金银财宝和牲畜。魏文成帝让朝臣们商议这个提议是否可行。当时，参议者都认为太武帝拓跋焘乘吐谷浑王族内讧之际，派晋王伏罗、高凉王那等征伐吐谷浑，并没能给吐谷浑以致命的打击。那次吐谷浑王慕利延虽然远遁，魏军却也人疲马困。如今拾寅远在白兰，虽然起居住行像帝王似的，却没有进犯北魏的边塞,也没有招惹别人,因此,讨伐拾寅并不是国家现在急需解决的问题。如果朝廷派使者去招抚,拾寅一定会低头称藩,那时北魏就可不战而胜了。有些大臣还认为作为帝王,对四面边远的地方,约束、管制就可以了,没必要出兵去屠杀人家的百姓,抢占人家的土地。一心想建功立业的曹安见魏文成帝被这些话打动,又急忙上前说道:"臣从前曾担任过浇河的戍将,浇河之地临近吐谷浑,臣对其国情兵力了如指掌。如果我们派军队从左右两边夹击,拾寅一定会跑到南山。不出十日,吐谷浑的粮草短缺,拾寅的部众一定会溃散,背叛拾寅。那时,我军可以一战而成功。"

魏文成帝最终听从了曹安的建议。这年六月,他派出两路大军南北夹击吐谷浑。南路大军由阳平王新成、建安王穆六头等统率,从陇西、枹罕到西平(今青海西宁);北路大军由南郡公李惠、给事中公孙拔统率,从凉州(治姑臧,今甘肃武威)东南到西平。八月,南北两路魏军在西平会合。正如曹安所分析的那样,拾寅听说魏军来攻,不得已跑到了南山(今青海果洛州境内阿尼玛卿山)。魏军穷追不舍,渡过黄河追击,却不料遇上了瘴气(缺氧反应),军中士卒无力前行,马匹也疲软不能站立。一时之间,魏军进退两难，陷入了困境。众将束手无策，只好聚在一起商议。大家一致认为拾寅闻风而逃，魏军的军威已经树立起来了，如果硬要驱赶又病又累的兵卒继续追击，胜算不大，还不如班师回朝。于是，魏军驱赶着掠夺来的20多万只羊、马、驼等牲畜，浩浩荡荡地凯旋。

这次战役，魏军虽取得了胜利，却因疾疫，兵将多有伤亡，加上并没能给拾寅以致命的打击，有些得不偿失。魏文成帝大怒之下，处罚了淹留不进、贻误战机的两个将军穆岂页、和其奴。吐谷浑也因此基本停止了向北魏的朝贡。

八、由战而和

从宋元嘉二十一年（吐谷浑慕利延九年，444年）到宋元徽元年（吐谷浑拾寅二十二年，473年），吐谷浑与北魏之间冲突不断，战火延绵，但和刘宋王朝因距离较远，利害冲突不大，因而一直保持着和平友好的关系。从阿柴王开始，经慕璝、慕利延到拾寅，吐谷浑的4代君王都频繁地向刘宋遣使入贡，进献方物。

宋大明五年（吐谷浑拾寅十年，461年），拾寅又一次遣使向刘宋进贡。吐谷浑这次进贡的物品很是稀罕，是一些能随乐起舞的善舞马和形态怪异的四角羊。宋孝武帝刘骏见了善舞马和四角羊，十分稀奇，特地大宴宾客，让王公贵族们观赏四角羊的怪形和善舞马的精彩表演。在宫廷宴会上，大家看完了长着四支角的怪羊之后，正在啧啧称奇之时，随着悦耳的音乐声，驯马师带着善舞马上场了，这些俊美的马儿随着音乐声翩翩起舞，时而轻盈得像摇曳的长练，时而柔美得像飞舞的蛱蝶，王公大臣们一个个看得目瞪口呆，称赞不已。看完善舞马的表演之后，刘骏下诏让皇太子、王公以下的群臣写词赋诗，赞美舞马的神异。群臣应诏，纷纷挥毫作赋，献上了27首"舞马歌"。其中，七岁能文、时任给事中的大才子谢庄出手不凡，挥笔一气呵成，写就了洋洋洒洒近千言的《舞马赋》。这篇赋辞藻华美，称舞马是"承灵天驷"，即称赞舞马是天马，谢庄用"历岱野而过碣石，跨沧流而轶姑馀，朝送日於西坂，夕归风於北都，寻琼宫於辞瞬，望银台於须臾"的优美词句形容舞马的刚健和奔驰的速度之快，十分传神。刘骏读了这篇赋后，还觉得意犹未尽，又命谢庄作《舞马歌》，让乐府乐官谱曲并当场演唱，一时传为佳话。

宋泰始六年（吐谷浑拾寅十九年，470年），北魏以"吐谷浑拾寅不供职贡"作借口，再次对吐谷浑发动了较大规模的军事进攻。这年二月，北魏献文皇帝拓跋弘下诏，命令征西大将军、上党王长孙观率领州郡的军队讨伐拾寅。四月，长孙观的军队到达曼头山（在今青海兴海县河卡乡境），拾寅带兵前来迎战，两军在曼头山展开了激战。长孙观善于用兵，加上他所带的又是精兵强将，几个回合下来，拾寅的部队被魏军包围了。拾寅苦苦支撑，坚持到天黑后，借着自己熟悉地形的便利，率领亲信数百骑借夜色掩护突围逃走。拾寅的堂弟豆勿来和渠帅匹娄拔累等人被迫率领自己统领的人马投降了北魏。

经过曼头山之战，拾寅估量吐谷浑远不是北魏对手，为保存实力，他调整了外交政策，改变了简慢北魏的一贯态度和做法，立即派别驾康盘龙出使北魏，向北魏上表朝贡，想恢复以前北魏所封的"镇西大将军、沙州刺史、西平王"的旧职。但败军之将已没有讨价还价的资格，献文帝毫不客气地拘留了吐谷浑的来使，幽禁了康盘龙。

俗语说"福无双至，祸不单行"。吐谷浑与北魏再次交恶不久，国内又发生了大饥荒，饿死了不少人。拾寅处在困窘之中，不时派兵到北魏的浇河郡抢掠，以解燃眉之急。宋元徽元年（吐谷浑拾寅二十二年，473年）四月，在得知拾寅寇掠浇河的消息之后，北魏孝文帝拓跋宏立即派平西将军、广川公皮欢喜率领敦煌（今甘肃敦煌市西）、枹罕、高平（在今宁夏固原）三地的军队作前锋，司空、上党王长孙观为大都督，出兵讨伐拾寅。八月，魏军攻入吐谷浑国境。这一次，鉴于吐谷浑国内闹饥荒的情势，魏军采取了别出心裁的战术，他们收割了吐谷浑境内已经成熟的庄稼。拾寅本来还指望靠这些粮食渡过饥荒，这下子，他的指望全落空了。魏军的举措如火上浇油，加剧了吐谷浑国内的饥荒。眼看国内的老百姓在饥饿中煎熬，拾寅急得实在没办法，只好派儿子到魏军中谢罪请降，上表要求改过。这时，隶属吐谷浑的羌族人钟岂、渴干等人饿得受不了，为寻一条活路，率领2300户人家归顺了北魏。

长孙观等人将战况和拾寅的要求上报给朝廷，孝文帝大喜，重赏和慰劳了众将士，还下诏责备了拾寅一番，要求他拿出改过的诚意，把儿子送到京师作人质。宋元徽二年（吐谷浑拾寅二十三年，474年）二月，拾寅派儿子费斗斤入侍北魏作质子，并进献了方物。紧接着，为表示诚意，同年三月、八月、十一月，拾寅接连3次派使者到北魏进贡。费斗斤成为质子留居京师后，被封为"安西将军、永安王"，他的儿子吐谷浑仁后来娶了东阳王元丕的女儿，吐谷浑仁的长女又嫁给了武昌王元鉴为妃。费斤斗的子孙与魏宗室联姻，后来慢慢汉化了。

从这时候起，吐谷浑和北魏的关系进入了一个基本和好的新阶段，即使有一些小冲突，双方也能相互妥协，没有酿成大的冲突。如474—475年，吐谷浑国内的饥荒没有完全度过去，曾经又一次侵扰北魏的边境，拾寅还派大将良利镇守洮阳（今甘肃临潭县北）。洮阳本属北魏枹罕镇管辖，因此，枹罕镇守将杨钟葵特地向拾寅下书责问。拾寅向孝文帝上书辩解说："皇上的诏书上曾写到，让臣回到旧土，所以臣才派良利去镇守洮阳。如果皇上不打算追回前面的封赏，我一定让洮阳地方贡献土物，以尽臣子之责。"拾寅言辞恳切，孝文帝也就允许了他的恳求。从此，吐谷浑向北魏遣使入贡的次数越来越多，双方的交往十分密切，民间的贸易往来也变得特别频繁。

据《宋书》记载，拾寅时，吐谷浑国西面有黄沙，其面积为南北120里，东西70里，寸草不生，因此称为"沙州"。当时，吐谷浑的屈真川（今青海南柴集河）有盐湖，甘谷岭北有雀鼠同穴，有的在山岭，有的在平地，雀的毛色为白色，鼠色为黄。史家认为由于甘谷岭北生长着一种黄紫色的花草，因此，才产生了雀鼠同穴的现象。吐谷浑的白兰出产黄金、铜、铁。吐谷浑国虽逐水草而居，但其国都在莫贺川。而《南齐书》也记载，吐谷浑国在益州西北，其国土绵延数千里。其南边的疆界在龙涸城，离成都有一千多里。吐谷浑的国都在莫贺川，国内牲畜多，百姓逐水草而居，没有城郭。虽然后来修建了一些宫殿和房屋，但老百姓仍居住在帐篷之中。吐谷浑之地风大寒冷，人走在平沙中，沙土飞扬，都看不见人影。较肥沃的土地有雀鼠同穴现象，生长着黄紫色花，贫瘠的土地则有瘴气，能让人断气丧命，即使牛马等牲畜不小心沾染上瘴气，也会疲软出汗走不了路。

吐谷浑王国走向鼎盛

一、度易侯攻灭宕昌

479年,萧道成夺取了刘宋政权,建立齐朝,史称"南齐"。为了笼络吐谷浑,这年五月,齐高帝萧道成封拾寅为"骠骑大将军"。宋齐政权的更替对吐谷浑并没产生多大的影响,拾寅依照以前向刘宋遣使进贡的惯例,照常派使者到南齐进贡。北魏太和五年(吐谷浑拾寅三十年,481年),拾寅去世,他临终时将王位传给了自己的儿子度易侯,恢复了父子世袭制。视罴开创的王位在兄弟叔侄间择优而传的优良传统从此终止,不复见于吐谷浑历史。

度易侯很喜欢天文知识,但吐谷浑国内缺乏这类书籍,于是,还在当世子的时候,求知若渴的度易侯就向刘宋提出请求,要求赏赐一些有关天文知识方面的书籍。刘宋的大臣们迷信天象,他们认为天文方面的书籍蕴藏着天机和玄象，如果让度易侯这样的处在边远之地、在他们看来是很无知的蛮夷王子读到这类书籍，窥视到其中的奥妙，就有可能对刘宋不利。于是，经过朝议之后，刘宋断然拒绝了度易侯的请求。刘宋的君臣们曲解了度易侯的求知之心，自作聪明地认为，只要自己抱着这堆古书不放，就可以高枕无忧，却没想到真正的祸患就隐藏在他们身边。这件事过去时间不长，刘宋政权就被大将萧道成所取代，刘宋的末代皇帝宋顺帝刘准在被杀之前，发出了"愿生生世世再不生于帝王家"的哀叹。

度易侯继位之后，南齐为了取得吐谷浑的支持，对度易侯加官晋爵，待遇格外优厚，封他为"使持节，都督西秦、河、沙三州诸军事，镇西将军，领护羌校尉，西秦、河二州刺史，河南王"。为继续保持和北魏的和睦关系，度易侯特地派侍郎时真到北魏上表朝贡。在奏章上，度易侯以藩国自居，禀明了继位的事情。

吐谷浑向北魏和南齐低头称臣，极力和他们保持友好关系，但对邻近的小国却是另外一种态度。宕昌（今甘肃东南白龙江上游）在吐谷浑的东面，是羌族人梁氏建立的一个小政权，占据着仇池（今甘肃西和县南）以西、席水以南的地方，东西千里，南北800里，国内群山连绵，大约有2万余人。宕昌人的服饰、习俗和吐谷浑很相似，这是因为吐谷浑管辖下的大部分老百姓是羌人，在穿着和生活习俗上深受羌族人影响的缘故。吐谷浑与宕昌的关系向来密切，早在拾寅执政的时候，吐谷浑就派兵干涉过宕昌的内政。那时，宕昌的国王虎子去世，他的儿子弥治继位，虎子的弟弟羊子心怀不轨，想借吐谷浑的力量争夺王位，就跑到吐谷浑国借兵。拾寅一直在处心积虑地想控制宕昌，见有这么好的机会，就立即出兵帮羊子争夺王位，想事成后借羊子控制宕昌。吐谷浑兵强马壮，弥治的军队节节败退，无奈之下急忙向北魏求救。北魏献文帝拓跋弘派武都守将宇文生支援宕昌，吐谷浑的军队被打退，羊子的希望落空，拾寅的企图也没能得逞。

北魏太和九年（吐谷浑度易侯五年，485年），宕昌国又发生了君位之争，给了吐谷浑以可乘之机。宕昌王弥机死后，他的儿子弥博继位。弥博为人凶残蛮横，大臣们都厌恶他，不希望他当君主，他们拥护的人是弥机的侄子弥承。宕昌国君臣异心，度易侯乘机派兵攻打宕昌国，灭掉了这个小国，掳掠了不少财物和人口。宕昌王弥博如丧家之犬，急急惶惶地跑到了仇池，向北魏求救。仇池的守将是穆亮，他见了弥博的可怜相，很同情他，加上弥机在位时对北魏一向是恭恭敬敬的，穆亮不忍心看宕昌国灭亡，就率领30000骑兵到龙涸，打跑了吐谷浑，并顺应宕昌国的民心，立弥承为宕昌王。

对吐谷浑攻灭宕昌这件事，北魏和南齐表现出了两种截然不同的态度。北魏对吐谷浑软硬兼施，一方面，北魏孝文帝派使者给吐谷浑下诏书，在诏书上严厉责备了吐谷浑的侵略行为，下令度易侯反思悔改，要求度易侯将掠夺的宕昌人口，按规定期限放还。另一方面，为了照顾度易侯的情绪，还破天荒地给他赏赐了120匹精致华丽的丝制品。接受这么多的赏赐，在吐谷浑历史上是史无前例的。因此，有了面子的度易侯遵循孝文帝的命令，放还了掳掠的宕昌人口。南齐与宕昌相隔很远，宕昌的兴亡无关它的痛痒，于是，南齐对吐谷浑攻灭宕昌一事大加赞许。齐武帝下诏书称赞说："度易侯在西藩忠于职守，对朝廷忠心耿耿，又有战果，是忠勇双全的人，朕要嘉奖他，官拜他为车骑大将军。"

二、丘冠先因礼仪被杀

北魏太和十四年（吐谷浑度易侯十年，490年），度易侯去世，他的儿子伏连筹继位。伏连筹与谦和守礼的度易侯不一样，是个很有谋略和才干的君王。伏连筹继位后，南齐武帝封他为"秦、河二州刺史"，魏孝文帝则下令让他入朝觐见。伏连筹害怕去了以后会被扣留，就上了一封奏章，托辞自己有病在身，没有应孝文帝的命令入朝觐见。

《南齐书》卷59列传第40《芮芮虏、河南、氐、羌》记载，齐武帝册封了吐谷浑新王之后，为了表示重视，又派振武将军丘冠先出使吐谷浑国。丘冠先字道元，是今浙江吴兴人，少年时就显示出了很高的节操，博学儒雅的尚书令王俭听说他要出使，暗暗叹气，对同僚说："冠先虽然官位不高，却是一个很有节操的人。他如果出使别国，肯定是苏武、郑众一类的人物。此行祸福难料啊！"丘冠先此行负有两项使命，一是任命伏连筹，给他颁发册封的诏书；一是到度易侯灵前吊唁，行吊祭之礼。

早在北魏太和九年（吐谷浑度易侯五年，485年）时，丘冠先就已经出使过吐谷浑王国了，这是第二次出使。虽然同样历尽艰险，但毕竟是轻车熟路，他如期安全抵达了吐谷浑国。忠于使命的丘冠先顾不上休息，立即风尘仆仆地代表齐武帝去册封新王。伏连筹刚即位，正是踌躇满志之时，这位骄横的君主心里并不把北魏和南齐当回事，他觉得自己和魏孝文帝、齐武帝差不多，都是一国之君，没必要对他们俯首称臣。尤其是南齐，离吐谷浑有十万八千里远，他根本就不把这个更替特别频繁的南朝放在眼里。因此，听说南齐使者来了，这位一心想改变吐谷浑藩国地位的君王便高高地坐在宝座上，两旁甲士肃立，手中都执着明晃晃的刀枪。丘冠先一进殿，还没来得及宣读诏书，杀气腾腾的吐谷浑武士们就厉声呵斥："来者何人，还不速速跪下，拜见大王。"虽事出意外，可自从出使以来，丘冠先早将生死置之度外，他不慌不忙地说："皇恩浩荡，恩泽边地，吾奉天子之命，特来册封大王，并吊祭车骑大将军。"伏连筹哼了一声，说："无论何人，见本王必须拜见，天子使者也不能例外。"

丘冠先听了大怒，厉声呵斥："大王太无礼了，我是天子使者，按礼不拜蛮夷之君。天子有旨意在此，请大王跪下接旨。"见丘冠先不肯屈从，伏连筹命武士们将刀架在丘冠先的脖子上，逼迫他下跪。丘冠先的随从在一旁吓得瑟瑟发抖，丘冠先却依然脸不改色，大声说道："要杀便杀，我是天子使者，想让我下跪，万万不能！"见丘冠先宁死不屈，在场的吐谷浑人也不禁暗暗佩服。伏连筹本来没有杀丘冠先的意思,他只是想逼丘冠先下跪,借此树立自己的威望,没想到反让自己下不来台。弄巧成拙的伏连筹顿时恼羞成怒,一气之下喝令武士们将丘冠先拉到悬崖边上,面对万丈深渊,最后一次问他:"拜还是不拜?"丘冠先双手紧紧地抓着自己的使节杖,高声说:"我是天子使者,不拜蛮夷之君。"话音未落,丘冠先就被推下去了。丘冠先摔死了,不知为什么,伏连筹不但不感到解气,反倒有些失落,他让手下的人到悬崖下寻找丘冠先的尸体,好生安葬。吐谷浑人来到悬崖下,发现丘冠先已摔得血肉模糊,但他的双手还紧紧握着使节杖,都不禁好生敬佩。

丘冠先的死讯传到南齐后,齐武帝认为他不辱使命,特地召见他的儿子丘雄,勉励他说:"你父亲出使吐谷浑国,秉忠守死,不辱使命,我既觉得欣慰,又觉得难过。他丧身在绝域之地,尸骨是不可能寻回来了,但这对你的仕进没有妨碍,你好自为之,以后一定能像你父亲那样光耀门庭。"齐武帝还给丘雄赏赐了10万钱、30匹布。丘雄痛哭流涕,坚辞不受。素有文才的他给齐武帝上了一道奏章,为父亲辩功,上面写道:"臣父有苏武那样坚守节操的气节,有谷吉那样视死如归的勇气,即使不被载入史籍,也会在别的策书上留名,万代之后,还会有人知道他是为国家而死的。早先建元四年（482年），后军参军车僧朗出使北魏，守节而死，先皇下诏封他为正员外郎，这是天朝的旧例，臣父应属此例。现今车僧朗入土为安，而臣父却在绝域被弃尸荒野。虽说他的忠烈并不亚于车僧朗，可说及遭受的荼毒却比车僧朗要加倍许多。臣父官位不高，论他的功绩，礼数上应该和车僧朗一样，乞请皇上下旨，对臣父有所封赏。"

三、伏连筹外并戎狄

伏连筹继位之后，励精图治，一心要振兴吐谷浑王国，他不仅整顿政务和军事，在吐谷浑境内修建、设置了几座新城，还试图征服邻近的宕昌、邓至（其中心大致在今四川南坪附近）等小国和戎狄部落。北魏太和十五年（吐谷浑伏连筹二年，491年），伏连筹在洮阳、泥和（今甘肃临潭北）修建了新城，派兵驻守。这两座城位于吐谷浑的东部边疆线附近，位置都比较重要。当时，与这两个新城相邻的枹罕是北魏驻扎军队的重镇，驻守在那里的将领长孙百年认为这两座城对北魏的边境造成了威胁，便向孝文帝上书，要求前去攻伐，孝文帝允许了。这年五月，长孙百年率军去攻打洮阳城和泥和城，攻陷了这两座城市，俘虏了2000多人，又掳掠了900多妇女凯旋。

北魏太和十六年（吐谷浑伏连筹三年，492年）五月，北魏的文明太后去世后，孝文帝派人到吐谷浑去报丧，伏连筹的态度很傲慢，礼数也不周到。使臣返回后，将这情况加油添醋地禀明了孝文帝。北魏的大臣们听了后，都非常气愤，一致要求出兵讨伐吐谷浑，孝文帝没有允许。大臣们气不过，一再向孝文帝建议，认为伏连筹在接受诏书时态度太不恭敬，为了惩罚他，皇上应该拒绝接受他的贡品。孝文帝听了，又摇着头说："这样不好，伏连筹在接受诏书时失礼，朕完全可以再写一道诏书责骂他。然而，他献上土特产、毛制品等，是他作为人臣应该尽的礼数，朕怎么能拒绝呢？朕要是听你们的，拒绝他的贡品，就是断绝了他的后路。这样，他以后要是想悔改，就没有退路了。"于是，孝文帝又对伏连筹下了一道诏书，大意是："太后去世，朕不胜哀痛，虽然你有失礼的地方，朕也没心思征讨你。去年春天枹罕镇将俘获的那些将士和妇女，朕让他们全部放回。"伏连筹被孝文帝的宽容打动了，这年七月，他特地派世子贺鲁头入朝觐见。北魏对贺鲁头的待遇十分优厚，下诏封伏连筹为"使持节、都督西陲诸军事、征西将军、领护西戎中郎将、西海郡开国公、吐谷浑王"，还赏赐了相应的指挥旗和官印等，后来又派员外散骑常侍张礼出使吐谷浑。

张礼到达吐谷浑国都后，伏连筹十分尊敬他，甚至以军国大事向他请教。伏连筹说："我国历来和宕昌通好，以往见面时，宕昌王向来称我为大王，自己则直呼其名，态度一向谦恭。现在宕昌王突然用'仆'的贱称来称呼我，又拘留了我的使臣，真是可恼。我打算派兵去问问他到底是什么意思，您觉得怎么样？"张礼听了，连忙阻止说："吐谷浑和宕昌都是我们魏国的藩国，你和宕昌王都是我们皇上的臣子，如果动不动就互相发兵攻打，就不像个臣子的样子了。我离开京师的时候，宰相让我转告您，说如果您能迷途知返，就可以保住自己的基业；如果不思悔改，就将有灾祸降临。"听了张礼这番暗含威胁的话后，伏连筹很不服气，但又不愿和张礼正面发生冲突，就一句话都没说，默默地坐在一边。但不管怎么说，伏连筹对孝文帝还是感恩戴德的。孝文帝驾崩时，伏连筹特地派使者前去奔丧，显得格外有诚意。

伏连筹虽然表面上没对张礼表示不满，但在张礼走后，他对宕昌的态度照旧，依旧大摆宗主国的架子。他把宕昌王的来函称作"表"，把自己回复宕昌王的函件称作"下旨"。宕昌王拿他没办法，只好把吐谷浑与宕昌的往来信函送到北魏宣武帝手中，让宣武帝裁夺。北魏的大臣们听说了这件事，又义愤填膺，叫嚷着要好好教训教训伏连筹。宣武帝决定先礼后兵，就先给伏连筹下了一道诏书，责备他说："宕昌王梁弥邕前不久给我送来了你给他的书信。宕昌和吐谷浑都依附在北魏的边界，都是天朝的藩国，宕昌王梁弥邕和你的地位是平等的，都是朕的臣子。而你公然僭越于宕昌王之上，把宕昌王的来书称作'表'，把你自己写给宕昌王的回复称作'下旨'，也太胆大妄为了。大臣们认为你犯了国法，强烈要求讨伐你。朕考虑到路途遥远，相互间容易形成误会，所以特意先给你下了这道旨意，希望你三思而后行。"伏连筹不愿为这事惹起和北魏之间的战火，就急忙写了一道奏章，为自己辩护，言辞诚恳至极，魏宣武帝也就没有继续追究这件事。事情平息后，伏连筹又依然我行我素，照样把宕昌当成自己的属国对待。

伏连筹执政期间，对内完善了吐谷浑国的行政机构和官僚设置，形成了一套像南朝和北朝那样的官僚体系，陆续设置了清水川（今青海兴海县曲什安河一带）、赤水（今青海同德与兴海县间的黄河又名赤水）、浇河、吐屈真川（今青海湖西布哈河流域）

四个大戍,这四个大戍是带有军事性质的地区性建置,由吐谷浑王的子弟来管理。对外,一方面对北魏和南齐恭恭敬敬,不时派使臣去朝贡,其贡品有牦牛、蜀马及出产于西南的土特产和珍宝。另一方面又吞并了不少戎狄部落,收服了宕昌、邓至等小国,对这些臣属国的国君封官授爵,赏赐财物,征收贡品,行施宗主国的权利。

伏连筹还极力向外扩张势力,在他统治时期,吐谷浑的势力向西一直扩展到了今新疆的东部,占据了鄯善、且末一带。据《洛阳伽蓝记》卷5《宋云行记》记载,魏神龟元年(吐谷浑伏连筹二十九年,518年)冬,北魏的高僧宋云、惠生等一行人向西域取经,从赤岭西行23日,渡流沙,到了吐谷浑国。一路走来天气严寒,"多饶风雪,飞沙走砾,举止皆满",只有吐谷浑城(今青海都兰香日德)较为暖和一些。当时吐谷浑国有文字,有自己独特的风俗和政治制度。宋云等人从吐谷浑往西走了3500里,到了鄯善城(今新疆若羌境内)时,看见鄯善城的城主是吐谷浑王伏连筹的第二个儿子,号为宁西将军,率领2000部落驻守在该地,以抵御西胡。鄯善、且末之地自汉代以来就是中原通往西域的交通要塞,是丝绸之路的要冲,吐谷浑从伏连筹时起到7世纪中叶,一直占据该地,在发展中西交通和经济文化交流方面发挥了重要作用。

当时,吐谷浑的疆域东边到了叠川(今甘肃迭部县东南),西面和于阗(一作于寘,今新疆和田)相邻,南界阿尼玛卿山、昆仑山,北至祁连山,西北边与高昌(今新疆哈密)连接,东北接秦岭,方圆几千里①,疆域十分广袤。吐谷浑的国力也在这时候达到了鼎盛,在当时的塞外各国中,以强大和富裕闻名。

然而,吐谷浑此时的国土虽然辽阔,江河横流,但大多是高寒之地,海拔高,气候寒冷,土壤贫瘠。据《梁书》记载,吐谷浑国内沙漠较多,植被稀疏,缺乏水源,四季常有冰雪,而六七月份暴雨和冰雹较多。晴天时常常有风,沙尘飞扬,遮天蔽日。吐谷浑国内百姓种麦子,但没有谷米。其境内的青海(指青海湖)方圆数百里,将母马赶到湖边放牧,不久就会生小马驹,当地人称之为"龙种",因此其国内有很多良马。吐谷浑境内有房屋,并间杂使用百子帐。吐谷浑的男子穿鲜卑族的窄袖左衽长裙,便于骑射游猎的无裆小口裤,戴高顶宽檐的大檐帽,帽檐下垂有长长的罗幕遮住脸容,骑马可避风沙。女子则

---

① 《梁书·诸夷传·河南传》,转引自周伟洲编著《吐谷浑资料辑录》,北京:商务印书馆,2017年,第34页。

披发为辫,身穿裙子和短袄。

四、伏连筹救助北魏

北魏延兴三年(吐谷浑拾寅二十二年,473年)的曼头山之战后,吐谷浑与北魏的关系有了很大的转折,走向了和睦相处的轨道,虽然边境上免不了有一些小冲突,但基本的走向是和平友好的。这种状态一直持续到了534年,即北魏灭亡的时候。在长达60年的和平交往时期,吐谷浑频繁地向北魏派遣使者,仅见于《魏书·帝纪》记载的,吐谷浑在这一时期向北魏遣使的次数多达56次。因此,在近半个多世纪里,吐谷浑有着一个相对和平的外部环境,而和北魏、南朝的频繁交往,极大地促进了吐谷浑政治、经济和文化的迅速发展。可以说,吐谷浑之所以能在这一时期走向鼎盛,除了历代吐谷浑王奋发图强、励精图治外,也跟他们积极改善同北魏的外交关系大有关联。

伏连筹时,吐谷浑王国的国势蒸蒸日上,国力越来越强大,而它名义上的宗主国北魏却走上了下坡路。到北魏正光末年,北魏国内的阶级矛盾和民族矛盾日趋尖锐，爆发了各族大起义。北魏正光四年（吐谷浑伏连筹三十四年，523年），有个叫破六韩拔陵的匈奴人首先在沃野镇（今内蒙古巴彦淖尔市乌拉特前旗）高举起了起义的旗帜，受到了北边6镇和西北各地各族人民的积极响应。北魏正光五年（吐谷浑伏连筹三十五年，524年）四月，高平镇（在今宁夏固原）敕勒族酋长胡琛在陇西、陇右一带起义。同年六月，秦州（治冀城，今甘肃甘谷县）的羌族人莫折大提、莫折念生父子起义。紧接着，凉州（治姑臧，今甘肃武威）少数民族首领于菩提、呼延雄把刺史宋颖囚禁了起来，积极响应莫折念生的起义。一时之间，北魏境内起义大旗四处招展，北魏君臣顾了东边顾不了西边，忙得焦头烂额。九月，被关押的宋颖想办法派出了心腹，到吐谷浑国向伏连筹求救。伏连筹接见了宋颖的使者后，立即亲自带兵，率领大军去救宋颖。伏连筹兵临凉州城下，连夜攻城。事出突然，于菩提听到守卫急报后，连铠甲都没穿好，就跑到了城墙上。他站在城墙上往下一看，只见黑压压一片，分不清到底有多少人，也搞不清来的到底是哪路人马，吓得六神无主。他连宋颖都来不及处置，就带着一部分随从弃城逃跑。伏连筹得知于菩提逃走后，就带着人在后边追赶。吐谷浑人的马匹十分雄健，疾驰如飞,不一会儿,就追上了于菩提,将他斩杀在了马下。斩杀了于菩提之后,伏连筹又赶到凉州城,救出了宋颖。凉州城的豪绅赵天安是个很狡诈的人,他见伏连筹是为救宋颖而来,便投其所好,联合了一些人,拥戴宋颖重任刺史。

北魏正光五年(吐谷浑伏连筹三十五年,524年)十二月,莫折念生派兵围攻凉州城,宋颖发誓与城共存亡,命令将士们紧闭城门等待救援。起义军攻了几日,眼看凉州城就要被攻破,赵天安坐不住了。他怕莫折念生打进城后追究于菩提的事,会牵连到自己,就借口帮宋颖守城,带着人抓住了宋颖,在城内响应莫折念生。北魏孝昌元年(吐谷浑伏连筹三十六年,525年)十月,伏连筹再次派兵到凉州讨伐赵天安,见风使舵的赵天安又投降了吐谷浑,北魏这下才算完全收复了凉州。同年,平西将军高徽奉命出使嚈哒(古国名,都城在今阿富汗北部),返回途中路过枹罕。这时,河州(治今甘肃临夏)刺史元祚刚刚去世,前任刺史梁钊的儿子梁景进正带莫折念生攻打河州。见儿子跟随莫折念生反叛北魏,对北魏忠心耿耿的梁钊急火攻心,一气毙命。河州形势危急,群龙无首,大家共同推举高徽管理河州事务,高徽带兵死守河州,但梁景进的势力十分强大。高徽无奈之中,想到了兵强马壮的吐谷浑王国,就向吐谷浑求助。伏连筹毫不犹豫,立即派兵去给高徽解围,打跑了梁景进。在伏连筹的帮助下,河州的危机解除了。

伏连筹在位时,对北魏的态度算是比较恭敬和客气的,没有和北魏发生大的冲突。当凉州城和河州等地受起义军的围攻时,伏连筹还先后3次出兵,帮助北魏朝廷镇压起义。然而,当北魏的势力进一步衰弱,即将临近崩溃的边缘时,吐谷浑、宕昌这些藩属国就先后摆脱了北魏的约束,开始对北魏干戈相见了。他们趁北魏自顾不暇之际,纷纷出兵,扩展自己的地盘和势力。北魏永熙三年(吐谷浑可沓振一年,534年),北魏灭亡的这一年,宕昌王梁仚定背弃北魏,完全依附于吐谷浑。他带吐谷浑王国的军队攻打北魏的金城郡(治今甘肃兰州西面),也就是在这一时期,吐谷浑的势力进入了河西。

五、伏连筹与柔然联姻

据《北史·吐谷浑传》记载:"伏连筹内修职贡,外并戎狄,塞表之中,号为强富。准拟天朝,树置官司,称制诸国,以自夸大。"伏连筹时期的政治制度仿照承袭了汉魏官制，他封自己的女儿们为公主，在国内还设置了车骑大将军、宁西将军、中书监等职官。

柔然又称"蠕蠕""茹茹""芮芮"，是4世纪后期至6世纪中叶在蒙古草原上兴起的部落制汗国，是主要由鲜卑、敕勒、匈奴和突厥组成的多氏族、多部落的部族，其最高统治部落（可汗郁久闾氏本部）是拓跋鲜卑别部的一支。从2014至2015年在陕西省西安市长安区出土的《吐谷浑晖华公主墓志》可知，伏连筹时吐谷浑王国曾与柔然联姻。晖华公主"讳库罗伏，字尉芮文"，是"吐谷浑主明元之第四女也。"据《墓志》记载，晖华公主卒于西魏大统七年（吐谷浑夸吕七年，541年），终年39岁，其生年应为北魏景明四年（吐谷浑伏连筹十四年，503年），其时吐谷浑国正是伏连筹执政时期，晖华公主应为伏连筹第四个女儿，明元则是伏连筹去世后模拟中原制度的谥号。

晖华公主墓志提供了许多正史中没有记载的独特信息，其中最主要的信息为"主（公主）茹茹可敦之妹，即悼皇后之姨也"。这句话表明晖华公主的姐姐，伏连筹前3个女儿中的一个嫁给了称得上柔然中兴之主的阿那瓌，且身份尊贵，是阿那瓌的正妻，这是前所未见的历史信息。据《墓志》记载，这位吐谷浑公主、柔然可敦所生的第一个女儿嫁给了西魏文帝(即悼皇后),第二个女儿嫁给了东魏高欢(《北史·后妃传下》称之为蠕蠕公主)。晖华公主是这两位分别嫁到西魏与东魏的茹茹公主的四姨。①

吐谷浑与柔然的关系历史文献中记载不多,从《北史》《南齐书》中的简略记载中可知,吐谷浑与漠北的柔然之间互通使者,吐谷浑使者还多次绕道柔然出使东魏,而柔然的使者也常从河南道(吐谷浑道)抵达刘宋益州(今四川成都)。而新出土的《墓志》表明吐谷浑与柔然有和亲关系,这可能与当时的形势密切相关。吐谷浑从拾寅到伏连筹时期,曾多次遭到北魏的征讨,而漠北柔然阿那瓌可汗从北魏叛逃回漠北后,柔然复兴,与北魏及之后的东、西魏分庭抗礼,为了联合柔然与北魏抗衡,吐谷浑国主伏连筹将女儿嫁给阿那瓌可汗,和亲联盟,双方建立了密切的关系。

据《墓志》记载,晖华公主下嫁给了吐谷浑车骑大将军、中书监乞伏孝达。与《吐谷浑晖华公主墓志》一起出土的《乞伏孝达墓志》因朱砂书写的字迹脱落,其族属、事迹、生平皆不可考,只能从《公主墓志》中得知一些信息。乞伏孝达应该是陇西

---

① 罗新:《西魏晖华公主墓志所见的吐谷浑与柔然名号》,《中山大学学报》2020年第5期。

鲜卑西秦乞伏氏贵族，曾在吐谷浑国任职，伏连筹看重他的才干和名望把心爱的女儿嫁给了他。十六国时期，吐谷浑与西秦有密切联系，双方时有争战，而两者王室有和亲①。西秦被夏国赫连定所灭，赫连定又被吐谷浑王慕璝所灭，其所俘的西秦人口皆被吐谷浑所俘获，成为吐谷浑属民，后渐融入吐谷浑中，其中就应包括乞伏氏。从乞伏孝达所任官职看，他似乎是个文武双全之人，中书监是文职，说明乞伏孝达曾从事过文书方面的工作。《梁书》中说梁人前往吐谷浑"教其书记，为之辞译"。吐谷浑作为河南道的开创者，除了与西魏和南朝有密切交往外，还与高昌、柔然、嚈哒等西域小国有来往，其国内应该有懂多国语言的口译人才和多国文字的文书写作者，乞伏孝达在吐谷浑王国担任中书监一职，后又被柔然派到西魏，说明他可以在吐谷浑、柔然和西魏间自由交流，甚至有可能会读写汉语。

伏连筹死后，吐谷浑国内政局动荡，王位变动频繁，乞伏孝达和晖华公主因内乱经由西域高昌到漠北柔然，投奔公主的姐姐阿那瓌可汗可敦。他们到柔然后受到了重用，乞伏孝达被柔然可汗任命为"骠骑大将军、俟利莫何、度支尚书、金城王"，这些官

---

① 周伟洲：《吐谷浑史》，北京：商务印书馆，2017年，第260页。

职中,骠骑大将军为从一品,度支尚书为实职的三品中央尚书省官职,金城王为一品爵号,俟利莫河为柔然官号,莫何有勇健者之意,后转为"酋长"之称。①晖华公主则仍沿用了原称号,仍姓吐谷浑氏。

魏大统三年(537年),柔然可汗夫妇将年仅14岁的长女嫁给西魏文帝时,请乞伏孝达和晖华公主以送亲主使的身份陪同护送,想借助他们夫妇的智慧和才能来护佑远嫁的女儿。柔然公主前往长安时,陪嫁十分丰厚,有车700乘,马万匹,驼千头。魏大统四年(539年),柔然长公主到达西魏都城长安,魏文帝为了表示对其的尊崇,废掉了大统元年(534年)所立皇后乙弗氏,令其出家为尼,改立柔然公主郁久闾为皇后。大统六年(540年),因柔然举国过黄河至夏州(治今陕西靖边北白城子),文帝又被迫令乙弗氏自尽,乙弗氏后年仅31岁,后葬于麦积崖(今甘肃天水麦积山石窟)。当年,柔然公主郁久闾因难产而死,年仅16岁,葬于少陵原(今西安市长安区大兆一带),卒后谥号为"魏悼后"。东魏武定四年(546年),阿那瓌又将魏悼后妹妹嫁给了东魏权臣高欢,号"蠕蠕公主",高欢将自己的妻子娄氏贬为妾氏,立蠕蠕公主为正室。

---

① 周伟洲:《吐谷浑史》,北京:商务印书馆,2017年,第264页。

据《墓志》记载,晖华公主"宛若春风,暾如秋月,光仪容止,式谐典度",也就是说她仪态端庄,处事有度。晖华公主夫妇带着3个儿子陪柔然长公主到达西魏都城长安后,西魏朝廷视其为上宾,礼遇有加。大统七年(541年)正月,魏悼后去世不到一年,晖华公主也因疾而逝,年仅39岁,西魏文帝将其以"公主之礼"葬在少陵原,让其与早逝的柔然长公主做伴。晖华公主的墓葬形制及丰富的陪葬品均按西魏公主丧葬制度办理。乞伏孝达死后与晖华公主合葬,根据墓葬出土文物特征,乞伏孝达死亡时间的下限为北周早期。

晖华公主墓是首次在西安地区发现的西魏时期有关吐谷浑氏的墓葬,出土墓志内容反映了吐谷浑、柔然、西魏之间的关系,同时也为北朝时期西魏、吐谷浑、柔然的民族历史提供了重要的实物资料,并补充了金城乞伏氏的家族历史。[①]晖华公主虽然只活了39岁,但在其短暂的一生中先后定居及活动于当时中国北方三个大的民族政权——吐谷浑、柔然和西魏之间,其《墓志》间接反映了北朝时这三大政

---

① 陕西考古研究院、陕西历史博物馆、长安区旅游民族宗教文物局:《陕西西安西魏吐谷浑公主与茹茹大将军合葬墓发掘简报》,《考古》2019年第4期。

权之间复杂的关系，填补了史书记载的空白。晖华公主既是那个动荡时代的尊贵而杰出的女性，也是那段风云变幻的历史的见证者，其丰富的人生经历给后世的人们留下了无限的遐想。

六、夸吕增筑伏俟城

北魏永安二年（吐谷浑伏连筹四十年，529年），伏连筹去世，他的儿子呵罗真继位，南梁封其为"宁西将军、护羌校尉、西秦、河、沙三州刺史"。当时，吐谷浑国内局势动荡，王位变动异常频繁。呵罗真继位才两年，就不幸身亡，他的儿子佛辅继位。佛辅执政时期，其世子曾派使者给南梁太子献白龙马。北魏永熙三年（吐谷浑可沓振一年，534年），可沓振任代理可汗，后来，南梁封他为"西秦、河二州刺史，河南王"。这一年，宏昌王梁仚定带吐谷浑入侵金城（今兰州）。西魏大统元年（吐谷浑可沓振二年，535年），伏连筹的儿子夸吕（《隋书》作"夸吕"，《北史》《周书》本传作"吕夸"）继位。夸吕是吐谷浑国主中在位时间最长的君王，他即位后，吐谷浑国内的政治局势才逐渐平稳下来。

夸吕即位后，改变了长期以来吐谷浑王国的君主接受南北朝封号的习惯，他采用了漠北柔然政权的"可汗"和"可贺敦"（皇后之意）的称号，开始自称"可汗"，并把自己的妻子称为"恪尊"（《魏书》写作"母尊"）。"可汗"一词开始只是对少数民族首领的称呼，5世纪后，"可汗"成了少数民族政权对"君主""皇帝"的称号，除吐谷浑外，突厥、回纥、蒙古等国家的国主都用这个称号。此时夸吕称"可汗"，这是将其当成了皇帝的另一称呼。而从《吐谷浑晖华公主墓志》中提供的有关信息看，其实早在伏连筹时期，吐谷浑王就已仿照承袭了北魏的官制。夸吕不满足于只有一个伏罗川都城（今都兰县香日德镇），他在位时，增筑了伏俟城（今青海共和县铁卜加古城），说明当时吐谷浑的统治中心需要增加。伏俟城的位置在青海湖西面15里远的地方，至今城址尚存。这个地方是一望无际的大草原，水草肥美，视野辽阔，抬眼就可以看到青海湖湛蓝的碧波。夸吕在伏俟城修建了宫室房屋，修筑了坚固的城墙。但吐谷浑国内的老百姓们仍然沿袭着游牧民族的习俗，生活在辽阔的大草原中，他们住不习惯土木结构的房屋，仍然居住在简陋的帐篷里，按季节逐水草游牧。

2018至2020年，西北大学文化遗产学院和青海省文物考古研究所组成的联合考古队对青海省共和县石乃亥乡的铁卜加古城进行了大规模的钻探调查，有大量突破性的重要发现，通过此次考古钻探和遗物测年最终确定了铁卜加城就是吐谷浑的"王者之城"——伏俟城。据考察，伏俟城分内城和外城，内城位于外城南部，规模较小而城墙高大，其平面呈方形，城墙边长228~260米，城存高度为5.9~6.7米，四面墙基宽度14~18米，东墙中部开有一门，门道宽5.6米，门外凸出曲尺形墩台，符合《后汉书·乌桓传》中"以穹庐为舍，东开向日"的说法。城内建筑以横贯东门的轴线为中心分为三组，略呈"凸"形分布，东西向排列布局，西部一组位于内城中部靠西墙处，平面略呈方形，四面有夯筑垣墙，有可能是宫殿遗址。外城规模宏大，大致呈南北向长方形，东西长1442~1600米，南北1960~2200米，总面积3.29平方公里，东面有两道城墙，两道城墙外有壕沟。外城东、北、西三面有城址、夯台和居址，星罗棋布，宛若众星一样拱卫着内外城，而外城东部和东北部遗迹点较为密集，这可能与伏俟城易受攻击的威胁主要来自青海湖北线有关。在伏俟城内、外城和外围遗迹点采集到了大量的瓦片和陶片，种类多样，纹饰丰富，有的瓦片上还有文字，如在内城发掘的个别板瓦、筒瓦外面有模印或刻写的"天"字,可能是"天王"二字的合体。① 以上考古发现印证了《魏书》中记载的吐谷浑"有城郭"的史实,伏俟城就像远逝的吐谷浑王国镌刻在青海湖草原上的一枚旧印章,反映了夸吕时期吐谷浑王城的宏大规模和独特建制,而夸吕之所以在青海湖西边筑城并作为首都,可能与当时吐谷浑控制青海至西域的交通有关。

在此次考古调查中,外城北墙和城门、外城以外的遗迹点和北朝隋唐时期的吐谷浑遗物均为首次发现和辨认,这些新发现对于认识、确定吐谷浑遗物提供了可靠的实物资料。考古工作者认为,伏俟城是游牧迁徙同建城定居相互结合的一个典范,其内涵丰富,结构完整,形制独特,对于我们重新认识吐谷浑国家形态、都城建制和物质文化打开了一个全新的窗口,也为认识北方地区其他少数民族政权都城形态也提供了一个范例。②

夸吕迁都伏俟城后,还进一步完善了吐谷浑王国的政治制度。当时,吐谷浑国可汗之下,设丞相,藏文史料称之为"大尚论",管理国内外大事。此外,

---

① 刘卫鹏、王忠信:《吐谷浑"王者之城"——青海伏俟城钻探调查的突破性新发现》,《文物鉴定与鉴赏》2021 年第 2 期。
② 刘卫鹏、王忠信:《吐谷浑"王者之城"——青海伏俟城钻探调查的突破性新发现》,《文物鉴定与鉴赏》2021 年第 2 期。

还有王、公、仆射、尚书、郎中、将军、别驾等官职，封王的大都是王室子弟和其他民族部落的首领。吐谷浑国的兵器种类比较多，有弓、刀、甲、矟等。国内征收赋税，一般不设常税，需要的时候才从富裕人家和商人那里征收，数目也不固定，取足为止。吐谷浑王国的刑罚比较简单，杀人者偿命，盗马的人跟杀人同罪，都是死罪。对马匹重视到这个程度，以致于盗马与杀人等同，这在我国古代游牧民族中是很罕见的。执行死刑时，要用毛毡蒙住犯人的头，行刑的人站在高处，用石头砸打犯人，方法十分残酷。除了杀人和盗马，犯其他罪的，可以用财物赎罪，也看情况采用杖刑。吐谷浑人喜欢打猎，主要吃肉食和乳制品，其国内也有农业，种植大麦、粟、豆，但其北边气候寒冷，只能种芜菁、大麦。其地出产牦牛、马、骡，多鹦鹉，铜、铁、朱砂等矿藏十分丰富。这时候，吐谷浑的政治、文化和经济制度已经基本定型。

吐谷浑王国崇尚汉文化，国内汉语十分流行，尊奉礼教，贵族子弟从小就接受儒学教育，官员们大都识文断字。夸吕可汗本人就有较高的汉文化素养，他喜欢读文学辞章，虽然他居住在离青海湖不远的伏俟城中，离中原有千里之遥，他还是想方设法收集当时流行于南北朝的诗文辞章。当时，温子升是北朝著名的大才子,他的文章传诵于大江南北。西魏大统十一年(吐谷浑夸吕十一年,545年),北齐阳夏太守傅灵标出使吐谷浑,来到伏俟城,在夸吕可汗的案头看到了几卷厚厚的书,全是温子升的文章。

东魏使者抵达吐谷浑,在美丽的伏俟城拜见过夸吕可汗和他的王后"恪尊"。《魏书·吐谷浑》中对他们的穿着打扮有明确记载,说夸吕将头发高高地挽起来,结成锥形的髻,上面插着用羽毛和珍珠做成的装卸物,戴黑色的帽子,坐在雕刻很精美的金狮子床上。而格尊是将头发梳到后面,留很多条小辫子,头上戴镶有金花和珠贝的金花冠,十分华美,身上则穿着裙子,披着色彩艳丽的长锦袍。老百姓的服饰和中原汉族的服饰大致相同,通服长裙,所不同的是男子戴的帽子上有能遮蔽风沙的幂面,女子不分贵贱都穿裙子,平民女子在裙子上穿短衣,头发梳成很多条小辫子,上面装饰着珠贝,以多为贵。在婚姻礼仪方面,父亲和兄长去世后,吐谷浑人可以娶寡居的后母和嫂嫂做妻子。富裕的人家纳厚礼聘娶,家境贫寒、不能筹备彩礼的则实行抢婚。吐谷浑人实行土葬,送葬时亲人穿丧服,葬礼结束后即可解除。

经过几个世纪的苦心经营,吐谷浑王国的经济也得到了长足发展。畜牧业历来是吐谷浑王国的经济支柱,在夸吕时也依然是其主要产业。吐谷浑人特别善于养马,他们掌握着高超的优化繁殖、品选良种、引种杂交的生产技术,所培育出来的优良马种"龙种"和"青海骢"闻名遐迩。美丽的青海湖绵延千里,湖中心有神奇的海心山,湖边则绿草茵茵,是吐谷浑人的黄金牧场,传说中的"龙种"和"青海骢"就是在这里培育出来的。冰雪纷飞的冬季,青海湖的湖面结了一层厚厚的冰,吐谷浑人就在此时把母马赶到海心山上放牧,一直到来年春天才赶回来。这时候,母马们不仅一个个膘肥体壮,还都怀有身孕,人们都以为是青海湖的龙神显灵了,所以把这些马生的马驹称作"龙种"。说来也神奇,这些马驹大都神骏异常。实际上,"龙种"马是在鲜卑马和当地浩亹马杂交的基础上优化繁殖出来的,今天青海的浩亹(音同"门")马应是"龙种"马的后代,以外貌秀丽、头部优美、爬山矫健、善走对侧步而著称。吐谷浑人还曾从遥远的波斯引进过优良的种马,他们把波斯种马赶进海心山,从海心山出来的波斯马生下来的马相传能日行千里,被称作"青海骢",美名远扬。直到今天,"青海骢"的美名还流传于世。周伟洲先生认为,"青海骢的血缘关系,与东汉时的铜奔马的原型及今天青海的浩门马,是一脉相承的"①。吐谷浑人还善于驯马,他们驯育出来的龙种舞马,名扬四海,史书中多次提到吐谷浑向南朝、西魏进贡"舞马"之事,其所献舞马有白龙驹和赤龙驹。唐玄宗曾训练舞马,并在大的"宴设酺会"中表演舞马节目,唐诗中也有不少描写舞马的诗篇,如唐代诗人李商隐的《思贤顿》诗中有"舞成青海马"之句,可见唐代舞马很可能源于青海吐谷浑。

除了马以外,吐谷浑人的畜种还有牛、羊、驴、骡、驼等,牛的种类有牦牛、黄牛、犏牛,羊有黄羊、多角的珍稀羊等。其中,牦牛、羊、珍稀羊是羌人特有的畜种,黄羊是鲜卑人的畜种,驴、骡、驼则是由西部鲜卑人及匈奴人带来的,主要用于负重跋涉。其时,吐谷浑的畜牧业空前繁荣,骏马满川,牛羊遍野,数不胜数,从当时北魏、突厥抢掠吐谷浑时所获取的牛羊数目可窥见吐谷浑畜牧业发达之一斑。吐谷浑国畜牧经济的发达,还体现在其畜牧产品的商品化中,吐谷浑人的良马、牦牛、皮革、毛织品、肉制品都是其对外贸易交换的商品。

除了畜牧业,吐谷浑王国的商业也很发达,它与北边的蒙古草原、西边的西域、中亚,南边的西

---

① 周伟洲:《吐谷浑史》,北京:商务印书馆,2017年,第92页。

藏高原、印度，东面的黄河、长江流域都有贸易往来。在当时，遣使贸易是吐谷浑王国进行贸易的一种主要方式，吐谷浑王国频繁地向南北朝遣使朝献，除了政治上的联系，更多的是出于经济上的利益驱动。从南朝的史书记载中，可以看出畜牧产品是吐谷浑王国对外交易的主要产品。那时候，吐谷浑人不仅出售一般的马匹，向南朝输送牦牛、蜀马、毛皮、毛纺织品、肉制品等畜牧产品，还开辟了名贵的马种市场，向各国出口其精心培育的良马、舞马，"青海骢""龙种"马售价很高，却依然供不应求。吐谷浑人凭借地处中西陆路交通要道的便利条件，还进行着中西方之间的中继贸易。吐谷浑人将大量的丝绸、棉布、瓷器、铁器、茶叶及纸张运到国内，然后再辗转销往西域诸国，同时也将西域的金银制品、玻璃器皿、香料及珍禽异兽等贩运到国内，销往南北朝各国市场。吐谷浑王国当时的国都伏俟城，商客云集，货铺罗布，驼队马帮络绎不绝，几乎可以称得上是一座颇具规模的国际贸易城市，声名远扬。

　　吐谷浑人从东北向外迁徙的时候就有原始宗教，后期也信奉佛教。吐谷浑人信仰巫术，《晋书·吐谷浑传》中记吐谷浑西迁时对乙那楼说"先公称卜筮之言"，说明其部落中有卜筮习俗。《晋书·四夷·吐谷浑传》中记述吐延为羌酋姜聪刺杀后,其子叶延十岁,"每旦缚草为姜聪之像,哭而射之,中则号泣,不中则瞋目大呼"。这种射草人的行为是一种原始的模仿巫术,应与吐谷浑人的巫术信仰有关。《新唐书·吐谷浑传》中记载宣王以"诈言祭山神"为名,阴谋劫走吐谷浑王诺曷钵投吐蕃,可见吐谷浑有祭山神习俗。在很长的一段时期内,吐谷浑人一直保留了自己的原始信仰,直到慕利延西征,到达信仰佛教的于阗、罽宾等国,吐谷浑王族才开始接受佛教的影响。据《高僧传》卷11《释慧览传》记述,酒泉高僧慧览从西域返回时路经吐谷浑国,慕利延世子琼等仰慕他的德行和佛学修养,特地拿出了一大笔钱,在成都建造了左军寺,让慧览居住。《梁书·河南传》记拾寅时,"国内有佛法";又记梁天监十三年(吐谷浑伏连筹言二十四年,514年),言"表于益州(成都)立九层佛塔"。当时,拾寅王敬慕高僧玄畅,特地派出数百骑人马,到齐山去迎接玄畅,遗憾的是玄畅已经东行,拾寅最终无缘和他相见。梁天监十三年(伏连筹二十四年,514年)时,吐谷浑人在益州建造了气势雄伟的9层佛寺,说明这时吐谷浑国内的佛教氛围趋于浓厚。西魏大统六年(吐谷浑夸吕六年,540年),夸吕可汗派使者到建康,向梁武帝提出请求,要求赐予释迦牟尼佛像和经论14条，梁武帝赐给了佛像和《制旨涅槃》《般若》《金光明讲疏》等佛教经典130卷。这些事实说明，自慕利延后期起，吐谷浑统治阶级开始信奉佛教，上行下效，一般老百姓也必定受影响，慢慢开始接受佛教，佛教逐渐在吐谷浑境内流行起来，而当时吐谷浑信仰的是汉传佛教。

时隔千年后的今天，青海文物考古工作者们在都兰县热水乡察汗乌苏河南岸露丝沟中的一块铁青色的巨大石壁上发现了2组古老的摩崖石刻。其中，一组是阴线刻法结合浮雕刻凿的3尊坐佛像和3尊立佛像。立佛像高5米左右，宽约1.5米。坐佛佛像头戴菩萨冠，袒露右臂，头部还刻有佛光圈，坐在五瓣莲花上，佛像上下刻着象征殿堂的石框。整组佛像古朴生动，线条流畅，比例匀称，遗憾的是面部已模糊不清。另一组石刻是刻在佛像之下的两匹骏马，长约2.5米，高约1.6米，长尾垂地，肢体健壮有力，神态悠闲自在。据学者考证，该摩崖石刻形成于北朝中期，应出自吐谷浑人之手。吐谷浑人在露丝沟刻石敬佛，大概就在拾寅、伏连筹、夸吕在位前后。至于佛像下刻马，在同类石刻中极为罕见，这也正是吐谷浑人文化特色的所在。吐谷浑人爱马如命，几乎是将其当作图腾来崇拜。他们在石刻时将骏马雕刻在佛像之下，一方面是认为马具有神性，是天国中神佛的坐骑，让神马与神佛一起享受族人的祭祀；另一方面是为了祈求佛祖保佑部落中的马群平安壮大。

七、远交近攻

在夸吕继位的前一年（吐谷浑可沓振一年，534年），北魏分裂成东魏、西魏。西魏及后来的北周与吐谷浑邻近，双方存在着直接的利益冲突，常常因土地和财物起争端，而东魏和北齐势力范围远离吐谷浑的国境，和吐谷浑不存在直接的矛盾。面对这种情况，夸吕审时度势，对分裂时期的北朝采取了远交近攻的战略，即先后保持与东魏、北齐的友好往来，双方使者络绎不绝，显得一团和气，且与其相互通婚，结成了姻亲，而对西魏和北周则采取敌对态度，两国的边境上战火频起，硝烟弥漫。

北魏末年，秦州莫折念生起义后，河西的交通阻断，吐谷浑与北朝的通使中断了一段时间。西魏大统六年（吐谷浑夸吕六年，540年），吐谷浑使者才跟随柔然的使臣龙无驹，绕道柔然辗转来到东魏，向孝静帝致敬。当时，东魏的丞相是后来的齐武帝高欢。野心勃勃的高欢一心要招抚边远的少数民族政权,他见夸吕向东魏遣使,就想联合吐谷浑对抗西魏,于是向使者宣讲忠孝节义的道理,要求吐谷浑朝贡。夸吕可汗目光远大,他不仅派使者赵吐骨真绕道柔然频繁到东魏朝贡,还想与东魏建立联姻关系。刚好夸吕有一个堂妹,容貌美丽,天资聪颖,他觉得这个堂妹有资格进入东魏皇帝的后宫,就极力向孝静帝举荐。西魏大统十一年(吐谷浑夸吕十一年,545年)正月,高欢专门就此事向孝静帝上了一道奏章,建议孝静帝收纳夸吕可汗的堂妹,以便招抚吐谷浑。孝静帝采纳了他的建议,封夸吕可汗的堂妹为容华嫔。将堂妹嫁出之后,夸吕可汗又向东魏求婚,孝静帝慨然允婚,封济南王元匡的孙女为"广乐公主",嫁给夸吕为妻。从此,吐谷浑与东魏结成了秦晋之好,夸吕不断地派使者到东魏朝贡。后来,东魏被北齐取代,出于战略上的考虑,夸吕仍派使者到北齐朝贡。但是,由于河西走廊先后被西魏、北周控制,吐谷浑要和东魏、北齐交往,就必须从柔然绕道,路途遥远,艰险万分,因此,虽然有进一步加强联系、相互来往的良好愿望,但吐谷浑和东魏、北齐的交往还是受到了很大限制。

  西魏刚刚建立的时候,吐谷浑的国力十分强盛,夸吕趁西魏的势力还没巩固之际，多次派兵到西魏边境抢掠。西魏大统初，西魏丞相宇文泰派仪同潘濬出使吐谷浑，向夸吕大讲逆顺的道理，目的是让他停止对河西、陇右等地的侵扰。夸吕不吃这一套，虽然为了应付，也派使者出使西魏，献上了珍奇的善舞马和大批的牛、羊等牲畜，但对西魏边境的侵扰一直没停止，反倒有变本加厉的倾向。西魏对吐谷浑的寇掠十分头痛。

西魏大统八年（吐谷浑夸吕八年，542年），吐谷浑人到湟河郡（治所约在今青海化隆县群科镇）抢掠。当时西魏驻守在湟河郡的士兵人数很少，郡里人心惶惶，担心郡守柳桧抵挡不住吐谷浑人的进攻。那柳桧竟颇有大将风范，他胸有成竹地安抚众人："大家别慌，别看吐谷浑人数众多，可这些蛮夷之人不懂兵法，是一群乌合之众，不堪一击，根本不是我军的对手。"听了他的话，大家稍稍放心了一些，士兵们的士气也有所上升。柳桧挑选了几十名精兵作敢死队，他身先士卒，率领这几十个人冲上去与吐谷浑人拼杀。由于这些人存了必死的决心，一个个勇猛无比，吐谷浑人被震慑住了，纷纷往后退。见此情境，西魏军军心大振，剩下的人如狼似虎地冲上前，一阵冲杀，吐谷浑人被杀了个七零八落，大败而返。这次战败之后，吐谷浑人又几次到湟河郡侵扰，都被柳桧打败，他们再也不敢到这里抢掠。西魏大统十四年（吐谷浑夸吕十四年，548年），吐谷浑的军队又到西平郡（治所在今青海西宁市）抢掠，西魏皇帝任命王子直为尚书兵部郎中，从陇右出兵攻打吐谷浑人。两军在长宁川（今西宁北川河）展开激战，吐谷浑人败走。王子直因击退吐谷浑有功，官拜车骑大将军。

西魏废帝二年（吐谷浑夸吕十九年，553年），西魏逐渐巩固了河西、陇右地区的统治，并且将势力伸展到了今四川，在四川设了益州，彻底切断了吐谷浑与南朝的交通，这时候，西魏有时间和精力对付劲敌吐谷浑了。同年，西魏丞相宇文泰亲自出马，率领3万大军，一路跋山涉水，过陇山，渡金城河（今兰州一段黄河），来到了姑臧（今甘肃武威市）。见西魏大军的矛头直指吐谷浑国境，夸吕有些害怕，为缓和两国之间的矛盾，他赶忙向西魏派出使臣，称臣纳贡。但仅仅过了两年，夸吕又故态复萌，联合羌族首领羌东念姐，又屡屡攻打西魏边境。魏恭帝派大将军豆卢宁去讨伐羌东念姐和吐谷浑。豆卢宁久战不胜，魏恭帝又派善于用兵的滑州刺史于寔带兵前往。于寔没有辜负魏恭帝的期望，打败了羌东念姐和吐谷浑的联军。魏恭帝喜出望外，特地亲笔写信慰劳于寔，还给他赏赐了100名奴婢，100匹骏马。

夸吕可汗在位期间，一直奉行着远交近攻的战略，他不断地派兵侵扰西魏、北周边境，无非是抢掠沿边郡县的农产品，以弥补其畜牧经济的天然缺陷。与此同时，夸吕可汗主动与南北朝通使往来，长期与它们进行经济文化方面的交流，从而增强了国力，发展了经济，在客观上促进了民族融合，使吐谷浑王国在他执政的前40年中一直保持了强大和繁荣的势头。

八、腹背受敌

经过长达百年的积累，吐谷浑人创造的财富大大增加，尤其是在其商业经济发展起来后，吐谷浑王国的经济迅速发展，在其从伏连筹到夸吕的鼎盛时期，吐谷浑王国以富裕闻名于西北各国。吐谷浑人的富有使许多国家垂涎三尺，一些势力强大、惯于强取豪夺的国家便想方设法要从吐谷浑那里捞一些油水。

西魏废帝二年（吐谷浑夸吕十九年，553年），夸吕向北齐派出了由仆射乞伏触状带领的使团，主要目的是和北齐进行贸易。由于当时河西走廊的交通被西魏垄断,夸吕还派将军翟潘密率领士兵保护。当时,吐谷浑境内有不少西域商人,他们也随着使者团北上,到北齐进行商贸活动。使团一路风餐露宿,跋山涉水,历尽千辛万苦,顺利到达北齐,完成了贸易使命。但不幸的是,使团返回的时候,西魏的凉州刺史史宁闻风而至,在凉州西面的赤泉(今甘肃永昌县西)拦截了他们,不仅俘虏了吐谷浑的使臣和随使团去北齐贸易的西域商人240多人,还抢掠了使团600多头雄健的骆驼和骡马,及数以万计的富丽精美的丝绸和丝织品,满载而归。吐谷浑损失惨重,史宁却因此官拜大将军,受到了西魏废帝元钦的赏识。西魏废帝大喜之下,把自己戴的帽子、穿的衣服鞋子及手中拿的弓箭全部赏赐给了史宁,还让使者给史宁传达他的旨意:"史宁立了大功,孤非常高兴,今特将身上的衣服脱下来给他穿,这是对他推心置腹。"史宁是粟特人,他知道以粟特人为主的西域商人们惯常的行走秘法,所以能成功地拦截吐谷浑使团。

这一时期,突厥兴起,攻灭了柔然,占据了整个漠北地区。西魏恭帝三年(吐谷浑夸吕二十二年,556年),好战的突厥木杆可汗(即俟斤可汗)听说吐谷浑王国很富裕,便起了觊觎之心,他向西魏借道,想从凉州南下掠夺吐谷浑。早在三年前，西魏的军队拦截、抢掠了吐谷浑派往北齐的使团后，西魏废帝已经尝到了甜头，加上位高权重的太师宇文泰视吐谷浑为眼中钉，西魏统治者与木杆可汗一拍即合。西魏当即派史宁率领军队跟随木杆可汗同行。两国的军队会合在一起，浩浩荡荡去攻打吐谷浑。他们到达番禾（今甘肃永昌）后，夸吕发现了他们的意图，为避其锋芒，奔到了南山。木杆可汗想分兵两路去追击，然后在青海湖边会师。史宁长期担任凉州刺史，对吐谷浑国内的情势了如指掌，他向木杆可汗建议："树敦城（今青海共和县曲沟乡菊花城，一说在青海东南曼头山附近）和贺真城（约为今青海湖西南山城古城，一说为今茶卡盐池附近之柴集河）是吐谷浑国的巢穴，如果我们分兵去攻打这两座城市，就相当于抄掉了夸吕的老窝，到时候，根本不用我们动手，追随夸吕的人自己就分崩离析了。"木杆可汗大喜，认为这是上上之策，就依据史宁的建议，自己率领一路人马，走北路（即从番禾经扁都口，到青海湖北绕至西南茶卡附近）直捣贺真城，一路由史宁率领，从西宁向西南走南路攻打树敦城。

夸吕可汗不敢与两军交战，一直东奔西逃，竭力躲避其锋芒，但吐谷浑王国的小王们却纷纷在沿途阻击西魏和突厥的军队。吐谷浑小王娑周王首先率军拦住了史宁的去路，却不幸被史宁打败，娑周王英勇战死沙场。魏军一路急行军，来到了树敦城。树敦城，是吐谷浑王国的旧都城，街市繁华，城里面有很多珍宝。在魏军到达之前，夸吕已从树敦城跑到了贺真城，只留下征南王率领几千人守城。树敦城城墙牢固，易守难攻，史宁久攻不下，便想了一个引蛇出洞的计策。他先是派军一阵急攻猛打，接着佯装攻不下，下令退兵。西魏军队拔起营帐，吹响号角，假装撤兵。征南王在城墙上看见西魏军队回撤，得意地哈哈大笑："人说史宁善于用兵，今日观来不过如此。将士们，务必将他拿下，我在可汗面前给你们请功！"守在城墙上的士卒们听了这话，一个个邀功心切，急忙打开城门去追击魏军。史宁见征南王中计，立即拨转马头，挥动战旗，命令将士们奋勇杀敌，他自己也冲上去与吐谷浑人厮杀。西魏军军心大振，杀声冲天，吐谷浑的军队像潮水一样退却，士卒们丢盔弃甲，一窝蜂似的往城门里跑。征南王见情势不妙，急忙下令关闭城门，但为时已晚，史宁已一马当先冲进了城里。西魏的军队也乘乱随后一拥而入，攻破了树敦城，轻敌的征南王被活捉。西魏的军队在城里大肆抢劫，无数的奇珍异宝被搜括净尽，百姓也被西魏的军队掳掠，被迫随军同行，繁华的树敦城顷刻间变成了满眼残垣断壁、冷冷清清的空城。

史宁纵军抢掠了树敦城后，依照和木杆可汗的约定，向青海湖进军。吐谷浑的贺罗拔王在史宁必经的路上选了一处险要的地方，用栅栏设置了路障，长达50多里。贺罗拔王想借天险和人为设置的路障堵住史宁的去路，好夺回吐谷浑的财宝和百姓。史宁经验丰富、能征善战，他几经周折，最终冲破了贺罗拔王设置的栅栏障碍，打败了贺罗拔王，又掠夺了老百姓的几万头牲畜。在这次战役中，史宁虽然取得了最后的胜利,但西魏军也有伤亡。史宁恼怒不已，他下令斩杀擒获的1万多名俘虏，以祭奠阵亡将士的亡灵。顿时，吐谷浑的国土上尸横遍野，血流成河，到处都是老幼妇孺痛失亲人的痛哭声，凄惨无比。

在木杆可汗的猛攻下，贺真城也守不住了，夸吕可汗自身难保，来不及携带妻儿便带着随从急忙逃命。他的妻儿被木杆可汗擒获，木杆可汗还抢掠了无数珍贵和罕见的财宝。大获全胜之后，史宁和木杆可汗在青海湖边会师。见面后，木杆可汗握着史宁的手，赞叹说："将军神勇，真乃天人也！"并当即把自己的坐骑赠送给了他。史宁临走时，木杆可汗坚持让史宁在汗帐前乘坐他赠送的千里马，而自己步行着给他送行。史宁以不凡的战果和血腥手段赢得了突厥人的敬畏,大多数的突厥人见了他,吓得不敢正眼看他,只是在背地里议论说:"这是中国的具有大神通和大智慧的能人。"史宁班师回朝的时候,木杆可汗又给史宁赠送了100个奴婢,500匹马,1万只羊,史宁则投桃报李,把自己抢掠的吐谷浑百姓和财宝全部送给了木杆可汗。①

在突厥和西魏的联合进攻下,吐谷浑王夸吕腹背受敌,损失惨重,但当木杆可汗和史宁退兵之后,吐谷浑人又回到了故土,他们掩埋了亲人,修复了残破的家园。日子水一样流逝,吐谷浑人渐渐抚平了这场残酷的战争烙在他们心中的伤痕。

九、北周攻陷伏俟城

557年,宇文泰的第三个儿子宇文觉废掉了西魏的傀儡皇帝恭帝拓跋廓(汉名元廓),自立为帝,改

---

① 《周书》卷28《史宁传》所记原话是:"木汗亦破贺真,房浑主妻子,大获珍物。宁还军于青海,与木汗会。木汗握宁手,叹其勇决,并遗所乘良马,令宁于帐前乘之,木汗亲自步送。突厥以宁所图必破,皆畏惮之,咸曰:'此中国神智人也。'及将班师,木汗又遗宁奴婢一百口,马五百匹、羊一万口。宁乃还州。"

国号为周,史称北周。夸吕对北周依旧施行远交近攻的战略。宇文觉登上皇帝的宝座没多久,吐谷浑的军队就到河右抢掠,凉州、鄯州、河州3州都被围攻,管辖河、渭、凉、鄯等州军事的北周秦州都督派渭州刺史于翼去支援3州。于翼认为吐谷浑人只是来抢掠,并没有别的意图,所以抗令不从。幕僚们都替他担忧,劝他遵从军令。于翼说:"吐谷浑人并不擅长攻取城池,他们这次来,不过是来抢掠一番,如果没有收获,自然就会退兵,我们以逸待劳就行了,干吗要劳师动众呢?我们就是真的去了也于事无补。我看得很清楚,你们不要再说了。"几天后,于翼派出的探子来报,事情果然和于翼所预料的一样。

北周武成元年(吐谷浑夸吕二十五年,559年),吐谷浑人又侵扰北周边境,直逼凉州。北周的凉州刺史是云宝出去迎战,被吐谷浑人杀死。是云宝阵亡,北周朝野震动。周明帝宇文毓痛下决心,拜战功赫赫的大司马、博陵公贺兰祥为帅,让他带领宇文贵、于谨等得力大将去攻打吐谷浑。周明帝对这次出征非常重视,他身着戎装,亲自骑着马进入太庙,在太庙拜受大将。贺兰祥接受诏命之后,发布檄文,声讨吐谷浑,檄文云:"吐谷浑国久居西陲,是西魏的藩国。该国乘中原战乱之际,阻碍我朝皇帝的教化,首鼠两端，窥探我朝边防的疏漏薄弱之处。先皇宽容仁厚，仍然与其聘问献纳，想和睦相处，一再与其联姻。但该国包藏祸心，多次违背盟约，向外结交我朝的仇敌，成为我朝眼前的祸患，因此才有往年来犯的突厥军队。从那时到现在，该国像毒蜂螫虫般凶残狠毒，侵入我姑臧之地，抢掠我众多州县，抢夺我们的粮食，残杀我们的百姓。彼国恶贯满盈，皇上下令我们前去讨伐。我军汇集了众多的武臣猛将，三秦精锐之士，士气如虹，无可抵挡。若该国识时务，早早投降，还可继续做我们的藩国，如徘徊不定，必招亡国之祸。"

夸吕可汗读了檄文后，勃然大怒，立即派广定王、钟留王等迎战北周大军，要求他们务必取胜。两军在河州西面展开激战。广定王等人的取胜愿望虽然很强烈，但北周这次派出了精锐之师，带兵的大将大都善于用兵，吐谷浑的军队远不是他们的对手，广定王最后战败，仓皇逃走。贺兰祥占领了吐谷浑的洮阳、洪河两城，在这个地方设了洮州，然后班师回朝。周明帝封他为凉国公，拨了1万户人家给他做封地上的田户。

这次战役受打击之后，吐谷浑侵掠北周边疆的行为有所收敛。北周保定二年（吐谷浑夸吕二十八年，562年），夸吕可汗与北周使者王庆讨论分理疆界及和好之事，他还派自己的亲随跟随王庆到北周贡献。但另一方面，夸吕可汗并没绝对停止对北周的侵扰。北周保定四年（吐谷浑夸吕三十年，564年），夸吕又派兵到北周西部边界抢掠，而且与羌族建立的宕昌政权相互接应。周武帝下诏令大将军田弘去讨伐吐谷浑和宕昌羌。田弘大败两国联军，擒获25名吐谷浑小王，攻克76个栅栏。当时，北周的大臣们在朝议中认为国境西方空虚，怕吐谷浑和宕昌羌又来侵扰。于是，周武帝重用德高望重的老臣李贤，特为他设置了河州总管的职位。李贤在西疆积极屯田，以解决守军的粮草问题，又在边境设置了许多侦察兵，随时侦察敌情。吐谷浑和宕昌羌这才不敢轻易东下抢掠，边境安宁了许多。

北周保定五年（吐谷浑夸吕三十一年，565年），夸吕于正月和十一月两次向北周遣使进贡，可是当不甘心失败的宕昌羌又来联合吐谷浑到北周边境抢掠时，吐谷浑又出动了数千骑精兵，打算和宕昌羌一起侵入北周西疆。北周的侦察兵探知这个情况后，快马加鞭，将此情报密报与李贤。李贤调兵遣将，派精兵埋伏在险要之处，出其不意打败了吐谷浑和宕昌羌的军队。吐谷浑和宕昌羌被震慑住了，好长时间不敢再侵扰北周边境。北周天和元年（吐谷浑夸吕三十二年，566年），吐谷浑的龙涸王莫昌率部落内附北周，周武帝在莫昌原有的领地设了扶州（治今四川松潘）。这之后，吐谷浑仍一边向北周遣使称臣，一边又屡屡到其边境骚扰。

北周建德五年（吐谷浑夸吕四十二年，576年），吐谷浑国内发生动乱，周武帝乘虚而入，派皇太子宇文赟率各路军西征吐谷浑。滕王宇文逌率军先抵达吐谷浑国境，一路急行军，在离伏俟城约200里的地方，宇文逌停止行军，派河州刺史刘雄到伏俟城东边点火，以接应大军。刘雄到达伏俟城附近后，吐谷浑小王洮王率领700名骑兵迎战刘雄。刘雄出发时只带了几百人，一路上不断派人去侦察，与洮王短兵相接时，刘雄身边只剩20多人。洮王带人将刘雄团团围住。陷入包围的刘雄毫无惧色，高声激励身边的将士："弟兄们，我们只有拼死一搏，才能有条活路！"说完，他一马当先，冲入敌阵厮杀。刘雄勇猛无比，一连斩杀多人，还不觉得手软。被逼入绝境的北周士卒也一个个拼上了老命，他们硬是杀死了70多名吐谷浑士卒，杀开一条血路，突出了重围。刘雄以少胜多，只损失了3个骑兵，一时在北周军中传为佳话，大大激励了北周军心。没过几日，北周大军占据了伏俟城，抢掠了城里的财物，掳掠了城里还没来得及逃走的百姓后凯旋。北周大军班师回朝的时候，大将伊娄穆殿后，吐谷浑人截断了伊娄穆的去路，将他包围起来。北周皇太子得知后，急忙派刘雄去解救伊娄穆，刘雄带着1000骑兵一路急行军，突破了吐谷浑军队的包围圈，伊娄穆才得以生还。刘雄因此功被赏赐300户人家，封"开府仪同三司"。

北周大军攻陷了伏俟城，却没能伤吐谷浑的元气，吐谷浑仍然保持着强盛的势头。夸吕可汗也仍是一意孤行，坚持一面遣使朝贡，一面寇掠其边陲。两年后，北周宣政元年（吐谷浑夸吕四十四年，578年），吐谷浑的赵王他娄屯投降北周，夸吕才停止了对北周的朝贡。

十、"吐谷浑道"的兴盛

丝绸之路是古代中国与中亚、西亚、印度、北非、南欧等地相互交往的通道，它不仅是东西商业贸易之路，而且是中国和亚欧各国间政治往来、文化交流的通道，是东西交往的友好象征。中西陆路交通主干道一般以今甘肃、青海两省与新疆维吾尔自治区的毗连处作为界线，划分为东段、西段。汉魏时期东段主要有中道、北道、南道三条路线。中道为主道，是当时朝廷官员、各国使者和商旅驼队的首选路线，它从长安出发，沿泾水河道向西北走，经平凉、固原绕过六盘山，向西沿祖厉河而行，在甘肃靖远附近渡黄河，再穿过武威、张掖、酒泉、敦煌，出阳关西行，与丝绸之路西段相接。北道大致从今河南洛阳或陕西关中北上，经今内蒙古漠南或宁夏，至居延海绿洲（今内蒙古额济纳旗境内弱水下游），与丝绸之路西段相接，此即所谓的"居延路"或"草原路"。南道从陕西关中经甘肃天水、秦安、渭源至临洮，由临洮至兰州过黄河到河西，或由临洮西行至临夏，然后过黄河西北行至青海西宁，再或者经张掖去河西，或者过日月山、青海湖，到新疆及中亚西亚。

丝绸之路青海道是中西陆路交通主干道东段经过青海地区的通道，是丝绸之路的有机组成部分和关键节点。丝绸之路青海道初创于史前，在距今约4000年前就已经存在，那时应称为"玉石之路"。两汉时，称为"羌中道"。"羌中道"以位于古羌人聚居区而得名，其开辟和使用与生活在甘青地区的羌人有着非常紧密的联系。尽管羌中道开通时间比较早，但在很长时期不为中原地区的人们所了解。后来，张骞出使西域后从当地人那里了解到有一条通往羌人地区可以到达内地的道路,便打算返回时取道"羌中道"返汉,即依傍南山,经于阗、且末、鄯善,向东南越阿尔金山,或向东行,再南拐,欲横穿柴达木盆地返汉,却不幸再次被匈奴拘押年余,后乘匈奴内乱之机得以逃回。虽然张骞实际上并没有途经青海,但经由他的介绍使"羌中道"丝绸之路青海道开始为中原地区的人们所了解。①

十六国及南北朝时期,地方政权分裂割据,互相争夺,连年征战。南北朝时期,中国出现了南北两个政权,互相敌对。北朝尚可以利用丝绸之路河西道与西域进行交往,南朝则无法直接与西域进行经济文化交流,而西域各国对南朝的丝绸、瓷器和茶叶的需求量则不断增大。针对这种对外贸易的需求,地处西部、长期保持中立地位的吐谷浑国顺应时代需要,成了沟通各方联系的纽带和桥梁。吐谷浑充分利用所拥有的沟通南北、中西交通的有利地理位置引导、护送西域商使往来,积极参与较大规模的国际商贸,使丝绸之路青海道一度繁盛,甚至在当时发挥了与主道同等重要的作用。② 可以说,南北朝至唐朝时期,

---

① 崔永红:《丝绸之路青海道史》,西宁:青海人民出版社,2021年,第22页。

② 崔永红:《丝绸之路青海道史》,西宁:青海人民出版社,2021年,第24页。

尤其是5—9世纪,"吐谷浑道"兴起,丝绸之路青海道进入鼎盛期,一度发挥了中西陆路交通主干道东段主线的作用,为中西经济文化交流做出了巨大贡献。

吐谷浑阿柴可汗在位时,向南开辟了岷江通道,为吐谷浑国找到了一条与内地交往的路线。445年,吐谷浑王慕利延西征,率领军队从白兰出发,进行了吐谷浑历史上有名的西征。慕利延西征走的是由青海东部横贯柴达木盆地,从新疆塔里木盆地进入西域的古道。这条古道人迹稀少、地险天寒,但自慕利延西征后,这条路逐渐兴盛起来,给中国南部的历代政权开辟了一条经吐谷浑国通向西域的捷径。它与河西走廊南北相辅而行,一为南道,一为北道,都是中原通往西域的交通枢纽。

丝绸之路青海道与河西走廊隔着连绵起伏的祁连山南北并行,两条路在历史上交替使用,如"河西道"因战争、藩镇割据而堵塞时,"青海道"便得到利用。

吐谷浑强盛时的疆域,大致东起今甘肃省甘南藏族自治州和四川省松潘县一带,西至今新疆维吾尔自治区东南部,南以昆仑山为界,奄有黄河源头地区,北至祁连山脉。① 吐谷浑政权为了求得生存和发展，奉行与其他国家友好交往的外交政策。与北魏和以后和北朝各政权建立了良好的关系，又与南朝的宋、齐、梁、陈各政权一直保持着和平友好的朝贡关系。于是，"吐谷浑道"得以兴盛。《南齐书》中将吐谷浑国境内通往益州的道路称之"河南道"，是由于吐谷浑部分国王曾被大夏国及北朝、南朝诸国封为"河南王"而得名，现在更为通行的叫法是"吐谷浑道"。

"吐谷浑道"是对"羌中道"的继承，二者是不同历史时期由于民族兴亡变迁而发生变化以后的不同叫法，当然后者的具体内容又有新的拓展和变化。"吐谷浑道"的具体线路主要有向东南区段和向西区段。其中，向东南区段大致可分为主线、北支线和南支线三条线路；向西区段大致可分为主线、柴达木南支线、柴达木西南支线、柴达木西北支线、柴达木东北支线、柴达木东支线六条线路。这九条线路以今都兰县香日德吐谷浑城或伏俟城为中心，像蛛网一样向四面八方延伸，组成了四通八达的交通线路。

具体地说，"吐谷浑道"向东南区段的主线——慕贺线(贵南线)的基本走向是：从今都兰县香日德

---

① 崔永红：《丝绸之路青海道史》，西宁：青海人民出版社，2021年，第23页。

镇吐谷浑城东行，经今乌兰县茶卡镇，过切吉旷原，到吐谷浑曼头城；或从伏俟城出发，经共和县恰卜恰镇到曼头城。然后东行从羊曲（又称尕毛羊曲、尕玛羊曲）东渡黄河(从444年魏晋王伏罗间道袭击吐谷浑至大母桥的路线推断，大母桥当在尕玛羊曲一带，它是吐谷浑在黄河上造的第二座桥,有古城遗迹)，到达吐谷浑早期的总部（都城）沙州慕贺川，即今贵南县茫拉川（今贵南穆格塘一带）。由慕贺川东行，经今青海省泽库县、河南蒙古族自治县，然后或经今甘肃省岷县、宕昌县、武都区经四川广元前往益州；或经今甘肃碌曲、四川若尔盖、松潘前往益州；或经陇西郡（治今甘肃临洮）、仇池、今陕西汉中前往益州。此线沿途多为草原，地势相对宽阔平坦，且全程在吐谷浑国的控制之下，行走相对方便，因而使用频率最高，是"吐谷浑道"的主线。此线可以称为慕贺线或贵南线。

"吐谷浑道"向东南区段的北支线——浇河线(贵德线)的基本走向是：从今都兰县香日德镇吐谷浑城或伏俟城出发东行，途经今共和县切吉草原或共和县恰卜恰镇，然后从龙羊峡过黄河，抵吐谷浑一度所据有的浇河、周屯（今贵德县东沟乡），东行经今同仁县兰采乡、保安镇、瓜什则乡，经甘肃夏河县甘家滩，至今甘肃省临夏市，然后或经陇西郡（治今甘肃临洮）、仇池、今陕西汉中前往益州；或经今甘肃甘南藏族自治州州府合作，再经洪和（今甘肃临潭）、岷县、宕昌县、武都区经四川广元前往益州；或经今甘肃碌曲县、四川若尔盖、松潘前往益州。此线沿途既有宽阔平衍的草原，也有山峦关隘，尤其是今贵德至甘肃夏河段山地较多。这一段后来是明代的驿传线路。吐谷浑国控制浇河郡时期，此段使用频率较高，后来失去对浇河郡的控制，尤其北周以后使用频率降低。此线可以称为浇河线或贵德线。

"吐谷浑道"向东南区段的南支线——赤水线（同德线）的基本走向是：从今都兰县香日德镇吐谷浑城出发，向东南行，越扎梭拉山口，经今兴海县大河坝河流域，经过吐谷浑的赤水戍（约今兴海县桑当乡夏塘古城），在今同德县巴沟乡班多村（兴海县曲什安河入黄河口稍北）一带过黄河，循阿尼玛卿山北麓东南行，过青海省河南蒙古族自治县、泽库县，今甘肃省碌曲县，然后或经四川若尔盖、松潘，前往益州，或经今甘肃岷县、宕昌县、武都区经四川广元前往益州。此线沿途草原高山相间，但全程在吐谷浑国的控制之下，行走也较方便。此线可称为赤水线或同德线。

上述三条支线互相平行，但又不是互不相连的，恰好相反，根据需要串行的情况较为多见。

"吐谷浑道"向西区段主线的基本走向是：起自都兰县香日德镇吐谷浑城或伏俟城，向西跨越柴达木盆地，经都兰县巴隆、格尔木后，基本上沿祁漫塔格山北麓西北行，过乌图美仁、甘森、尕斯、茫崖镇，西入新疆鄯善、于阗，与今天经格尔木去茫崖的公路走向一致。这条路线就是北魏征吐谷浑时慕利延退却的路线。那时，许多求经讲法的僧人也大多从此道出入西域。此线沿途多为荒漠戈壁，间有小块草原，地势宽阔平坦，且全程在吐谷浑国的控制之下，行走相对方便，因而使用频率较高，是"吐谷浑道"向西区段的主线。但有时用水不太方便，间或需要提前预备饮用水。

"吐谷浑道"向西区段的柴达木南支线的基本走向是：从今都兰县香日德镇吐谷浑城或伏俟城出发南行，经黄河源头鄂陵湖、扎陵湖一带，与中原经青海前往西藏自治区，并经西藏自治区前往尼泊尔、印度等地的国际通道"唐蕃古道"衔接。此线沿途草原少，高山峻岭多，海拔高，比较难行。

"吐谷浑道"向西区段的柴达木西南支线的基本走向是：由伏俟城经今都兰县香日德镇，过格尔木，再向西南行，经布伦台，然后溯今楚拉克阿拉干河谷入新疆维吾尔自治区。此线沿途草原少，荒漠戈壁和高山峻岭多，比较难行，行人很少。

"吐谷浑道"向西区段的柴达木西北支线的基本走向是：如从今都兰县香日德镇吐谷浑城西行，约在诺木洪一带转向北行，经今大柴旦、马海到甘肃阳关(也可去敦煌)，与河西走廊道衔接；如从伏俟城西行，则经今德令哈、大柴旦、马海去甘肃阳关、玉门关或敦煌。此线沿途多为荒漠戈壁，间有小块草原、部分山地，总体上地势宽阔平坦，全程也在吐谷浑国的控制之下，行走相对方便，使用频率较高。

"吐谷浑道"向西区段的柴达木东北支线的基本走向是：从今都兰县香日德镇吐谷浑城或伏俟城向东北行，经大斗拔谷（今青海、甘肃交界之扁都沟）过祁连山，到今甘肃张掖，与河西走廊道相接，或去西域，或东行经凉州去北朝都城——洛阳、长安、邺城（今河北省临漳县）等。此线沿途多为高山峡谷，间有小块草原。

"吐谷浑道"向西区段的柴达木东支线的基本走向是：从今都兰县香日德镇吐谷浑城或伏俟城经青海湖南岸或北岸去西宁，再由西宁或东南行经河州、陇西郡（治今甘肃临洮）、仇池、今陕西汉中前往益州，到益州后，顺长江而下前往南朝都城建康；或取道今甘肃兰州、天水去北朝都城——长安、洛阳、邺城（今河北省临漳县）等。此线沿途虽然多为高山峡谷，但城镇较多，人烟稠密，有时有驿传可资利用。

以上只是大致而言，实际上可走的线路非常多，线路之间相互连通、互相交错的现象很普遍。

丝绸之路青海道兴盛之后，尤其是"吐谷浑道"开通以来，西域各国与我国南方发生了直接的联系，从而扩大了经济文化交流和往来的领域。如南朝萧梁政权时，远在今中亚阿姆河流域的大国嚈哒（《梁书》写作"滑国"，即嚈哒，西方史学家称之为"白匈奴"）的国王嚈带夷栗陀多次向南梁遣使朝献，该国的一些商人也随着使者一道来南朝贸易。嚈哒献给南梁皇帝的东西中有凶猛的黄狮子、珍奇的白貂裘、华丽的波斯锦等，商人们贩卖的也都是一些中土很难见到的稀罕东西，深受南朝王公贵族们的喜爱。据《梁书·诸夷传》"滑国"条云，"其（嚈哒）言语等河南人译然后通"。说明由于语言不通，西域各国的使者和商人往往要依靠吐谷浑人做翻译，才能同南朝人对话，而当时的吐谷浑翻译至少精通鲜卑语、汉语和嚈哒三种语言。那时，常常可以看到这样的情境：皇帝在庄严的朝堂上接见金发碧眼的西域使者，吐谷浑人站在一边拱手翻译，传递着双方间和平友好的信息；奇装异服的西域商人在繁华的街市上摆放着各种稀奇的商品，周围围了一圈人，吐谷浑人站在中间将他们之间的讨价还价高声翻译出来，促成着一笔笔交易；在崎岖艰险的青海路上，吐谷浑人骑着雄健的龙马，挥汗如雨地走在马队前面，指引着行路的正确方向。

除嚈哒外，嚈哒近旁的一些小国，如周古柯国、呵跋檀国、胡密丹国等国的使者也随嚈哒使者到南梁贡献土特产，位于波斯、嚈哒之间的白题国，波斯（今伊朗）萨珊王朝、龟兹、于阗等国的使者也先后到南梁贡献。当时，这些西域国家向南朝派遣了不少使者和商队，他们到南朝走的是吐谷浑新辟的捷径，他们找的向导和翻译也大都是由吐谷浑人充任。此外，中国内地与西域、印度的高僧，也不断经过青海道求法、传教。如北魏神龟元年（518年），北魏遣惠生往西域取经，敦煌人宋云同行，他们从洛阳出发，到赤岭，过流沙，到吐谷浑国，又从吐谷浑国西行到鄯善。西魏恭帝元年（吐谷浑夸吕二十年，554年），印度僧人阇那崛多经罗盘陀（今新疆塔什库尔干），到吐谷浑国，又到鄯州（治今青海乐都），最后到达长安。唐代永徽年间，新罗（今韩国）僧人玄太法师，从中印度返唐，途经吐谷浑国回到长安。可以说，吐谷浑王国开路搭桥,不仅开通了西域与我国南方交通往来的新道路,也搭起了西域与中国南北进行经济文化交流的桥梁,极大地促进了中西间的沟通和经济文化交流。

自"吐谷浑道"开通之后,南朝与塞北各个政权的通使来往和商贸交易重新得以兴盛。那时,南北朝对立,相对于人烟繁华、道路平坦的河西走廊而言,丝绸之路青海道虽然比较艰险,但却是相对安全的。因此,塞北的柔然、高车、突厥等政权向南朝派遣的使者和商贾,大多选择这条路;而南朝派往这些国家的使者走的也是这条路,甚至北朝的北魏、东魏、北齐等政权与西域的通使贸易也多经"吐谷浑道"。也正是凭借吐谷浑开启的方便之门,我国的江南地区和塞北地区往来不绝,保持了100多年的联系。那时候,在这条以往人迹罕至的路上,经常可以看到操着不同语言、服色各异、持着使节杖的各国使者艰难地骑马跋涉着,但多数还是商人,有中原汉人打扮、用骡马驮运着各色精致丝绸、茶叶及瓷器的南朝商人,也有深目隆鼻、赶着驼队马帮的西域商人,他们带的翻译和向导大都是通晓各国语言的吐谷浑人。有时,路途寂寞,通过吐谷浑人搭桥引线,不同国家和种族、不同身份和等级的人往往会结伴而行，互相帮助，从而缔结一段真挚的友谊。长路漫漫，路在脚下无尽地延伸，却一步步地缩短着人与人之间的距离，缩短着国家与国家之间的距离。丝绸之路南线像一条无形的纽带，不仅连接了已经中断了一些时日的中原内地与西域各国的联系，还把我国西北的各个政权和地区联系得更加紧密了。

在这之后的100多年中，吐谷浑王国形成了比较完善的交通网络，成为联结漠北、西域和内地的交通枢纽，成为中西交通的中介者和向导，它像一个蛛网的中心，向四面八方延伸着路线。那时，吐谷浑王国国内的道路四通八达，从青海向北、向南、向东南、向西、向西南，都有畅通无阻的交通路线。在很长的一段历史时期里，吐谷浑王国架起的一道道金色桥梁，联系着美丽富饶的江南与黄沙弥漫的塞北、高寒闭塞的西藏高原、神秘遥远的中亚、西亚及印度等地的交往。江南华丽的丝绸、精美的瓷器、醇香的茶叶以及承载着厚重文化内涵的书籍、纸张，盛产于漠北的吃苦耐劳的骆驼，西藏高原的骏马、毛毡，西域精美的器皿、玉器，印度的香料、佛经等，诸如此类生活、文化和宗教用品以吐谷浑王国为中间站源源不断地往来输送着。通过吐谷浑人的不懈努力，万里之遥的西域不再显得那么陌生了，亘古寂寞的青海高原也直接融入了世界贸易的繁华舞台，从此在世界交通史上占据了一席之地。

十一、水乳交融

吐谷浑最初从东北迁徙时只有1700户（一说700户）人家，是从辽东慕容鲜卑分离出来的单一民族，人数很少。在漫长的历史发展过程中，吐谷浑部落广容博纳，不断地吸纳着其他民族的成分，逐渐形成了一个新的民族共同体，最终从涓涓小溪汇成了汹涌的洪流，成为一个氏族、部落众多，人数庞大的民族。

吐谷浑部落像滚雪球似的在发展壮大。吐谷浑最初带着部落迁徙时，经过了宇文、段部和白部鲜卑部落的领地，不少人或是出于自愿，或是被吐谷浑部落挟持，加入了他们西行的行列。吐谷浑在阴山游牧时，建立了很高的威望，拓跋部管辖下的一些部落不满其首领的暴虐，主动追随吐谷浑西迁，加上途中席卷的一些部落,吐谷浑部的人数大增。在经过朔方、陇右时，沿途的不少鲜卑、乌桓及匈奴等少数民族部落也纷纷加入进来，以至于到达枹罕时，吐谷浑部已成为一支浩浩荡荡的大军。而正因为吐谷浑部落融合了很多其他民族的成分，西北的土著居民羌、氐等民族认为它的血缘不纯，是没有根基的下等民族，所以沿用了匈奴人对奴婢的称呼，称吐谷浑人为"阿赀虏""野虏"。

吐谷浑部落到达西北后，逐步深入，统一了长期以来部落分散的广大羌区，形成了以吐谷浑为中心的与诸羌部落的联合政权，自然，吐谷浑统治下的羌、氐部族逐渐成为吐谷浑民族的重要组成部分。从吐谷浑王国建立到其走向强盛的这一历史时期，历代吐谷浑王大都保持了积极进取和宽容博纳的胸怀，为了王国的强大，他们极力招集、安抚甚至用武力征服的手段吸纳、兼并周边的一些部落和民族。如慕璝从秦、凉招抚了一大批失业的汉族人，以及五六百个羌戎杂夷部落；在歼灭大夏国时，吐谷浑王国又将西秦和大夏的大部分遗民收归到了自己的麾下；伏连筹则兼并了宕昌、邓至等小国和一些戎狄部落。这里的"羌戎"指的是羌、氐等西北古代民族，"杂夷"和"狄"则包括匈奴、高车、西域胡等民族成分。自从开拓了"河南道"之后，由于其地理位置的重要性，吐谷浑王国成为中西陆路交通的中继者和向导，国内有不少西域胡人定居，这些人也慢慢地融入了吐谷浑部族中。可见，吐谷浑部落从迁徙、建国到强盛，自始至终不断地补充着新鲜的血液和活力，或许这就是这个民族之所以有如此顽强的生命力的奥妙所在吧。

周伟洲先生认为，"作为中国古代西北民族的吐谷浑，事实上应为原慕容鲜卑的一支与羌、氐、汉、匈奴、西域胡、高车等一些氏族、部落，经过长期历史发展融合而成"①。吐谷浑国除了有慕容鲜卑外，还有其他的鲜卑和羌、氐、匈奴、高车、突厥氏族或部落，以及原属西域的胡人。其中，原属于鲜卑氏族和部落的有辽东鲜卑—那萎氏、辽西鲜卑段氏、白部鲜卑素和部、乞伏鲜卑、乙弗鲜卑，其他不知部属的鲜卑有阿若干氏、薛干部、匹娄氏等。原属于羌、氐的部落和姓氏有姜氏、氐、姚氏，以及钟羌、白兰羌、宕昌羌、党项羌部落。此外，周伟洲先生经过考证认为视罴的妻子念氏可能是"枹罕诸氏"之一，②其族属为氐族。原属匈奴的氏族、部落有铁弗匈奴赫连氏和建立北凉的沮渠氏。原属高车和突厥的氏族、部落有翟氏、乞袁氏。原属西域胡人的有康国（今乌兹别克斯坦的撒马尔罕）的康姓、龟兹白氏。吐

---

① 周伟洲：《吐谷浑史》北京：商务印书馆，2017年，第118页。
② 周伟洲：《吐谷浑史》北京：商务印书馆，2017年，第124页。

谷浑国内还有不少的汉族人,《梁书·河南传》记"其地与益州邻,常通商贾,民慕其利,多往从之,教其书记,为之辞译",说明当时有汉族人因贸易通商从益州入居吐谷浑,并教吐谷浑人写字、翻译,将汉族先进的文化传入了吐谷浑。而早在吐谷浑建国初期,其国内就有不少汉族人担任官职,如视罴的博士"金城骞苞",阿柴的"长史曾和",慕璝遣至宋的使者"赵叙",等等。①

在以后的漫长岁月中,吐谷浑部族和其他鲜卑部落及匈奴、羌、氐、汉、高车、突厥、西域胡等民族在同一块蓝天下和土地上生活,一起享受着生命的喜悦与悲哀,共同建设了一个充满着勃勃生机的吐谷浑王国,为开拓和建设我国的大西北作出了不可磨灭的贡献。这些部族还与吐谷浑部族荣辱与共,并肩作战,一次次地抵御着外来之敌的侵犯,为保卫吐谷浑王国这一共同的家园而浴血奋战,抛洒了自己的生命与鲜血。正是基于这样的心理基础,这些部族的人们渐渐地融入了吐谷浑这个大家庭中。

吐谷浑在融合其他民族的同时,也在被别的民族所融合。其中,在与前秦、西秦、北魏、西魏的战争中,大量的吐谷浑人被俘或降服于这些政权,数

---

① 周伟洲:《吐谷浑史》,北京:商务印书馆,2017年,第118—127页。

目动不动就达数千甚至数万,这些人大部分融入了汉族和其他民族之中。尤其是在北魏太平真君五年(444年)至北魏皇兴四年(470年)间的20多年中,北魏与吐谷浑之间发生了三次大规模战争,吐谷浑每次都战败,北魏俘虏了大量的吐谷浑人,见于史书记载的就有14000落,按一落(即户)5人计算,大概有7万人左右。这些被俘或降附北魏的吐谷浑人,除封敕文将枹罕的1000吐谷浑人迁至上邽外,其余的人有可能被迁入内地成为贵族豪强的奴隶,以后逐渐融合到了汉族当中,也有可能仍被安置在西北沿边的诸郡县,与当地的汉、氐、羌族人一起居住,最后也融合到汉族当中。①

北魏对归附的吐谷浑贵族较为重视和礼遇,对其中的一些人及其子孙封官授爵,如慕利延时因王族内讧投靠北魏的阿柴之子叱力延等人,深得北魏朝廷的信任和重用。叱力延被封为"归义王",和叱力延一起归附的头颓(也是阿柴之子)则被封为公爵。从《魏故直寝奉车都尉汶山侯吐谷浑玑墓志》中可知,头颓的儿子曾任宁西将军、长安镇将、使持节平南将军、洛州刺史等职,头颓的孙子吐谷浑玑生于北魏太和三年(吐谷浑拾寅二十八年,479年),北魏熙平

---

① 周伟洲:《吐谷浑史》,北京:商务印书馆,2017年,第35页。

元年（吐谷浑伏连筹二十七年，516年）去世，享年37岁。吐谷浑玑曾被封为"奉车都尉、汶山侯"，他博览群书、擅长文艺、喜爱读书和弹琴，连籍贯都改成了洛阳，已经成为一位高雅的汉族士大夫。从《故骠骑大将军开府仪同三司征羌县开国侯公妻吐谷浑墓志铭》记载中可知，吐谷浑玑的侄女吐谷浑静媚生于北魏神龟元年（吐谷浑伏连筹二十九年，518年），其祖父吐谷浑丰都、父亲吐谷浑仲宝长期在北魏、东魏、北齐政权中任职。吐谷浑静媚温柔贤淑，"风貌若神"。东魏太平二年（吐谷浑可沓振二年，535年），17岁的吐谷浑静媚嫁给了北魏的骠骑大将军、开国侯尧峻。北齐天统元年（565年）六月在京师永福里家中去世，后葬于邺城西漳北负郭七里，享年47岁。据其墓志记载，婚后的静媚"天情俭素，立性谦虚，亲执中馈，躬劳纺绩，肃肃展恭，晨敬于姑姊，恂恂逮下，尽忻于娣侄"，俨然一位知书达理、贤良淑德的汉族贵族女子。北魏时，归附并被授予官职的吐谷浑贵族及其子孙还有好几人，如吐谷浑权被封为"相州刺史、西平郡王"，吐谷浑翼世被封为"白兰王"，吐谷浑珂官拜威远将军、司马等。而在北魏居住的吐谷浑人还有很多，如吐谷浑氏、谷浑氏（后改为浑氏）、匹娄氏（后改为娄氏）、树洛干氏（后改为树氏）等。这些吐谷浑贵族和吐谷浑人都跟吐谷浑玑一样，逐渐地融合到了汉族之中。在内附的吐谷浑贵族中，最为显赫的是慕利延时带部落投降北魏的吐谷浑渠帅乙弗莫瑰，乙弗莫瑰被封为"定州刺史、西平公"，还娶了上谷公主为妻，后又被封王。从莫瑰开始，乙弗家族三世都得以娶北魏公主为妻，其女儿大多成为北魏皇子的王妃，莫瑰的孙女乙弗氏甚至被北魏皇帝立为皇后，在当时颇有贤惠之名，深受人们的尊重和赞扬。此外，还有一些吐谷浑别部内附于魏的，如北魏皇兴三年（吐谷浑拾寅十八年，469年），"吐谷浑别帅白杨提度汗率户内附"。北魏延兴三年（吐谷浑拾寅二十二年，473年），又有"吐谷浑部内羌民钟岂、渴干等二千三百户内附"。这些入居魏境的吐谷浑人最后均融入了汉族之中。

岁月悠悠，到吐谷浑王国的鼎盛时期，吐谷浑王国和民族已在我国的大西北繁衍生息了200多年，他们的根系已深深地扎入了这块古老而苍茫的土地，他们的血脉也完全融入了华夏民族大融合的洪流中。在纷争与和平交相更替的历史进程中，吐谷浑与匈奴、汉、羌、氐、突厥等民族水乳交融，你中有我，我中有你。

吐谷浑王国由盛转衰

一、扰掠隋边

在夸吕可汗执政的前40年中,吐谷浑王国一直保持着强盛的势头,但到了后期,尤其是隋朝实现了中国的大统一以后,刚愎自用的夸吕可汗仍不合时宜地坚持奉行自己早年制定的"远交近攻"的战略方针,没有及时调整与隋朝的敌对关系,以至于亲手拉开了吐谷浑王国走向衰落的帷幕。

隋开皇元年(吐谷浑夸吕四十七年,581年),隋朝刚刚建立,夸吕可汗就迫不及待地派兵抢掠隋朝的弘州(今甘肃临潭西)。当时,隋朝北方和南方边境分别面临着突厥和陈朝的威胁,隋文帝不想激化西边与吐谷浑之间的矛盾,就借口弘州地旷人稀,废掉了弘州的建置。夸吕可汗见隋文帝没有还击,便得寸进尺,于同年八月,又派兵到凉州抢掠。这时,隋文帝的机构建置已处理得差不多了，为求得边境的安宁，他命乐安郡公元谐为行军元帅，率领贺娄子干、敦竣、元浩等大将及步骑数万去攻打吐谷浑。两国交兵之际，隋文帝对吐谷浑采取的态度仍比较温和，他在给元谐的诏书中明确说明："你奉命领兵西下，本是要安定本朝边境，保全黎民百姓，并不是要贪图无用之地，加害化外之民。王者之师，应讲仁义，吐谷浑国中如果有前来投靠的，你应该用德行和仁政教化他们，那样，谁会不服呢？"

元谐的大军来到吐谷浑边境，驻扎在鄯州。夸吕可汗见隋朝大军压境，决心全力迎战。他立刻调兵遣将，派出了国中所有的兵力。吐谷浑国内的空气一下子紧张起来，从各地召集的王国军队先汇集到曼头城（在今青海兴海县河卡乡境），然后又从曼头城开往与鄯州相望的树敦城（今青海共和县曲沟乡菊花城）。在从曼头城到树敦城的道路上，全副武装的吐谷浑军队络绎不绝，一眼望不到头。夸吕可汗又派定城王钟利房率领3000铁骑渡过黄河，联合那边的党项部落，一起阻挡隋军。元谐得知这一情况后，立即从鄯州出发，想堵住钟利房的归路，截断吐谷浑的外援。夸吕可汗探知元谐的动向后，又急忙派2万铁骑去阻挡元谐。两军在丰利山（在青海湖东南）

相遇,展开了激战。隋军统帅元谐文武双全,深有谋略,在他的得力指挥下,隋军打败了吐谷浑军队。得胜之后,元谐不骄不躁,稳中求进,他命隋军继续向青海湖推进。夸吕可汗见吐谷浑军队失利,不甘心失败,便孤注一掷,派出了国内的主力,他命太子可博汗率领劲骑5万去抵挡隋军的进攻。元谐沉着迎战,吐谷浑军队又节节败退,急退30里。元谐率隋军紧追不舍,俘虏斩杀上万吐谷浑士卒,隋军军威大振。吐谷浑举国上下被震慑住了,人心惶惶,夸吕可汗恐慌之下,率领亲兵远遁到戈壁滩。①

夸吕可汗仓皇远遁,吐谷浑国内群龙无首,动荡不安。老谋深算的元谐又给吐谷浑致书,进一步扰乱民心,他在信中威逼利诱,软硬兼施。黄河以南一带的吐谷浑名王17人和公侯13人迫于压力,率领部落投降了元谐。在这次战役中,吐谷浑王国损失惨重,分割了约30个部落,元气大伤。如果元谐进一步追击,吐谷浑王国的处境将更加危急,但由于临行时隋文帝有对吐谷浑晓示以德、使不扰边即可的敕令,

---

① 《隋书》卷83《西域·吐谷浑传》所记原话是:"其主吕夸,在周数为边寇,及开皇初,以兵侵弘州。高祖以弘州地旷人梗,因而废之,遣上柱国元谐率步骑数万击之。贼悉发国中兵,自曼头至于树敦,甲骑不绝。其所署河西总管、定城王钟利房及其太子可博汗,前后来拒战。谐频击破之,俘斩甚众。吕夸大惧,率其亲兵远遁。"

元谐不敢攻灭吐谷浑国，只好撤军。元谐班师回朝后，隋文帝非常高兴，特地下诏褒奖他，"识用明达、神情警悟，文韬武略，誉流朝野。申威拓土，功成疆场"，并封元谐为"柱国大将军"，封他的一个儿子为县公。考虑到边塞还不安定，隋文帝又命贺娄子干镇守凉州，封其为凉州刺史。对归降的吐谷浑部众，隋文帝也给予了妥善安置，他任命在吐谷浑部众中很有威望的高宁王移兹裒为大将军，并封他为"河南王"，让他直接统率归降的吐谷浑部众，对余下的吐谷浑诸王都有封赏。见隋文帝如此宽厚待人，归降的吐谷浑部众对其感恩戴德，称颂不已。到隋开皇九年（吐谷浑夸吕五十四年，588年），移兹裒去世，隋文帝下令让移兹裒的弟弟树归接袭河南王的称号，继续统领诸部。

一意孤行的夸吕可汗惨败后仍没吸取教训，及时调整和隋的关系，反而变本加厉地派兵侵扰隋朝边境。隋朝的西部边境一时烽烟四起，多处地方受到吐谷浑的抢掠。隋开皇二年（吐谷浑夸吕四十八年，582年），隋文帝命令凉州刺史贺娄子干发兵讨伐吐谷浑。贺娄子干接到命令后，派使者飞马快奔到黄河以西，调集了凉、甘（州治今甘肃张掖市西北）、瓜（州治今甘肃瓜州县锁阳城）、鄯、廓（州治今青海贵德）5州的兵力,深入吐谷浑国境,屠杀了吐谷浑的1万多无辜百姓,历时2个月后才返回。隋文帝对吐谷浑屡为边患的情形十分头痛,为了彻底消除吐谷浑对边疆的扰掠,便命令贺娄子干改变陇右、河西不设村堡的做法,勒令百姓在陇右、河西建立城堡,种田积粮,以防备意料不到的事。贺娄子干在与吐谷浑的几次作战中,积累了丰富的经验,对陇右、河西的情况也有了一些了解。他认为隋文帝的做法不妥,便上书劝谏说:"边境遭受侵扰,不是朝夕之间就可以消除得了的,希望圣上不要过于忧虑。臣在此地镇守,自会见机行事。陇右、河西地方,地旷人稀,加上边境不安宁,并不适合广泛耕种。往昔屯田的地方,浪费无数人力和财力而收获极少。请圣上废除在边远地区屯田的做法。陇右的百姓习惯于畜牧业,如果硬要他们屯田聚居,肯定会让他们不得安宁。臣请求加强主要道路防守,只要各防守点相连,烽火相望,百姓即使分散居住,也无大碍。"隋文帝听从了贺娄子干的建议,但这个建议最终收效并不大,吐谷浑人不久又到岷州(治今甘肃岷县)和洮州抢掠,等贺娄子干带兵前去救援,吐谷浑人又闻风而遁。

隋开皇三年(吐谷浑夸吕四十九年,583年)四月,吐谷浑人到临洮(治今甘肃岷县)扰掠,旭州

（治今甘肃碌曲东）刺史皮子信率军出战，战败而死。五月，吐谷浑人又到凉州扰掠，被隋朝的行军元帅窦荣定打败。六月，隋朝的汶州总管梁远带着精锐部队攻打抢掠岷州、临洮一带的吐谷浑人，在尔汗山（今甘肃岷县南）打败了吐谷浑的军队，杀掉了其名王和1000多人，吐谷浑人吓得连忙撤退。不久，吐谷浑又到廓州（治今青海贵德附近）攻掠，被廓州的将士们击退。此后，吐谷浑国发生内乱，再无暇到隋朝边境扰掠了。

二、隋文帝君子风度

夸吕可汗是吐谷浑历史上罕见的长寿老人，《隋书·西域传·吐谷浑》中称他"在位百年"，虽然实际上他并没有执政那么长，但长达57年的执政时间也足以让人惊羡了。夸吕可汗老了，他的思想越来越固执，反应也变得迟钝了，可他对权力的迷恋却一点也没有减弱。然而，夸吕可汗的儿子们却不愿意再等下去了，闪耀着炫目光彩的王冠是那么诱人，他们怕自己到死都没机会戴上那顶华贵的王冠。于是，王子们蠢蠢欲动，加快了争夺汗位的步伐。

夸吕可汗从儿子们的眼中看到了厌恨,在猜忌心的驱使下,他变得多疑、暴躁,常常为了一点点小事就随意废杀太子。夸吕可汗猜忌骨肉,王子们人人自危,被立为太子不再是值得庆贺的事,而是意味着走上了断头台。隋开皇四年(吐谷浑夸吕五十年,584年),吐谷浑王国发生了内乱,当时的太子可博汗惧怕被喜怒无常的夸吕可汗废除杀掉,铤而走险,与亲信密谋,打算找机会绑架夸吕可汗投降隋朝。为保万无一失,太子又预先派人和隋朝的边疆大吏通气,要求他们出兵接应。秦州(治冀城)总管、河间王杨弘认为这是歼灭吐谷浑的良机,遂向隋文帝建议,要朝廷派将士接应。其时,隋朝刚建立不久,国内外的局势并不稳定,南方与陈对峙,北边有突厥侵扰,在这种情形下,隋文帝不愿意再与吐谷浑发生冲突,加上他又是个很注重儒家纲常礼教的人,因此,他对吐谷浑太子的所作所为不以为然,不愿意出兵接应。不久,太子的密谋泄露,夸吕可汗气急败坏,立刻诛杀了太子和参加密谋的人,立小儿子嵬王诃为太子。此时,叠州(治今甘肃迭部)刺史杜粲又向隋文帝上书,要求乘吐谷浑王国发生内乱自顾不暇之际出兵讨伐,隋文帝不愿乘人之危,没有答应杜粲的奏请。

被立为太子的嵬王诃看到了兄长的悲惨下场，惊恐不安，以至于晚上常常做噩梦，梦见父王铁青着脸，拿宝剑对准自己。他大汗淋漓地从噩梦中醒来，沉思良久，觉得唯一的生路是求得隋朝的庇护，便决定率领自己部落的15000户人家投奔隋朝。隋开皇六年（吐谷浑夸吕五十二年，586年），被立为太子才二年的嵬王诃偷偷地向隋朝派出了使者，要求隋文帝出兵接应他们归降。

吐谷浑国内一连发生太子被杀及请求隋朝庇护的事件，隋文帝十分惊讶，他对身边的侍臣说："吐谷浑的风俗有违人伦，做父亲的不慈爱，做儿子的也不孝顺。朕向来以德行教诲百姓，怎么能助长他们这种恶习呢！朕要好好给他们讲讲忠孝的道理。"于是，隋文帝对嵬王诃的使者大讲了一番忠孝节义的大道理，他说："朕受命于天，抚育四海，所企盼的正是天下所有的人都能用仁义对人对己，对你们，朕也是这样企望的。何况父慈子孝是人的天性，怎么会不相亲相爱呢！吐谷浑国主是嵬王的父亲，嵬王是吐谷浑国主的儿子，父亲有了不是，做儿子的应该好好劝说他，如果他不听劝说，就让他亲近的臣子和亲戚们去劝说，如果还不听，就哭着再劝说他。人都是有感情的，嵬王如果苦口婆心地劝说，他一定会有所感动。可千万不能背地里谋反,让天下人说嵬王是不孝之子。当今普天之下,都是朕的臣民,如果大家都一心向善,朕也就感到欣慰了。嵬王虽然是一片好意来投靠,朕却只能给嵬王讲讲怎样做臣子的道理,而不能派遣兵马去迎合他,让他铸成大错。"见隋文帝是这样一种拒绝的态度,嵬王诃大失所望,只好打消了归降隋朝的念头。可怜的嵬王最终还是没能逃脱被杀的命运,不久就惨死在亲生父亲的手里。

从隋开皇四年(吐谷浑夸吕五十年,584年)开始,骨肉相残的悲剧在吐谷浑王国一再上演,吐谷浑国内一片腥风血雨,其紧张空气足以让人窒息。人人生活在朝不保夕的恐慌和不安之中,王族们对夸吕可汗是又恨又怕,都巴不得他早些死掉。吐谷浑国名王拓跋木弥的妹妹是夸吕可汗的妻子,隋开皇八年(吐谷浑夸吕五十四年,588年),为逃避废杀太子之祸,拓跋木弥打算带着妹妹和外甥及部落1000多家投靠隋朝。在他们生命危亡之际,隋文帝仍是一副道学家的面孔,他说:"普天之下都是朕的臣民,吐谷浑处于荒蛮偏僻的地方,没有受过风俗教化,朕教化万民一向都是以仁孝为本。夸吕办事糊涂,竟然残杀自己的骨肉,真是疯狂得不可理喻。他的妻儿一个个心怀恐惧,想要归降我朝,好救自己于危难之中,委实情有可原。但他们的行为毕竟是背叛了自己的丈夫和父亲,我们不能收纳。可话说回来,他们不过是想寻一条活路,若我朝一味地将他们拒之门外,又显得有些不仁义了。因此,如果他们坚持要来归降,就派人去安慰,让他们自己开拔前来,千万不要出兵马接应。再者,若拓跋木弥的妹妹和外甥想来归降,就任其自然,不要劝诱,免得别国说我们存心挑唆。"

隋文帝想用德行感召臣民和边疆小国,因此,他摆出了一副不干涉吐谷浑内政、以德服人的架势,博得了朝野上下和边疆各国的衷心拥护和爱戴。他的君子风度连骄横的夸吕可汗都十分钦佩,夸吕逐步改变了对隋政策,开始向隋朝遣使进贡,并基本上停止了对隋朝边境的扰掠。隋开皇九年(吐谷浑夸吕五十五年,589年),隋军南下,一举歼灭江南的陈朝,统一了中原,结束了南北朝对峙的时代。夸吕可汗看到了隋朝的强大,深受震撼,他怕隋文帝挥师西进,不顾年高体迈,又一次逃到险远的地方躲藏起来,从此不敢与隋朝为敌,两国就此进入了暂时的和平交往时期,互相频繁地派遣使者。

隋开皇十一年(吐谷浑夸吕五十七年,591年),已进入耄耋之年的夸吕可汗离开了人世,他的儿子世伏继位。据《通典·边防·吐谷浑传》记载,"夸吕在位且百年，死以后还以慕容为姓"，说明当时吐谷浑王族仍以慕容为王族姓氏。世伏彻底改变了吐谷浑王国对隋的政策，不仅向隋朝低头称臣，还打算与隋朝联姻。他刚刚继位就立即派侄子无素做使臣，到隋朝奉表称藩，进献方物，并提出要求，让他的女儿进入文帝的后宫。吐谷浑自愿成为隋朝的臣属国，隋朝的边境从此可以安定下来了，隋文帝总算是消除了一桩心头大患，他十分高兴，隆重地接待了无素一行。当无素谈起要进献世伏女儿时，文帝婉言谢绝，他说："朕知道吐谷浑国主想让他的女儿来侍奉朕，若朕允许吐谷浑国主的请求，其他的国家也一定会仿效。到时，接纳一个拒绝一个，就很不公平。若全部接纳，又不是好办法。朕只希望你们能安居乐业，各自遵守自己的风俗习惯，并不想聚敛你们的女儿充实我的后宫！这事还是算了吧。"

隋开皇十六年（吐谷浑世伏六年，596年），隋文帝决定将宗室女光化公主嫁给吐谷浑王世伏，他派仪容俊美、儒雅幽默的柳謇之兼任散骑常侍，送光化公主到吐谷浑国与世伏成亲。世伏为了表示对隋朝的敬重，向隋文帝上书，要求称光化公主为"天后"，隋文帝没有答应。世伏继位后，吐谷浑的政局似乎平稳下来了，人们过了六七年安稳的日子。但平静背后酝酿着更大的风暴。隋开皇十七年（吐谷浑世伏七年，597年），吐谷浑王国又一次发生了大动乱，世伏可汗被杀，他的弟弟伏允继位成为国王。伏允对待隋朝的态度也十分谦恭，他派专使到隋朝向文帝说明继位之事，还一再地向文帝谢罪，说自己没有奉召，擅自行事，真是罪该万死。最后，他请求按照吐谷浑"父兄死，妻后母及嫂"的习俗，娶光化公主为妻。隋文帝答应了他的要求。于是，伏允每年都派使者到隋朝朝贡。隋文帝在位的十几年中，吐谷浑与隋一直保持着友好的关系。

三、裴矩巧使借刀杀人之计

隋大业元年（605年），隋文帝被太子杨广杀害。杨广就是我国历史上赫赫有名的暴君隋炀帝，他骄奢淫逸，好大喜功，一心想开边拓土，征服周边的各少数民族政权，以显示隋朝的强盛和自己的雄才大略。炀帝继位之后，视吐谷浑为阻碍中西陆路交通、隔绝隋朝与西域及西欧贸易的拦路虎，必欲除之而后快。他彻底改变了文帝对吐谷浑"晓示以德"的政策，变为兵戎相见，采取了敌对的态度。自此，吐谷浑与隋朝好不容易建立的和平友好关系宣告中止，两者的关系从睦邻友好变为干戈不断。

隋炀帝重用的大臣中，有个人叫裴矩，他是河东闻喜人，聪慧好学，颇有才干，以博学而闻名，曾深受隋文帝赏识。隋炀帝继位之后，继续重用他，让他掌管隋朝与西域的贸易事务。裴矩是个很精明的人，他知道隋炀帝处心积虑想扩大与西域的贸易，便迎合炀帝的心意，在张掖（今甘肃张掖市西北）广招西域商人，通过西域商人深入了解西域各国的形势和地理位置等情况。裴矩与西域的各国商人密切交往，时常与他们宴席游玩，言谈间表露出对西域风情极其神往的样子，让西域商人们介绍本国的民俗风情、山川险易情况，以及他们国王和平民百姓的长相和服饰、物产、典章制度等等。西域各国的商人大都性情耿直豪爽，见裴矩没有官架子，跟他相处十分愉快，便畅所欲言，大谈自己家乡的山水、风俗、人物等。裴矩每次与各国商人畅谈之后，回到寓所就急忙奋笔疾书，记下谈话中所获得的关于各国的情况。通过这种系统调查，裴矩最后撰写成了3卷《西域图记》，献给隋炀帝。

《西域图记》共记载了44个西域国家的详尽情况，裴矩还画了地图，详细注明了各国的要害之地。

在《西域图记》的序言中,裴矩极力鼓动隋炀帝灭掉吐谷浑和突厥,他说:"我朝威德远扬,将士骁勇无比。对这些勇猛的将士来说,飞渡险恶的濛汜河(发源于昆仑山),越过巍峨的昆仑山,是易如反掌的事,他们勇敢得足以征服任何地方。然而,突厥和吐谷浑多年来称霸西戎,阻碍中西交通,以至于西域各国难以来我朝进贡,委实罪不可恕。如今,西域各国纷纷派商人传达仰慕我朝的恳切心意,他们翘首企盼,希望能成为我朝的忠心臣子。如果皇上派使者去安抚他们,不用动一兵一卒,就能让他们追随我朝。如此一来,吐谷浑和突厥腹背受敌,指日可灭也。"隋炀帝读了裴矩的《西域图记》后,十分高兴,不仅给裴矩赏赐了500匹彩绸,还多次将裴矩叫到御座前,亲自询问西域各国的情况。裴矩又对炀帝讲述"西域之国盛产珍宝,吐谷浑民风懦弱,容易吞并"之类的话,极力鼓动隋炀帝灭掉吐谷浑和突厥。炀帝不仅是个一心想建立秦皇汉武之不世之功的帝王,还是个追求超级享受的帝王,一向喜爱西域的奇珍异宝,听了裴矩的一番话后,更加坚定了征服四夷、沟通西域的决心。于是,他加快了征服吐谷浑的步伐。

吐谷浑的伏允可汗没有充分认识到眼前的严峻形势,偏偏在此时纵容部下频繁到张掖抢掠。张掖是内地通往西域的要冲，吐谷浑的抢掠确实阻碍了隋朝与西域的贸易往来。立志要经营西域的隋炀帝正因吐谷浑阻塞中原与西域交通而视吐谷浑王国为眼中钉，伏允可汗的举动无异于火上浇油，顿时使隋炀帝龙颜大怒，他决心不计一切代价征服吐谷浑。于是，他对裴矩委以重任，让他担任黄门侍郎一职，专门管理与四周的少数民族政权交往的事务（四夷经略之事），又派裴矩到张掖召集西域各国的使者，给了这些使者很多好处，让他们劝诱没有向隋朝派遣使者的国家前来朝贡。这些使者得了甜头，回去之后便为隋朝广作宣传。一时之间，西域各国的使者谋利而来，纷纷到隋朝朝贡。他们往来不绝，所经过的郡县疲于迎送，耗费财物无数，百姓苦不堪言。

裴矩知道炀帝一心想铲除吐谷浑，便一直处心积虑地寻找机会，要替炀帝达成心愿。当时，活动于乌孙故地（今哈萨克斯坦共和国巴尔喀什湖东南）至龟兹（今新疆库车）一带的西突厥处罗可汗的母亲向夫人是汉族人，开皇末年，向夫人随后夫实特勒入朝，留居于隋朝的都城长安。处罗可汗与母亲天各一方，分别了近10年，思母心切，常长吁短叹，不能释怀。裴矩得知这个情况后，大喜过望，精心谋划了一番，打算劝降处罗可汗，借助突厥的兵力消灭吐谷浑。他向炀帝提出了借刀杀人的计划。炀帝对这个计策十分赞赏，立即派司朝谒者崔君肃出使西突厥，游说处罗可汗出兵攻打吐谷浑王国。处罗可汗开始对隋朝使者的态度十分傲慢，在崔君肃宣读炀帝诏书之时，他一直高坐在宝座之上，不愿下拜。崔君肃见状，软硬兼施，一边用东突厥启民可汗降隋后备受优待、势力增强一事和向夫人的爱子之心游说处罗可汗，一边又用大军压境之类的话威胁处罗可汗。处罗可汗被崔君肃叙述的母亲为他担惊受怕的话打动了，这才流着眼泪跪下来接受了诏书。崔君肃接着又花言巧语地诱导处罗可汗，要处罗可汗先立一功表示诚意，他说："吐谷浑是突厥启民可汗小儿子莫贺咄设母亲的娘家，现今天子将义成公主嫁给了启民可汗，启民可汗因敬畏天子而和他们断绝了往来，吐谷浑也因这个缘故不来我朝朝贡。若可汗向天子提出攻打吐谷浑的要求，天子一定会答应你，并因此对你另眼相看。如我们内外夹击，吐谷浑腹背受敌，必定会灭亡。到那时，我朝与突厥的道路畅通无阻，可汗如果想入朝见母亲，那就容易多了。"处罗可汗又一次被说动了。但这时，隶属于西突厥内部的铁勒部反叛，处罗可汗自顾不暇，进攻吐谷浑之事便暂时被搁置了起来。

　　裴矩念念不忘自己借刀杀人的计划，他时刻在寻找机会以便故技重施。隋大业四年（吐谷浑伏允十二年，608年），居于贪汗山（今新疆吐鲁番博格达山）一带的铁勒部降隋。裴矩见时机成熟，这次亲自出马，去劝诱铁勒部进攻吐谷浑王国，以表达对隋朝的忠心。此时铁勒诸部立契苾歌棱为莫何可汗，莫何可汗听从了裴矩的劝说，亲自率兵由西北方向进入柴达木盆地，向吐谷浑发起攻击。吐谷浑国的军队不敌突厥铁骑，兵败如山倒。伏允可汗仓皇东逃，一直逃到了西平郡（治今青海乐都）境内。他不明内情，还以为吐谷浑国与隋朝有甥舅之谊，把隋朝当作自己的救星，派人向隋炀帝报信求救。这正中隋炀帝的下怀，他将计就计，派安德王杨雄从浇河郡（治今青海贵德）出发，许国公宇文述从西平出发，以"抚纳降附"的名义伏击伏允可汗。许国公宇文述率大军抵达了临羌城（今青海湟中区多巴镇）。伏允可汗见隋军兵强马壮，来势汹汹，察觉出隋军不怀好意，便率部下向西奔逃。见诡计被识破，宇文述也就撕下了"抚纳降附"的假面具，率大将梁元礼、张峻、崔师等追击，攻下了吐谷浑王国的曼头城、赤水城（今青海兴海县桑当乡夏塘古城）和丘尼川，一路斩杀了3000多人，俘虏了吐谷浑王国的王公、尚书、将军等达官贵族200多人，男女百姓4000人。慑于隋军军威,吐谷浑部众纷纷前来投降,人数达十几万之多,他们带来的牲畜有 30 多万头。而伏允可汗一路狂奔,一直跑到了常年积雪的阿尼玛卿雪山,才得以喘口气。然而当宇文述高奏凯歌而返后不久,伏允可汗又率部众返回了故地。

经过这次惨痛的教训,伏允可汗对隋炀帝的幻想破灭了,他终于看清了隋炀帝要铲除吐谷浑的险恶用心,于是加强了对隋朝的戒备,派出大队人马聚集在隋西平之西、凉州以南的广大地区,以防隋朝再次发动进攻。

四、隋炀帝西征吐谷浑

吐谷浑与隋朝的边境弥漫着极度紧张的气氛,双方军队剑拔弩张,怒目相向,战争一触即发。隋炀帝既然已经点燃了与吐谷浑之间的战火,便不肯善罢甘休,他索性一不做二不休,于第二年向吐谷浑王国大举进攻,一心要将伏允可汗赶尽杀绝,把吐谷浑王国辽阔的领地纳入大隋的版图。

隋大业五年(吐谷浑伏允十三年,609 年)四月,隋炀帝亲自领兵西巡,出征吐谷浑。这时的炀帝,虽然内心里杀气腾腾,但表面上还是装出一副悠闲的样子,他带着文武百官、宫妃及各路大军,浩浩荡荡地从关中的扶风(今陕西兴平)出发,一路往西,沿途经过了陇山(今六盘山)、陇西(治今甘肃临洮南)、枹罕,来到了黄河的临津渡(今甘肃积石山县大河家),又从临津渡渡过了湍急的黄河,到达西平郡(治今青海乐都)。

为了震慑吐谷浑和西北的各少数民族政权,炀帝在西平进行了一次军事大检阅。他将各路大军召集到一处平坦广阔的地方,让他们列成方阵,炀帝自己也身着戎装,骑着高头大马检阅大军。阅军之后,炀帝登上地方官员特地为他搭就的高台亲自训话,鼓励将士们奋勇杀敌,建功立业。

五月九日,隋炀帝在拔延山(今青海化隆县北马场山)举行了一次声势浩大的围猎活动,这是一次针对吐谷浑举行的军事大演习,其目的是夸耀兵威。隋军的活动区域绵延200里,寂静的山谷里旌旗招展,人声鼎沸,马儿嘶鸣,号角四起,在满天呼啸的箭雨中,飞禽走兽四窜逃命。炀帝手挽弓箭,亲自加入了狩猎的行列,隋军顿时群情激昂,十几万大军齐呼万岁,声震山野。

十四日,炀帝从西平郡出发,到达今西宁北的长宁谷（即今西宁北川），又从长宁谷穿越道路崎岖难行的星岭（在今西宁北川至大通河之间的山岭）。一路急行军之后，隋军人乏马困，士气低落。于是，十八日，炀帝在金山上大宴群臣，稍事休整。二十四日，隋朝大军抵达浩门川（今青海门源县青石嘴）。浩门河（今大通河）水流湍急，大军一时被阻隔住了。炀帝攻伐吐谷浑的心情十分急迫，他立即派朝散大夫黄亘主持修桥事务，命令他在三天内建好桥梁。浩门川一带树林茂密，黄亘带人就地取材，连夜修桥。由于时间紧迫，仓促间木桥修得不甚坚固，隋军的大队人马才过了一部分，桥就塌陷了，桥上的人马纷纷落水，转眼间就被湍急的河水冲走。炀帝还没有渡河，见此情景，不禁暴跳如雷，大声斥责，立即下令斩杀了修桥不力的黄亘和9个监督修桥的官员，又派大臣重新修桥。这一次，被派遣的大臣不敢有丝毫松懈，整日不眠不休，亲自守在桥边。几日后，桥终于修好了。早已等得心急如焚的炀帝即刻带着宫妃和大臣们过桥，继续前行。

炀帝御驾亲征，隋军大军压境，伏允可汗心里很清楚，自己远不是炀帝的对手，无奈之下带着部众在覆袁川（今青海门源县西北永安河谷一带）死守。炀帝调兵遣将，命令内史元寿屯兵南面的金山，东西连营300余里；兵部尚书段文振屯兵北面的雪山（今祁连山冷龙岭），也是东西连营300余里；太仆卿杨义臣屯兵东面的琵琶峡（今门源县珠固、仙米一带），连营80里；将军张寿屯兵西面的泥岭（今门源西大通山），包围圈绵延900余里。覆袁川被围得铁桶似的，连一只飞鸟都不能轻易飞过。伏允可汗发现自己陷入了隋军的四面包围之中，就急忙召集大臣们商议，最后想出了个金蝉脱壳的法子。他让手下的一位名王假扮成自己的样子，摆出一副要退守车我真山（在覆袁川西）的架势，自己则偷偷地带着几十名亲信逃出重围。

炀帝一心想活捉伏允可汗，不知其中有诈，就派右屯卫大将军张定和率军攻打车我真山，擒拿伏允可汗。张定和到了车我真山之后，见吐谷浑人少，就先令士兵喊话，让吐谷浑人投降，吐谷浑人不肯投降。张定和身经百战，作战勇敢，他没把这些吐谷浑人放在眼里，不披甲胄就大摇大摆地去登山。而吐谷浑的勇士早就埋伏在山谷之下，他们张弓搭箭，稳稳地对准了张定和的胸膛，一声令下之后，他们箭无虚发，张定和瞬时身中数箭倒在了山坡上，当场气绝身亡。隋军顿时大乱。张定和的副将柳武建临危不惧，他奋不顾身地带头冲杀，打败了吐谷浑人，并杀了几百人给张定和报仇。

五月二十八日，吐谷浑的仙头王被包围，万般无奈之下，仙头王率领十几万部众向炀帝投降。六月二日，隋炀帝派左光禄大夫梁默、右翊卫将军李琼率军追击伏允。梁默、李琼追击途中打了败仗，都被伏允可汗杀死。后来，炀帝又派卫尉卿刘权率军出伊吾道（从今甘肃安西镇经祁连山到青海湖之道），经过今天的柴达木地区沿布哈河南下，追击伏允。刘权向北推进，俘虏了1000多吐谷浑人，乘胜到了青海湖边吐谷浑王国的都城——伏俟城，将隋朝的旌旗插满了伏俟城城头。炀帝又命令刘权乘胜追击，攻占了吐谷浑城（今都兰县香日德古城或诺木洪古城）及曼头城、赤水城等地。除了刘权所率的军队，炀帝还派了两支军队从东面和东南面向吐谷浑进攻。一支由安德王杨雄率领，从浇河向西推进；一支由左武将军周法尚率领出松州道（从今四川松潘西北至青海）到青海湖，追捕沿途逃亡的吐谷浑士兵。隋军凯旋后，炀帝改封杨雄为"观王"，给周法尚赏赐了100名奴婢、200段丝绸、70匹马。在隋军的步步进逼和大范围的围剿之下，吐谷浑伏允可汗无处容身，仅率2000骑南奔党项（今青海果洛），客居在党项部落之中。

平定吐谷浑之后，炀帝得意扬扬，想向西域各国炫耀自己的赫赫战功。早在西巡前他就命令裴矩游说高昌王麴伯雅和伊吾王吐屯设等西域各国的国君臣服于隋朝。于是，攻灭吐谷浑王国后，炀帝于六月八日率领百官、宫妃和各路大军经大斗拔谷（今青海、甘肃交界的扁都口）至张掖。炀帝一行途经大斗拔谷时遇上了大风雪，大斗拔谷山路险峻，只有一条小道能鱼贯而行，当时，天气十分恶劣，风雨肆虐，天昏地暗，隋军行走十分缓慢。文武百官和后妃宫女冻饿交加，不能前行，到达不了宿营地，到了晚上，只好和士兵们混杂在一起，夜宿在山谷之中，狼狈不堪。而衣衫单薄的士卒们更是可怜，不少人竟被活活冻死，马、驴等牲畜也冻死了大半。

十一日，炀帝来到了繁华的张掖，准备接受西域各国国君的朝拜。为了显示隋朝的强盛和富裕，他预先命令武威和张掖的仕女们身着华衣美服随从观礼，衣服车马不光鲜的，郡县的官吏都要督促更换。六月十七日，炀帝率文武百官和宫女嫔妃登上了燕支山（今甘肃山丹县南大黄山），裴矩带着高昌、伊吾等西域27国的国王和使者觐见。各国国王和使者一个个佩金戴玉，衣饰华丽，他们在朝见炀帝时，焚香奏乐，献上了自己国家的歌舞。武威、张掖的贵族、豪绅和文人学子们在一旁观礼，他们的车马首尾相连，绵延几十里。女眷们环佩叮当，花团锦簇，燕支山上鼓乐喧天，人声鼎沸，一派歌舞升平的景象，盛况空前。好讲排场的炀帝见了乐得哈哈大笑，他与各国国君推杯交盏，尽情地享受着美酒佳肴，如痴如醉地欣赏着瑰丽而奇异的西域歌舞，一直到月上中天，才尽欢而散。

六月十八日，炀帝下令在吐谷浑故地设置西海（治伏俟城）、河源（治赤水城）、鄯善（治鄯善城，即古楼兰城）、且末（治且末城）四郡，并在河源郡境内设积石镇，由刘权率军镇守，并在此地屯田，以抵御吐谷浑，打通西域道路。《隋书·地理志》中记载，西海郡置在古伏俟城，即吐谷浑国都，有西王母石窟（今青海天峻县关角山下二郎洞）、青海（青海湖）、盐池（今茶卡盐湖），统宣德、威定二县；河源郡置在古赤水城，有曼头城、积石山，河所出，有七乌海，统远化、赤水二县；鄯善郡置在鄯善城，即古楼兰城也，有蒲昌海（今新疆东部罗布泊）、鄯善水，统显武、济远二县；且末郡置在古且末城，有且末水、萨毗泽（今新疆若羌县东南阿牙克库木湖），统肃宁、伏戎二县。①

这4郡之地，基本上包括了吐谷浑原有的领地，

---

① 周伟洲：《吐谷浑史》，北京：商务印书馆，2017年，第61页。

吐谷浑王国实际上已经灭亡。据《隋书·吐谷浑》记载，吐谷浑王国原有的从西平临羌城以西，且末以东，祁连山以南，雪山（即阿尼玛卿山）以北，东西4000里、南北2000里的辽阔土地都被纳入了隋朝的版图，吐谷浑王国事实上已不复存在。炀帝还下令将天下罪行较轻的囚犯流放到这里做守卫的士卒，大兴屯田，并让四方的各个郡县给这些士卒供给粮食，又让关中地方的富户按照资产的多寡出不同数额的毛驴，作为运粮的工具，有些富户要承担几百头。一时间，关中地区毛驴供不应求，驴价急剧上涨，每头价值万余，弄得富户们苦不堪言。由于路途遥远，不仅被流放的罪犯在路中死亡较多，就是运输的粮食也屡被抢夺，护送的士卒死伤很多。也就是从这时候起，青海的大部分地区继西汉之后再次被正式纳入了中国中央王朝的版图，隋炀帝在青海设郡的举动在中国历史上有着十分重大的意义。

炀帝早在长安时就听说了吐谷浑龙马的传说，对其向往已久。因此，征服吐谷浑王国之后，炀帝就迫不及待地派人将2000匹母马赶入青海湖的海心山上，想得到传说中的千里马。但因牧马人掌握不了吐谷浑人养马的高超技艺，最后无效而返，炀帝大失所望，只好作罢。

九月二十五日，炀帝的车驾进入长安，历时六个月之久的西征吐谷浑就此结束。炀帝的西征虽然折损了无数士卒，耗费了大量物资，又使吐谷浑人民饱受了战争的苦难和民族压迫之苦，但也扫清了中西交通的障碍，统一了今青海大部分地区，客观上有利于祖国统一，极大地促进了中西方文化的交流和国内各民族的交往与融合，有着深远的历史意义。

吐谷浑王国复国

一、伏允复国

早年前,隋朝的光化公主嫁给伏允可汗之后,生了个儿子,取名叫慕容顺。慕容顺是伏允可汗的长子,出生不久就被立为太子。炀帝即位之后,伏允可汗派慕容顺以外甥的身份到长安恭贺炀帝登基。炀帝为了牵制伏允可汗,就乘机将慕容顺作为人质留在了长安。

隋大业五年(吐谷浑伏允十三年,609年),炀帝西征,攻灭了吐谷浑国,在吐谷浑故地设了4郡8县,以管辖从内地迁移去的民户和吐谷浑部民。立国已很久远的吐谷浑部众可不是那么好管辖的,他们思慕自己的伏允可汗,不愿意当隋朝的顺民,时时准备着要复国,隋朝无法对他们进行直接有效的统治。在这种情况下,炀帝只好改变策略,变直接统治为间接统治。炀帝决定在吐谷浑故地立一个傀儡政权，他想到了慕容顺，认为慕容顺既是隋朝的外甥，又是伏允可汗的亲生儿子，是再合适不过的人选。于是，返回长安之后，炀帝立慕容顺为吐谷浑王，把他托付给了投降隋朝的吐谷浑大宝王尼洛周，让尼洛周好好辅佐他，然后派人将他们送出了玉门关。没想到尼洛周的部下对他的背叛行为早就心怀不满，慕容顺一行刚走到西平（郡治今青海乐都），尼洛周的部下就突然发难，杀掉了尼洛周。慕容顺受了惊吓，不敢再往前走了，只好又返回了长安。

炀帝虽然在吐谷浑之地设置了郡县，但这些郡县大都徒有虚名，并没能实行有效的管理，尤其是在广大牧区，隋朝几乎没有实施过真正的统治，吐谷浑的很多地方都还在其部落首领的掌握之中。隋大业九年（吐谷浑伏允十七年，613年），炀帝派裴矩安抚陇右，擅使借刀杀人之计的裴矩在陇右又故技重施。他到达会宁（今甘肃靖远）后，会见了归降隋朝东迁后驻牧在这一带的西突厥处罗可汗的弟弟阙达度设（《资治通鉴》作"阙度设"），用吐谷浑人富裕且容易吞并的老话挑起了阙达度设的贪心。阙达度设果真带着人去攻打吐谷浑，抢掠了很多珍宝和牲畜，阙达度设的部落因此而得以暴富。

作为亡国之君,伏允可汗在党项寄人篱下,受尽了苦楚,但他一刻也没有放下复国的念头,时时在寻找机会重返家园。大业末年,隋朝爆发了风起云涌的农民起义,横征暴敛的炀帝终于自食其果,在众叛亲离的情况下,死在了其昔日宠臣宇文化及的手上,隋朝灭亡。在党项苦苦等了近十年的伏允可汗终于等来了复国的良机,他带着部众返回故园,重建了吐谷浑王国。对炀帝恨之入骨的伏允可汗趁天下大乱之际,又屡屡派兵袭扰隋朝边境。

伏允可汗几经艰险,终于得以复国,但吐谷浑已盛况不再,今非昔比了,必须依赖一个较强大的政权才能立稳脚跟。就在这时候,突厥摆脱了隋朝的控制,重新强盛起来,号称"控弦百余万",契丹、室韦、高昌等国纷纷依附于突厥。突厥的始毕可汗咄吉恰好是吐谷浑的外甥,凭借这层姻亲关系,伏允可汗与始毕可汗结盟友好,并依附于突厥。

伏允可汗一向疼爱慕容顺,复国之后,他一直为慕容顺的处境担忧万分,生怕炀帝会迁怒于他的儿子。隋朝末年,慕容顺随隋炀帝车驾到了江都,炀帝被杀之后,慕容顺从江都来到长安,归顺了唐朝。伏允年纪越老,越思念慕容顺,盼他早日能回到自己身边。唐武德二年(吐谷浑伏允二十三年,619年),

唐高祖李渊为了消灭割据凉州的河西大凉王李轨，派使者到吐谷浑王国游说伏允可汗，与吐谷浑相约东西夹击李轨。大唐使者还给伏允传达了高祖的旨意，允诺只要伏允出兵攻打李轨，向唐朝表示忠心，高祖就放慕容顺回国。出于一片爱子之心，伏允可汗不顾与李轨昔日联合交好的交情，出兵攻打李轨。双方在库门（约今青海湖以北）交战。事后，伏允可汗多次遣使入唐朝贡，向高祖上书，要求遣返慕容顺。为了笼络吐谷浑，唐高祖答应了伏允可汗的请求，将慕容顺遣送了回来。慕容顺回来之后，伏允可汗十分高兴，封他为"大宁王"。这一年，唐高祖采用了武威豪门望族安兴贵的计策，借用凉州西域商人的势力，一举攻灭了李轨政权，统一了河西地区，安兴贵因功被封为"凉国公"，得了上万匹丝帛的赏赐。这样一来，唐朝的西部边界就直接与吐谷浑接壤了。

吐谷浑王国重建之初，伏允可汗审时度势，不仅与突厥联盟结好，还积极发展与唐朝的外交以及商贸关系，他利用隋唐朝代交替、周边国家动荡之际，休养生息，发展生产。经过十来年的时间，吐谷浑的经济得以复苏，政治军事力量也随之增强，出现了复兴的局面。当时的吐谷浑王国占据着东起今甘南、川西北，西达今新疆东南部，北起祁连山脉，南及江河源头的广阔地区。而伏允可汗跟以前一样,仍然居住在伏俟城中,他分封自己的各个儿子和王族为"名王",让他们驻守各地。这时的吐谷浑仍然算得上是当时青海草原最强大的部族。

二、袭扰唐境

经历亡国之痛之后,伏允可汗痛定思痛,认为只有自己强大起来,才能免遭别国欺凌,因此,他一心想扩大自己的地盘和势力,恢复吐谷浑王国以往的强盛。慕容顺被唐朝作为人质扣押在长安的时候,伏允可汗还有些顾虑,对唐朝的态度较为客气。唐高祖应他之请放回慕容顺后,伏允可汗去掉了后顾之忧,开始频繁地派人侵扰掠夺唐朝边境。

北周以来,人们把居住在今甘青两省南部、四川北部的一些羌族部落统称为"党项"。党项羌与吐谷浑的关系向来比较密切,伏允可汗亡国之后,曾客居于党项,其间与党项的一些部落首领建立了十分深厚的感情。唐武德三年(吐谷浑伏允二十四年,620年),党项首领打算攻打唐朝的松州(治今四川松潘),抢掠唐人财物,就邀伏允可汗一起出兵,伏允可汗派人随党项部落一起去攻打松州。党项和吐谷浑的联军人数众多,来势凶猛,松州驻兵抵挡不住其锐利的锋芒,守将急忙向朝廷求救。唐高祖命益州道行台窦轨和扶州(治今四川南坪)刺史蒋善合去支援。蒋善合先期到达,在钳川(今四川南坪西)遇上了党项和吐谷浑联军,一场激战之后,党项和吐谷浑退走。窦轨的大军后来抵达临洮,进攻党项和吐谷浑盘踞的左封(今四川黑水东南),又打败了党项和吐谷浑部众。

唐武德四年(吐谷浑伏允二十五年,621年),吐谷浑又与党项联合,攻打唐朝的洮州(治今甘肃临潭)和岷州(治今甘肃岷县),两州告急,唐高祖派平阳公主驸马、岐州刺史柴绍带兵前去救援。柴绍的大军在救援途中被吐谷浑人围困在一山谷中,吐谷浑军占据了高处,居高临下,用弓箭射唐军,箭如雨下,唐军士卒惊慌失措,无法前行。柴绍足智多谋,行事不拘小节,唐军被围困,形势危急,他却临危不惧,悠然自得地就地坐了下来,让随军的乐伎歌舞。顿时,唐军的驻地响起了悠扬的胡琵琶声,两个绝色美女在帐前翩翩起舞,唐朝的士卒围在一旁观赏,大声喝彩。吐谷浑人远远地听到了悦耳的琵琶声,看到了女子优美的舞姿,开始还心存疑惑,后来见唐军在观赏歌舞,以为他们真的不打算进攻了,便松懈下来,放下弓箭,一个个伸长了脖子看。好多人看得如痴如醉,不知不觉间离开了自己防守的阵地,一个劲地往前凑,好看得更清楚些。柴绍见时机到了,便悄悄地派手下的得力大将率精兵从后山发起攻击,正在全神贯注欣赏歌舞的吐谷浑人措手不及,短兵相接之际,好多人还没来得及拿起弓箭,就被唐朝的精兵砍翻在地。不到半个时辰,吐谷浑人死伤了500多人,其余的人狼狈逃窜。柴绍用美人计迷惑了吐谷浑军队,扭转了不利局面,唐军大胜而返。

除了联合党项一起扰掠唐朝边境之外,伏允可汗还多次与突厥一起行动,攻打唐朝边境,唐朝边境频频告急。唐武德五年(吐谷浑伏允二十六年,622年)六月,突厥攻打山东,吐谷浑人随即攻掠洮、旭(治今甘肃临潭附近)、叠(治今甘肃迭部)3州,3州的唐朝驻军溃不成军,岷州总管李长卿带兵前去救援,打败了吐谷浑。被李长卿打败之后,伏允可汗不服气,于同年八月派得力大将专门去攻打岷州,要报上次被打败的一箭之仇。李长卿认为吐谷浑人是自己的手下败将,不堪一击,贸然带兵出击,不料被吐谷浑军队迎头痛击,大败而返。岷州危在旦夕,唐高祖急令益州总管窦轨和渭州(今甘肃陇西东南)

刺史且雒生前去救援。两军会合出击,吐谷浑军队被击败。同月,突厥颉利可汗率15万骑兵入雁门关,大举侵入唐境,伏允可汗随即又派人攻打洮州(今甘肃临潭),洮州失陷,吐谷浑人抢掠一番后很快就从洮州退兵了。为防吐谷浑人再次进攻,唐高祖派武州(治今甘肃武都)刺史贺拔亮前去防御。这一年,突厥和吐谷浑频繁地侵扰唐朝边境,唐朝的将士们忙着救援,顾了这头顾不了那头,累得人仰马翻,朝廷内远离战场的大臣们也是忧心忡忡,没过上几天安乐日子。

此后的三年中,伏允可汗变本加厉地联合突厥对唐朝发动扰掠,小规模的不算,较大规模的扰掠每年至少有三次。尤其是唐武德七年(吐谷浑伏允二十八年,624年),唐朝边境处处可见突厥与吐谷浑精锐骑兵横刀跃马的身影。这年五月,吐谷浑攻打松州,唐高祖派出了两路大军,益州行台、左仆射窦轨从翼州(治今四川茂汶北校场坝)道出发,与扶州刺史蒋善合联合反击吐谷浑。六月,吐谷浑乘扶州内乱之际,将进攻的矛头对准了扶州,扶州刺史蒋善合打退了吐谷浑人的进攻。七月,吐谷浑与突厥分头行动,突厥攻打唐朝的原州(治今宁夏固原市原州区)、陇州(治今陕西陇县),吐谷浑攻打唐朝的岷州。八月,吐谷浑攻打鄯州，唐朝的骠骑将军彭武杰战死。十月，吐谷浑又联合党项羌攻打叠州，攻陷了合州郡（治今甘肃迭部）。

总之，从唐武德三年（吐谷浑伏允二十四年，620年）至贞观八年（吐谷浑伏允三十八年，634年）的10多年时间中，吐谷浑频繁地侵扰唐朝边境，见于史书记载的就多达24次，唐朝的岷、鄯、洮、叠、芳、旭、扶、兰、凉、松、河等11州都受到了吐谷浑的侵扰。唐王朝不得已派遣军队驻防在凉、兰、洮、岷、松等州，以防御吐谷浑的进攻。当时，吐谷浑与唐朝的边境烽烟四起，战火连绵，有时，一年内甚至有三四次较大的战役，弄得双方士卒们疲于奔命，百姓民不聊生。吐谷浑与唐朝之间频繁交战的情景在人们的脑海中留下了深刻的印象，盛唐著名诗人王昌龄曾在他的诗中对这一情景进行了生动的描绘，他在组诗《从军行（二）》中这样写道："大漠风尘日色昏，红旗半卷出辕门。前军夜战洮河北，已报生擒吐谷浑。"

三、互市承风戍

唐王朝创建初期，金戈铁马的铿锵之音几乎成了吐谷浑与唐朝关系的主旋律,但绵延的战火并没能完全湮没两国人民对和平的向往,两国统治者也逐渐厌倦了连年的争战,他们在不断用武力相互攻伐的同时,也在悄悄地寻求着走向和平的渠道。

伏允可汗的心情十分复杂,一方面,他看到大唐王朝在初建阶段内忧外患不断,尚处于风雨飘摇之际,便想利用其立足未稳之际扩展吐谷浑王国的东部疆界,增加王国的财富;另一方面,夸吕可汗的教训使他心有余悸,生怕唐王朝一旦强大起来,将会对吐谷浑不利。由于存在这种矛盾心理,伏允可汗对唐朝的政策就显得有些模棱两可。他一边利用突厥侵扰唐朝北部边境的大好时机,集中兵力频繁地派兵攻打唐朝的洮岷和河陇之地,企图将这些地方纳入自己的版图;一边又试图缓和与大唐的紧张关系,在派兵扰掠唐朝边境的同时还频繁地向唐朝遣使朝贡。

唐高祖对吐谷浑侵扰边境的行为十分头痛,一直想找个妥善的解决办法。于是,他主动向吐谷浑示好,要求和好。唐武德八年(吐谷浑伏允二十九年,625年)初,唐高祖派遣右武卫大将军李安远出使吐谷浑。李安远见了伏允可汗后言辞恳切,传达了唐高祖要与吐谷浑和好的旨意。伏允可汗早在2年前就向唐朝要求和好,他与李安远握手言和,同意与唐朝结好。伏允念念不忘发展吐谷浑王国的商贸经济，便乘两国关系好转之际，进一步向李安远提出了要在边境与唐朝互市的要求。当时，内地刚经过隋末之乱，百业萧条，人民流离失所，经济亟待发展，正需要大批耕牛，而唐王朝要平定内忧外患，也急需大批骏马，伏允可汗的提议好比雪中送炭，唐高祖慨然同意与吐谷浑互市。双方约定在两国的交界处承风戍（今青海湟中区上新庄乡南拉脊山口，一说在今青海贵德北千户庄一带）互市。承风戍是中原通往西方和印度的交通要道，也是吐谷浑等西北、西南民族与隋、唐互市之处。[1] 吐谷浑与唐朝在此地定期开展互市之后，不仅吸引了西北各民族商人，还吸引了一些西域的商贾。在承风戍，长袍宽袖的中国商人出售的多是色彩绚丽的丝绸、瓷器和茶叶，而身穿皮毛衣服的吐谷浑与突厥商人出售的大都是雄健的骏马、牛羊等牲畜和华贵的毛皮等畜产品，中间还时不时夹杂着金发碧眼的西域商人，展示着各种稀奇珍贵的西域器皿，互市的场面比较热闹。

尽管与唐朝进行了和谈，并开展了互市，但伏允可汗并没有完全终止对唐朝的侵扰，他仍一如既往地实行着自己两面派的做法。唐武德九年（吐谷浑

---

[1] 周伟洲：《吐谷浑史》，北京：商务印书馆，2017年，第65页。

伏允三十年，626年），即与唐王朝在承风戍开展互市的第二年，吐谷浑人又攻打唐朝的岷州（治今甘肃岷县）和河州，但紧接着，伏允可汗又派使者到长安要求和好。显然，伏允可汗缺乏与唐朝和谈的诚意，但625年的和谈和互市最终还是成了吐谷浑与唐王朝关系的转折点。此后，伏允可汗逐渐改变了对唐王朝的态度，他不仅大大减少了侵扰唐朝边境的次数，还做出了进一步改善双方关系的努力。

唐贞观元年（吐谷浑伏允三十一年，627年），唐太宗即位，伏允可汗派名王洛阳公到长安朝贡，可是，他的示好举动有始无终，洛阳公还未返回，他又急不可待地派人到鄯州（治今青海乐都）抢掠。其时，唐朝北方边境突厥势力很强盛，为避免兵力分散，唐太宗虽然对伏允可汗的行为非常生气，但对其仍以安抚为主，只是派使者下诏严词谴责，并要求伏允可汗到长安觐见。两国尚处在兵戎相见之际，伏允可汗就是吃了熊心豹子胆，也不敢去啊，他赶忙说自己病了，无法前往。接着，为了试探唐太宗的反应，他替太子尊王向唐朝求婚。唐太宗智慧过人，当然明白伏允可汗的用意，他同意了伏允可汗的求婚，但要求尊王亲自到长安迎娶，好将其扣留做人质。尊王也不敢去，伏允可汗就又故技重施，说尊王病了，无法亲自迎娶。唐太宗于是下诏停止与吐谷浑的联姻,并派中郎将康处直出使吐谷浑,责备伏允可汗言而无信。

四、分化同盟军

唐初,伏允可汗频频攻掠唐朝边境,固然是出于本身扩张的需要,但这与其盟友突厥和党项的推波助澜也很有关系。吐谷浑与突厥和党项都有姻亲关系,尤其是党项,在伏允可汗落难时收留了他,双方结下了很深的情谊,而突厥的始毕可汗又是吐谷浑的外甥,双方的关系也是相当亲近的。因此,吐谷浑与突厥和党项都缔结了同盟。在侵扰唐朝边境时,吐谷浑往往联合党项一起出兵,并在大多数情况下,与突厥的进攻遥相呼应,吐谷浑、党项、突厥三位一体,给唐王朝造成了很大威胁。

唐太宗继位之后,决心改变被动局面,逐步开始采取强硬的对外政策。唐贞观三年(吐谷浑伏允三十三年,629年),因突厥颉利可汗重用外族,其部众多有怨言,国内人心涣散。"屋漏偏逢连阴雨",当年,突厥部又遇上了雪灾,牲畜大都冻死,国中发生了大饥荒。颉利可汗从各个部落调度供给,好多部落不奉号令,国内大乱。早有灭突厥之心的唐太宗抓住了这个绝好的时机,于这年八月拜兵部尚书李靖为帅,派出了5路大军大举进攻突厥。唐朝十几万大军入境,颉利可汗惨败,逃窜到了铁山(位于今内蒙古阴山北面)。颉利可汗无奈之下,便想等到春暖草长、马儿肥壮的时候,再找机会逃到漠北高原,好东山再起。为此,颉利可汗和他的可敦,即隋朝的义成公主想了个拖延的法子,于次年二月派亲信执失思力入朝谢罪,请求举国内附,并声称要亲自入朝负荆请罪。唐太宗派鸿胪卿唐俭和将军安修仁前去安抚颉利可汗。颉利可汗见唐太宗允许自己投降,便放松了警惕。谁知李靖熟知兵法,早已揣摩到了颉利可汗的心思,他毫不顾惜唐俭等人的性命,竟然率军发动夜袭。颉利可汗没有防备,慌乱之中骑千里马逃走,打算去投靠吐谷浑。不料半路被西道行军总管张宝相擒获,义成公主被李靖杀死,东突厥灭亡。

东突厥灭亡,给了伏允可汗以巨大震撼,吐谷浑王国也因此丧失了一个强有力的盟友。以后的连续几年中,伏允可汗不断地派使者到唐都长安朝贡,但他仍怀有侥幸心理,没有完全认识到眼前的严峻形势,并没有彻底停止对唐朝边境的侵扰。唐太宗怀有君临四海之心，他并不满足于消灭东突厥所取得的战果，他还想进一步消灭吐谷浑和西突厥，打通中西交通。因此，唐太宗继位不久，就展开了招抚吐谷浑盟友党项的举措，并取得了明显成效。

党项与吐谷浑的关系源远流长，北周与隋初吐谷浑王国强盛之时，党项的大部分部落为吐谷浑所役属，到隋末吐谷浑王国衰弱之后，党项诸部的势力日益强盛，吐谷浑对其的控制削弱，党项变成了吐谷浑王国的盟友，他们联合一致，共同攻掠唐朝边境。唐太宗对吐谷浑与党项的关系非常清楚，他知道要打击吐谷浑，首先必须分化其最亲密的同盟军——党项。响应唐太宗招抚党项的政策，唐贞观三年（吐谷浑伏允三十三年，629年），南会州（治会宁，今甘肃靖远）都督郑元璹派人出使会州的党项部落，宣告太宗的招抚旨意。在郑元璹的感召下，此地的党项酋长细封步赖率部落内附。唐太宗十分高兴，亲自大摆宴席，接见了步赖，赏赐了他许多财物，还把他的属地列为轨州（治今四川阿坝），封步赖为轨州刺史。唐太宗的这一手很厉害，步赖感激涕零之余，竟倒戈一击，强烈要求率自己的人马讨伐吐谷浑。见唐太宗对细封步赖的待遇如此优厚，不少党项部落的酋长也纷纷率部落内附唐朝。唐太宗对这些首领都和颜悦色,好言安抚,将他们的辖地列为崌、奉、岩、远4州,并分别封他们的首领为刺史。

唐贞观五年(吐谷浑伏允三十五年,631年),又有大批党项部落降附唐朝,人口多达30多万,唐朝在党项地设了60个羁縻州。在这些降唐的部落首领中,拓跋赤辞酋长与伏允可汗是姻亲,本来对伏允可汗忠心耿耿,但最终还是没有禁得住唐朝官吏的挑拨引诱,归顺了唐朝。贞观初年,党项诸部纷纷归附唐朝,而拓跋赤辞却没有丝毫投靠唐朝的打算。廓州(治今青海化隆)刺史久且洛生见他这样,便派使者游说赤辞降唐,对他讲述其中的利害关系和降唐后的诸种好处。赤辞不为所动,曾严词拒绝道:"我深受伏允可汗的恩惠,与他肝胆相照,生死不渝,我不想听你在这儿挑拨我们的关系,请你速速离开,免得脏了我的刀。"久且洛生见赤辞态度坚决,劝降不成,便想好好惩戒他一番。他率领轻骑袭击了赤辞的部落,杀死了几百人,抢掠了6000多头牲畜后返回。赤辞不愿投降,唐太宗不死心,又派岷州都督李道彦劝降赤辞,赤辞态度依然。这时,赤辞的侄子拓跋思头觉得赤辞太迂腐了,阻挡了大家的大好前程不说,弄不好会招致灭族之灾。为了自保,思头偷偷地派人给李道彦送信,表示愿意投降。他的同党拓跋细豆率先行动，带领自己的部落投降了唐朝。赤辞见部族里的人都不跟自己一条心，深受触动，态度开始动摇了。后来，继任的岷州都督刘师立再次派人招抚劝降，在思头百般劝说之下，赤辞酋长终于背弃了吐谷浑，率领部落内附唐朝。拓跋赤辞归附唐朝，使唐太宗大喜过望，他对赤辞酋长的赏赐分外优厚，破例赐赤辞酋长为李姓，还封他为西戎州都督，列他的辖地为懿、嵯、麟、可等32州，以松州（治今四川松潘）为都督府，让赤辞酋长居住在松州，依旧管辖自己的部众。赤辞酋长归附唐朝，本来是不得已而为之，心里面还有些勉强，这下子可彻底被唐太宗收服了，从此对唐朝毕恭毕敬，每年朝贡不绝。

总之，唐太宗的分化政策大获成功，至唐贞观八年（吐谷浑伏允三十八年，634年），原先臣属于吐谷浑的许多党项部落纷纷背弃吐谷浑，转过头来归顺了唐朝，吐谷浑王国被彻底孤立了。这还不算，许多党项部落的背弃，等于给吐谷浑增添了一个非常了解其底细的可怕对手。不少党项部落的酋长降唐之后，为了立功和取得唐朝信任，竟主动提出率所部讨伐吐谷浑王国，有的甚至被唐朝征调，参加了讨伐吐谷浑的战争，吐谷浑王国的处境变得十分艰难。

五、伏允老耄失政

伏允可汗的一生大起大落，遭遇了许多变故。他刚继位的时候，吐谷浑王国正处在多事之秋。伏允可汗受命于危难之中，他深谋远虑，及时调整了吐谷浑的外交政策，积极与隋朝结好，使吐谷浑王国动荡的局势逐渐得以稳定下来，老百姓过了十几年安居乐业的日子。到了中年，隋炀帝率大军大举进攻，吐谷浑王国在隋军强大的攻势之下一度溃灭。在国破家亡之际，伏允可汗没有气馁，他耐心地等待时机，最终力挽狂澜，重建了吐谷浑王国。纵观伏允可汗的前半生，他是一个很有作为的可汗。但到了晚年，伏允可汗就像换了个人似的，早年的精明强干、奋发有为都一股脑儿不见了，他重用权臣，宠信小人，弄得吐谷浑王国内政混乱，诸部离心，人们怨声载道。

伏允可汗年老昏庸，耳根子变得很软，他非常信任权臣天柱王，不仅任命天柱王为国相，将国事全都托付给了他，还对天柱王言听计从，宠爱有加。天柱王是个野心勃勃的人，极力主张对外扩张，是个主战派人物。伏允可汗之所以一改自己往日制定的睦邻友好的国策，不识时务地多次攻掠唐朝边境，与天柱王把持朝政是大有关系的。当时，吐谷浑国内有主战和主和两派，主战派以天柱王为首，主和派以原太子慕容顺为首，两派的斗争非常激烈，而伏允可汗在这两派之间摇摆不定，一会儿听从天柱王之言，派兵去攻掠唐朝边境；一会儿又听从慕容顺的话，派使者去长安朝贡，态度没个准。大臣们则各持己见，有的支持天柱王，有的支持慕容顺，相互间大搞派系斗争，弄得朝堂上一派乌烟瘴气。

慕容顺本来是太子，因为早年间长期被炀帝扣押，太子的位置就被弟弟尊王替代了。他心里面一直觉得非常委屈，认为自己为王国做出了那么大的牺牲，回来后父王却没有恢复自己的太子身份，是大大地亏待了他。而尊王和天柱王则认为隋朝占据吐谷浑王国之时，慕容顺答应做隋朝的傀儡，是个不忠不孝之人，打心眼里瞧不起他。很多人受他们的影响，对慕容顺的态度都不怎么样。慕容顺到处受人轻视，肚子里不由得窝了一团火，经常一个人闷闷不乐地喝酒。伏允可汗虽然疼爱慕容顺，但对他的处境爱莫能助，加上天柱王和尊王老在他耳边唠叨，说慕容顺在伏允可汗危难之时听从隋炀帝的话入国当可汗，显然是没把他这个父亲放在眼里。受了他们的蛊惑，伏允可汗慢慢地也疏远了慕容顺。

唐贞观八年（吐谷浑伏允三十八年，634年），伏允又听从了天柱王的建议，派兵攻掠唐朝的凉州。当时正值夏天，吐谷浑国中的良马大都集中在青海湖一带放牧。鄯州刺史李玄运得知这一情况，特地给唐太宗上书说："吐谷浑国的良马如今都在青海湖边放牧，如果我们派一支精锐骑兵去偷袭，肯定会大有收获。"唐太宗爱马如命，他早就听说吐谷浑王国多良马，听了李玄运的话，立即封左骁卫大将军段志玄为西海道行军总管，左骁卫将军樊兴为赤水道行军总管，让他征集边疆的士卒和归附唐朝的契苾（铁勒诸部之一）、党项部落的人马，公然前去抢掠吐谷浑人的马匹。段志玄的大军到达离青海湖30里的地方后，就驻扎下来了，段志玄的目的在于马匹，他并不想和吐谷浑人作战，因此迟迟不往前行军。这时候，伏允可汗早已得到消息了，他派人将青海湖边的牧马全部赶走，然后带着部众逃匿。段志玄的副将李君羡率领精兵从另外一条道路追击吐谷浑，在青海湖南边的悬水镇（今青海共和县境）打败了吐谷浑人，夺取了吐谷浑的2万多头牛羊后返回。

唐军大举入境，以天柱王为首的主战派群情激昂，决定以牙还牙，出兵报复。同年十一月，在天柱王等人的鼓动下，伏允可汗派兵攻打唐朝的凉州，还扣押了唐朝的使者鸿胪丞赵德楷、安候等人。唐太宗频频派使者出使吐谷浑,要求伏允可汗放回赵德楷一行,伏允可汗受了天柱王的蛊惑,无论使者怎么说都不肯放人。唐朝的使者来来回回跑了十几次,每次都是无功而返,伏允可汗铁了心就是不给唐太宗这个面子。此次事件成了唐对吐谷浑发动战争的导火索。其时,东突厥已降,唐太宗准备平定西突厥,开通西域,打开中西交通的门户。而吐谷浑王阳奉阴违,表面虽与唐朝结好,实际上却不完全听命,屡屡侵扰唐朝边境,给唐朝平定西突厥,经略西域,开通丝绸商路,造成了严重的后顾之忧。因此,为了实现大唐帝国一统天下、开通丝绸商路的战略目标,唐太宗决定立即出兵征讨吐谷浑王国。

六、李靖西征吐谷浑

唐贞观八年(吐谷浑伏允三十八年,634年)十一月,唐太宗颁布《讨吐谷浑诏》,在诏书上历数吐谷浑"肆情抗命,抗衡上司""剽掠边鄙,略无宁息""上书傲狠,拒出行人"等"罪行",要对其大加挞伐。唐太宗在诏书上这样指责吐谷浑:"吐谷浑不过是一个小国家和小民族,占据河右,地方不足千里,人数不足一万，却常常不自量力，肆意抗命，与我大唐为敌。朕多次派使者到该国下达旨意，还叫来其使者，好言开导，并答应与之和亲，欲使边境安定，百姓安居乐业。没想到朕训导了多年，吐谷浑凶顽之性依然未改，屡屡剽掠，使我边境永无宁日。如今，仍不懂自己身份，上书语气傲慢凶狠，更有甚者，竟敢拘押我朝使者，且屡屡交涉，置若罔闻，罪不可恕。对如此愚顽之徒，不兴师问罪，怎么能行？但该国有罪的只是吐谷浑年老昏庸的伏允可汗和天柱王等几个奸邪权臣，其余部众，朕一概不予追究。"

当时的唐太宗正是踌躇满志之时，放眼四海，哪个国家的君王不是对他毕恭毕敬、称颂有加的？只有这个不识时务的伏允可汗，还犟着脖子跟他对着干，唐太宗怎么能容得下他！何况，吐谷浑一日不收复，西北边患一日便不能平服，与西域的交通也一日不能畅通。唐太宗这次是下了很大的决心，一定要铲除吐谷浑这个心腹大患，因此，在挑选率兵西征的将领时，唐太宗颇费了一番心思。本来，唐太宗十分看重战功赫赫的李靖，认为只要他能挂帅，吐谷浑指日可灭，可考虑到他年事已高，又怕他禁受不住长途跋涉之苦。正在唐太宗左右为难之际，李靖主动请缨，请求率军西征，他对房玄龄说："我虽然老了，可还能走这一趟。"唐太宗听说后,十分高兴,立即拜李靖为大元帅,兵部尚书侯君集和刑部尚书任城王李道宗为副元帅,并任命李靖为西海道行军大总管,侯君集为积石道行军总管,李道宗为鄯善道行军总管,胶东郡公李道彦为赤水道行军总管,凉州都督李大亮为且末道行军总管,利州刺史高甑生为盐泽道行军总管。六路大军共约10万人马,浩浩荡荡,于十二月兵分三路大举讨伐吐谷浑王国。其中,李靖、侯君集、李道宗、李大亮为一路,在鄯州集结,向青海湖进发;高甑生为一路,经洮州向青海茶卡盐池进发;李道彦、樊兴为一路,从松州向赤水进发。除此之外,还有突厥、契苾的兵马由其原突厥首领、唐左将军执失思力和原铁勒契苾部首领、唐左领军将军契苾何力率领,随李靖的大军西征。这次西征吐谷浑,唐军声势浩大,兵强马壮,其规模远远超过了以前北魏、北周及隋发动的对吐谷浑的战争规模。

唐贞观九年(吐谷浑伏允三十九年,635年)三月,经过三四个月的长途跋涉,李靖所率大军在鄯州聚集。这时,青海高原的天气已经变得暖和了,天地间到处都笼罩着一层淡淡的绿意,最难熬的冬天已经过去,将士们可以轻装前进,气候条件对唐军非常有利。一路行军之时,李靖就天天在琢磨这仗怎么打。

在鄯州驻扎下来后，他立即召开了军事会议，把将领们聚集在一起，和大家一起商议进攻方案。在会议上，有的将领认为唐军刚经过长途跋涉，人马困乏，应该先稍事休整，征集粮草，准备充分后再发动进攻。好多人都附和这个提议，认为等天气再暖和些，绿草再长高点，对唐军更为有利。这时，侯君集站了起来，大声否定这种意见，他说："我军行军迅速，提前抵达目的地。贼徒尚未知晓，所以还没来得及远走高飞。我们应该轻装前进，日夜兼程，长驱直入，乘其没有防备之时，突然发动袭击，肯定能取胜。如果拖延等待，吐谷浑人肯定会逃到险远之地，那时，有崇山峻岭阻隔，想要讨伐他们可就难了。"这个提议和李靖的想法不谋而合，李靖当即采用了侯君集的作战方案，挑选精锐骑兵，轻装前进。

　　唐军一路势如破竹，屡战屡胜。伏允可汗急惶之中，召集大臣们商议应对之策。有人急中生智，想出了火烧草原断绝唐军马草的法子。伏允可汗采用了这个计策，下令部下火烧草原，顷刻间，一望无际的草原被熊熊大火一片片地吞噬，青海高原上到处都弥漫着呛人的烟雾，经久不散。点燃草原之火后，伏允可汗轻兵简装，撤离伏俟城，逃入了茫茫沙漠。见草原被烧尽，唐朝的将领们一个个愁眉不展，认为这下可没法子再往前行军了,纷纷向李靖建议班师回朝,说:"马没有草吃,又累又饿,我军不宜深入。"李道宗也说:"柏海(今青海鄂陵、扎陵源)靠近黄河源头,自古以来就是人迹罕至的地方,吐谷浑逆贼既然已往西逃窜,不知其去向,而我军行军全靠马力。现今战马疲乏,粮草断缺,再往远处追击难处较多。我军不如先回到鄯州,等到战马肥壮一些后,再去攻打逃走的吐谷浑国主。"这时候,侯君集又力排众议,他站出来说:"不可。昔日段志玄军队返回,刚到鄯州,吐谷浑人已经追到了城下。这是因为他们的国家那时还完整,大家都肯为国君卖力气。现今吐谷浑已被打败,他们人心涣散,如鸟兽般争相逃窜,连个侦察的人都没有,君臣分离,父子失散,彻底消灭他们易如反掌。如果此时不出击,日后悔之晚矣!"李靖也不愿半途而废,他再次听从了侯君集的建议,决定兵分两路进行追击。他亲自率领北路大军,带着李大亮、薛万均、薛万彻及契苾何力前行;南路由侯君集、李道宗率领。唐军南、北夹击,在千里草原寻歼吐谷浑。

其时,吐谷浑人听说唐军大举进犯,都躲避到险峻的山区里去了,已经离唐军有几千里的路程。李靖部下大都认为没必要追击,而李道宗立功心切,坚持要前去讨伐，李靖只好让李道宗带自己的南路人马去追击。李道宗带着人马日夜兼程，10天后，在库山（约在青海湖边）追上了吐谷浑人。吐谷浑人占据了险要地形，与唐军苦战。李道宗攻不下来，便想用计取胜，他偷偷地派出了1000名精锐骑兵，这些骑兵绕到山后边，与山前的唐军前后呼应，一阵猛攻。吐谷浑人腹背受敌，顿时溃败，四散而逃，李道宗俘虏了400多人。二十三日，李靖的部将薛孤吴儿带了一支精兵在曼头山打败了吐谷浑人，斩杀了带队的名王，俘虏了500多人，收获了大批牲畜，及时补充了唐军的军粮。二十八日，李靖率领北路大军先后在牛心堆（约今青海湟中区西南）等地打败了吐谷浑人，俘获伏允重臣高昌王慕容孝隽等部众，进军到赤海（今青海都兰县乌兰乌鲁郭勒）。

五月，李靖的北路军越过曼头山，往西北经过青海湖南面到达了赤水源（今都兰县南部乌兰乌苏郭勒河，即洪水川）。前锋薛氏兄弟轻敌冒进，被吐谷浑天柱王的部队包围，激战中，薛氏兄弟双双负伤，落下马来，只好步战，拼死搏杀，他们所带的人马大多战死。正在危急之中，左领军将军契苾何力率领几百人的敢死队杀进重围，奋力营救，薛氏兄弟这才绝处逢生，保住了性命，而吐谷浑也开始溃败，唐军获杂畜30万多头。然后，李靖率大军到达青海湖地区，攻占了吐谷浑都城伏俟城，并率军留驻在伏俟城一带。

李靖西征吐谷浑，吐谷浑百姓家破人亡，颠沛流离，受尽了战争之苦。大家都把一腔怨气出在了天柱王身上，认为是他蛊惑国君，才招致了这场劫难。自归国以来一直郁郁不得志的慕容顺认为自己翻身的机会到了，就煽动国人，杀掉了天柱王，投降了李靖。其余不愿投降的人继续往西撤退。唐将李大亮、薛氏兄弟、契苾何力随后追击，在蜀浑山（约在今青海湖西南恰卜恰河上源西）打败了天柱王的残部，俘虏了20多位名王，抢掠了5万头牲畜。执失思力又在沮茹川（在今都兰县柴达木河一带）打败了吐谷浑军。之后，唐军的北路军一直打到了河源地区（今青海玛多县），南路军打到了乌海（今青海玛多县北的托索湖）一带。

伏允可汗一路西逃，经柴达木盆地逃往今新疆且末。李大亮、薛氏兄弟打败天柱王部落后穷追不舍，一直追到了且末。这时伏允可汗百般无奈，只好继续往西进入突伦碛（今新疆且末与和田之间的大沙漠），想投奔于阗。薛万均对赤水源被围之事心有余悸，不主张深入追击，而契苾何力坚决主张乘胜追击，他说："吐谷浑人一贯有城郭而不居，随水草迁徙，如果我们不乘这次他们聚集逃难的时机穷追猛打，一旦他们分散开来，再想一网打尽，可就难了。"他不顾薛万均的劝阻，径自挑选了1000多骁勇骑兵继续追击，薛万均不得已只好随后跟上。唐军在沙漠里跋涉了几百里，士卒们的水都喝完了，干渴难忍，只好喝马血止渴。最后终于追上了伏允可汗，杀掉了几千人，攻夺了伏允可汗的牙帐，俘获了其妻儿，抢掠到了骆驼、马、牛、羊等20多万头牲畜。伏允可汗众叛亲离，仅带着几百人逃走，躲到了沙漠深处。十几天后，伏允水尽粮绝，陷入了困境，他走投无路，最后自缢而死（一说为其左右所杀）。

唐朝南路军在侯君集的率领下追随而来，在汉哭山（今青海玛多县花石峡一带）、乌海（今玛多县冬给措纳湖，又名托索湖，柴达木河的一支源头）与吐谷浑军队展开激战，俘虏了其名王梁屈葱。然后，南路军继续南下，长途跋涉2000多里，经过的大都是荒无人烟的地方，他们历尽艰险，曾遇到过盛夏降雪的恶劣天气。在过破逻真谷（今青海都兰东南）时，这个地方水草稀少，常年积雪，唐军粮草不继，将士们曾一度吃冰充饥，他们所骑的战马也吃积雪充饥。但不管自然条件如何恶劣，南路军始终没有退缩，他们过星宿川（今黄河河源附近之星宿海），到了柏海，"北望积石山（今阿尼玛卿山），观河源之所出焉"，最后与北路军会师于大非川（今青海兴海县大河坝河上游）。

唐军的另两路军队则战绩不佳，盐泽道行军总管高甑生率领军队在洮州打败先归附唐朝，后又叛归吐谷浑的洮州羌后，停留不前，延误了与李靖大军会师的军期，受到李靖的责罚。高甑生怀恨在心，班师回朝后竟然诬告李靖谋反，唐太宗查明真相后重重处罚了高甑生，将他削去官职，发配边疆。赤水道行军总管李道彦及左骁卫将军樊兴率领的大军从松州（治今四川松潘）出发，经过党项大酋长拓跋赤辞所辖羁縻州时，发生了意外。拓跋赤辞早在4年前就依附了唐朝，而且李靖行军前已经送重金笼络了拓跋赤辞，让党项人给唐军作向导，本来是不应该有变故的。可是李道彦率军到达阔水（今四川松潘西）时，见党项人对他们没有防备，竟然派兵袭击党项人，还抢掠了他们的几千头牛羊。早在唐军出发前，拓跋赤辞大酋长就拜会过唐军将领，他有言在先："从前隋军攻打吐谷浑时，我党项经常帮助隋军，给他们提供军用物资，但隋人不讲信用，老抢掠我们。如果将军不存异心，我一定给你们提供粮草物资，大力援助你们；可是如果你们要欺凌我党项，我们一定会占据险要之地，阻挠你们的去路。"当时，唐朝的大将们都跟他歃血结盟，誓言不会相欺。如今李道彦言而无信，惹起了党项人的公愤，党项诸羌都一齐起来反对唐军。拓跋赤辞大怒之下，亲自带兵守在野狐峡（今甘肃迭部的拉达），挡住了李道彦的去路，并对唐军发动攻击。唐军大败，死伤数万人，李道彦不得已退回了松州。而樊兴也因逗留不前，延误了军期，而且他的军队中士卒死亡的也较多，还丢失了很多军械。回朝后，李道彦和樊兴都因出战不利、延误军期受到了唐太宗的处罚。

李靖西征吐谷浑，军势浩大，部署周密，大获全胜。在唐军的强大攻势之下，年迈的伏允可汗被迫自杀，吐谷浑王国分崩离析，百姓流离失所，牲畜财物被掠夺殆尽。从此，吐谷浑王国一蹶不振，国力迅速衰败下来，再也没能恢复往日的辉煌。

七、诺曷钵降唐

李靖西征吐谷浑，吐谷浑再度败亡。唐太宗为了显示自己的宽宏大量，以便感召更多的少数民族政权前来归附，就在慕容顺降唐后不久，下令让吐谷浑复国。他于唐贞观九年（吐谷浑慕容顺一年，635年）五月颁布了《原吐谷浑制》的诏书，明确表示要保存吐谷浑王国的王统和制度，他说："朕君临四海，有教化臣民之责，如果有臣民流离失所，朕就觉得责任在自己身上。朕之所以发六军问罪，讨伐吐谷浑，是因为吐谷浑一向不守藩国之礼，屡屡犯上，朕并非穷兵黩武之君，心中早就有存其王统之念。伏允可汗的长子大宁王慕容顺是隋朝的外甥，从小生活在中土，仰慕华风，通达时务，深明大义。因多次忠谏而在其国不得人心，于是乘我大军西征之时，杀掉奸臣天柱王，代其父亲来归降。慕容顺能替父补过，朕也就既往不咎，不追究其昔日屡次挑衅我朝的罪行了。吐谷浑在西陲建国年代久远，如果任其就此废止，朕于心不忍，令慕容顺继承宗祀，封其为西平郡王，食邑4000户，仍授他为趉胡吕乌甘豆可汗（意为吐谷浑英明的君主——采用吕建福的解释）。"唐太宗还怕慕容顺收拾不了吐谷浑的残局，又派大将李大亮率几千精兵前去声援他。

在唐太宗的支持下，慕容顺终于得偿心愿，继父亲之后继任了吐谷浑王国的可汗。可是，覆巢之下，岂有完卵？山河破碎的吐谷浑王国局势动荡，暗潮汹涌，已非昔日可比，虽然有李大亮的扶持，慕容顺的舒心日子还是没能过多久。受唐军攻伐，吐谷浑人国破家亡，遭受了重大损失，致使吐谷浑贵族中一部分人对唐朝怀有敌对情绪。其时，正在西藏崛起的吐蕃势力开始向青海渗透，吐谷浑内部出现了以尊王为首的亲吐蕃势力。而慕容顺长期居住在长安作质子，深受汉文化熏陶，向往华风，即位后急于改变一些风俗，使得吐谷浑国内亲近吐蕃的贵族非常看不惯他，加上慕容顺在唐朝扶持之下继任可汗，亲近吐蕃的那些吐谷浑贵族就更不服他了。慕容顺归国后，马上就感觉到了来自四面八方的压力，那些亲吐蕃的老臣们一个个走马灯似的来劝说威逼，让他不要听从唐朝差遣。为了让国人信任自己，慕容顺明知不可为而为之，竟然图谋反唐。慕容顺立场不坚定，反唐和亲唐两派的斗争一下子白热化了，吐谷浑王国又发生了大动乱，慕容顺继位不到10天，就在内乱中被心怀不满的部下杀死。

慕容顺被杀，唐太宗又立他的儿子燕王诺曷钵继位。当时，诺曷钵年龄还小，大臣们争权夺利，互不相让，吐谷浑王国一片混乱。十二月，唐太宗派侯君集率大军再次进入吐谷浑国境，用武力平息动乱，帮助诺曷钵稳定混乱的形势，巩固统治，吐谷浑国内的局势这才逐渐得以安定下来，而唐朝的势力也借此更进一步深入到了吐谷浑王国的内部。慕容顺和诺曷钵父子都是凭借唐朝的扶持才得以登上可汗宝座的，诺曷钵对唐太宗早就心存敬仰，如今见唐太宗又派侯君集来帮他平定内乱，心中更是感激万分。他知道，自己要想坐稳可汗的宝座，绝对离不开唐朝的扶持。为了向唐太宗表示归附的诚意和忠心，唐贞观十年（吐谷浑诺曷钵一年，636年）三月，诺曷钵特地向唐朝派出了使者，向唐太宗提出请求，要在吐谷浑王国颁布唐朝的历法，奉行唐朝的年号，还派王族子弟到长安入侍。

见诺曷钵真心归顺，唐太宗十分高兴，他随即颁发了《宥吐谷浑制》，对诺曷钵进行了嘉奖。制书云："燕王诺曷钵，自幼通情达理，刚刚继承王位，就遇上了内乱。朕为此派使臣远道去安抚，他怀着赤诚之心，率领部众迎接我朝使臣，屈膝顿首，尊奉朝化，谨守藩臣之礼。如今他要求在吐谷浑国内推行我朝历法，其忠心可嘉，朕应该对他委以重任，给予丰厚的赏赐，可封他为河源郡王，食邑4000户，仍授他为乌地也拔勒豆可汗（意为智慧富贵的君主）。"唐太宗还派淮阳王李道明前往吐谷浑王国，册封诺曷钵，给他赏赐了鼓乐和仪仗之物。诺曷钵得到了唐太宗的正式册封，名正言顺地保住了自己的汗位。他最终凭借唐朝的势力建立了自己的威信，摆脱了权臣们的控制，牢牢巩固了自己的统治地位。诺曷钵感恩图报，死心塌地归顺了唐朝，吐谷浑王国从此成为唐朝名副其实的属国。

诺曷钵受父亲影响很深，慕容顺在世的日子，他常常听曾在长安城居住过很长时间的父亲给他讲述长安富庶和繁华的情景，他几乎是在父亲对长安的深深缅怀中长大的，从小就有长大后要到长安走一遭的梦想。现在，他自己当上可汗了，可以实现儿时的梦想。于是，唐贞观十年（吐谷浑诺曷钵元年，636年），他在接受唐朝册封之后，在当年的十二月，不顾群臣的反对，冒着严寒，长途跋涉，风尘仆仆地亲自到长安觐见唐太宗。在当时号称世界大都市的长安城，诺曷钵亲眼看见了大唐王朝的强大和富庶，他看到了冠盖如云、车水马龙、商铺密布的长安街道，看到了庄严华丽、巍峨高耸的宫室建筑和清丽幽雅、层次栉鳞的民间宅院，对长安的繁华和热闹叹为观止。诺曷钵是历代吐谷浑王中唯一到中央王朝觐见过皇帝的君王，他开创了吐谷浑王国的君王从不与中央王朝直接打交道的先例，虽然是迫于当时国势衰弱、受制于唐朝的形势，但其勇气和魄力仍值得人敬仰。

吐谷浑王国灭亡

一、诺曷钵请婚

诺曷钵不辞劳苦千里迢迢奔赴长安，除了想觐见他心中的"天可汗"——唐太宗外，还有一个很重要的目的，即要亲自向唐太宗求婚。而长安之行的所见所闻，使他对大唐的强盛和富庶有了更深切的体会，更坚定了他求婚的决心。

唐太宗开创了大唐"贞观之治"的盛世局面，在处理与少数民族的关系上，也表现出了非凡的胸怀和韬略，受到周边各国的敬仰。西北的少数民族首领们敬畏地称他为"天可汗"，都争先恐后地到长安来，想一睹一代明君唐太宗的风采。他们中的好多人都怀着和诺曷钵一样的心思，迫切地想与唐朝攀上姻亲关系，好提高自己的声望和地位，于是纷纷趁便向唐太宗求婚。唐太宗为了进一步笼络已经归附的吐谷浑和东突厥，对诺曷钵和原东突厥处罗可汗的儿子阿史那社尔另眼相看，同意了他们的求婚。答应将弘化公主嫁给诺曷钵，衡阳公主嫁与阿史那社尔，而其余人的求婚，包括正在西北崛起的吐蕃王松赞干布的求婚都被太宗婉言谢绝。唐太宗答应了诺曷钵的请婚，诺曷钵欣喜万分，为了表达对唐太宗的感激之情，回国后，他于唐贞观十一年（吐谷浑诺曷钵二年，637年）11月，派人向太宗献上了13000头牛羊。

吐蕃使者求婚失败，灰溜溜地回到了吐蕃。他怕受到赞普松赞干布的责罚，便无中生有地编造了一套谎言，他装作气愤的样子对松赞干布说："臣到长安后，天子对我等恩宠有加，都快要许嫁公主了，可是吐谷浑王一入朝，天子的态度就变了，拒绝了我们的请婚，这肯定是吐谷浑王在从中作梗！"雄才大略的松赞干布向唐求婚遭拒，使他顿时觉得大失脸面，他打心眼里明白这番话不过是使者在推卸责任，可松赞干布实在是难咽胸中这口恶气，再加上他对吐谷浑觊觎已久，于是便顺水推舟，索性借使者的口实迁怒于吐谷浑，于唐贞观十二年（吐谷浑诺曷钵三年，638年），率领早已依附吐蕃的羊同国（辖境在今西藏阿里地区及与青海接壤一带）一起出兵攻打吐谷浑。

诺曷钵请婚成功，吐谷浑王国举国欢腾，沉浸在欢乐之中的吐谷浑人一点也没察觉到吐蕃人的腾腾杀气。到双方交战时，诺曷钵仓皇应战，可刚经历过唐朝打击，又内乱不断，还没从战争创伤中恢复过来的吐谷浑人哪是彪悍强壮、英勇善战的吐蕃人的对手，很快被打得溃不成军。诺曷钵不得已，只好逃到了青海湖以北的地方，以暂时躲避吐蕃人的锋芒。青海湖南面的百姓、牲畜大多被吐蕃人抢占去。

吐谷浑兵败，松赞干布又乘胜向东挺进，打败了党项和白兰羌（今青海巴颜喀拉山东南的羌人）。党项的一部分部落投降了吐蕃，另一部分部落内迁依附于唐朝。通过这次战争，吐蕃将吐谷浑南疆的乌海（今青海冬给措纳湖）、河源一带纳入自己的统治之下，当地的吐谷浑部落成了吐蕃王朝的属民，被编入乌海东岱（千户）。吐蕃对吐谷浑的首战获胜后，所取得的另一个重大收获是利用吐谷浑贵族中的反唐情绪和以前与吐谷浑建立的联姻关系，逐渐扩大了吐蕃在吐谷浑国内的影响，在吐谷浑国内形成了一股不可小觑的亲吐蕃势力。

打败吐谷浑后，不达请婚目的誓不罢休的松赞干布率领 20 万大军驻扎在松州（治今四川松潘）西面的边境线上，派使者向太宗进贡金帛之物，声称自己是来迎娶公主的。松赞干布还放出话来，威胁唐太宗，他说："如果不把公主嫁给我，我就打到你们的国境。"为了示威，松赞干布还真的率兵攻打松州。松州都督韩威带着轻骑侦察吐蕃军军情，被松赞干布察觉，派兵打败。唐军战败，边境的百姓人心惶惶，争相逃难，松州告急。唐太宗任命吏部尚书侯君集为当弥道行军大总管、右领军大将军执失思力为白兰道行军总管、左武卫将军牛进达为阔水道行军总管、右领军将军刘简为洮河道行军总管，率步骑5万迎击吐蕃大军。唐军先锋牛进达骁勇善战，精通兵法，他乘吐蕃人不防备，夜袭吐蕃大营，吐蕃军死伤达千人。松赞干布这才有所收敛，退兵回国，并派使者到长安向太宗谢罪，并再次请婚。唐太宗不想边境再起干戈，便答应了松赞干布的请求，允诺将文成公主嫁给他。

吐蕃退兵之后，诺曷钵又率领部众重回故地。经历这次惨败，他更加盼望早日与弘化公主成亲，好求得大唐王朝的庇护。唐贞观十三年（吐谷浑诺曷钵四年，639年）冬，诺曷钵又风尘仆仆地赶赴长安，迎娶弘化公主。弘化公主是淮阳王李道民的女儿，贤明聪慧，知书达理，是唐朝第一个嫁与吐谷浑王室慕容氏的公主，虽然她只是李氏宗室女，并非唐太宗的亲生女儿,但唐太宗对她疼爱有加,怜惜她远嫁异乡,给她陪送了许多珍贵的嫁妆。唐贞观十四年(吐谷浑诺曷钵五年,640年)二月,唐太宗派左骁卫将军、淮阳王李道明、淮阳壮王李道玄、武卫将军慕容宝节送弘化公主到吐谷浑王国与诺曷钵完婚。

唐朝庞大的送亲队伍从长安出发,一路逶迤而行,虽然历尽艰险,但秀丽的塞外风光使他们耳目一新,减却了不少路途的困苦和寂寞。他们到达吐谷浑王国后,诺曷钵在美如仙境的青海湖边为他们设宴接风。在吐谷浑人的殷勤款待之下,李道玄喝得酩酊大醉,竟然在言语间透露出公主并非皇上亲生女儿的秘密。诺曷钵大吃一惊,不禁感到有些失落,可是当他看到美丽娴静的弘化公主,看到唐太宗陪送的丰厚嫁妆,想到唐太宗对他的诸般恩德时,心中的不快如云烟般消散了。是啊,只要能与强盛的大唐联姻,只要自己能成为大家眼中的"天可汗"——唐太宗的乘龙快婿,对吐谷浑虎视眈眈的那些国家就不敢轻易欺辱已风光不再的吐谷浑王国了。那么,何必计较自己的恪尊(即王后)是不是皇帝的亲生女儿呢?何况,这个美丽的女子好歹也是皇族的宗室女,也算是金枝玉叶,并不委屈自己啊!据《新唐书·道玄传》记载,李道玄因泄露了弘化公主并非帝女的秘密,回国后被剥夺王位,改封郢州刺史。

就这样,诺曷钵高高兴兴地依照自己预先的安排和准备,在伏俟城举行了隆重而盛大的婚礼。赞歌的优美旋律在天地间久久地回荡着,狂放而欢快的舞蹈使青青的草原沸腾起来了,到处都是人们的欢歌笑语。诺曷钵和弘化公主婚礼无比奢华和热闹,这一天成了吐谷浑王国历史上最值得纪念的一天。他们缔结的美好姻缘进一步加深了两国人民的深厚友谊,促进了两国之间经济、文化和政治的交流,此后双方交往频繁,使者往来不绝。吐谷浑王国与大唐的关系更加亲密了,两国人民的心也走得更近了。

二、甥舅之国

时隔一年,唐贞观十五年(吐谷浑诺曷钵六年,641年)正月,继弘化公主远嫁吐谷浑之后,唐朝的文成公主从长安出发,经凤翔、秦州(治今甘肃天水)、狄道(治今甘肃临洮)、河州,从炳灵寺渡黄河入鄯州境内龙支城,再沿湟水西行到了鄯城(今青海西宁)。然后从鄯城出发,向西翻越赤岭(今青海日月山),进入吐谷浑境内,千里迢迢来到了瑰丽而神奇的青藏高原。唐太宗下诏给诺曷钵，命令他整治沿途道路，整饰行宫，迎送文成公主。弘化公主离开家乡将近一年了，虽然在诺曷钵可汗的精心呵护下，她已经逐渐适应了这儿的生活，与夫君建立了深厚的感情，可是，只要想起远在长安的家和亲人，沉浸在新婚甜蜜之中的弘化公主仍然禁不住黯然神伤，常常一个人躲起来流泪。这次，一听说文成公主远嫁吐蕃，要经过吐谷浑王国，弘化公主真是高兴极了，她催促诺曷钵可汗及早做好准备，并一反常态地事事都要过问，深恐有招待不周的地方。

吐谷浑人在辽阔的草原上扎起了一座座帐篷，准备了盛大的宴会和歌舞，探听唐朝送亲队伍行程的使者一趟趟地飞马来报。在大家的翘首企盼之下，送亲的队伍终于出现在人们的视野中。只见文成公主、江夏王李道宗和吐蕃的迎亲大臣禄东赞走在队伍的最前面，诺曷钵可汗、弘化公主和王公大臣们急忙迎上前去。弘化公主见到了自己的宗族姐妹，抑制不住激动的心情，竟然三步并做两步，走在了最前头，她伸出双手，紧紧地拉住了文成公主的手。两个命运和使命相同的公主在异乡相逢，泪眼相望，心里别是一番滋味。

吐谷浑与吐蕃王朝很早就有往来，其交往最早可追溯到吐蕃王朝的前身雅隆悉补野小邦时代。松赞干布的曾祖叫仲年德如，祖父叫达日年色。达日年色王的眼睛先天失明，大臣们依据仲年德如王临终时的遗言，从吐谷浑王国请来了一位医术高明的大夫，治好了达日年色王的眼睛。据《贤者喜宴》记载，松赞干布之子恭松恭赞十三岁执政，曾娶吐谷浑妃蒙洁墀嘎。①《藏王世系明鉴》中也说松赞干布的孙子莽伦莽赞的母亲是吐谷浑公主。②说明松赞干布时吐谷浑王室曾与吐蕃王室联姻，两国结成了甥舅之国，吐谷浑王国的可汗将公主蒙洁墀嘎嫁给了松赞干布的儿子恭松恭赞。那时候，吐蕃王朝常从吐谷浑王国贩运食盐，两国的联系非常密切。吕建福认为，伏允可汗的太子尊王亡国后流亡在外，归附了称雄于西北的吐蕃，他慑于吐蕃的强大以及为了利用吐蕃势力返回国土，献出了自己的属部象雄和牦牛苏毗，因此得到了吐蕃的信任。而吐蕃文献中的达延莽布支，很可能就是在外客居称汗的尊王。达延莽布支后来娶了吐蕃公主墀玛伦为妃，生了个儿子叫达延墀

---

① 黄颢:《〈贤者喜宴〉摘译》(三),《西藏民族学院学报》1981 年第 2 期。
② 张琨:《敦煌本吐蕃纪年之分析》,李有义、常凤玄译,《民族史译文集》第 9 辑,北京:科学出版社,1981 年,第 63 页。

松①,因此吐蕃人称其为"垄达延墀松"。"垄",吐蕃语,是"外甥"的意思,吐谷浑王国与吐蕃结成了亲上加亲的甥舅之国,但由于吐谷浑王国局势的复杂化,以及吐蕃向青海方向扩张,极大地损害和威胁到吐谷浑的利益,其甥舅关系蒙上了一层浓厚的阴影,造成了吐谷浑与吐蕃之间的诸种摩擦,双方关系日趋恶化,也引发了吐谷浑王国内部不稳定因素的产生。

达延莽布支及其儿子念念不忘返国,而诺曷钵统治下的吐谷浑王国内也有一部分人在暗地里拥护他们。当时把持国政大权的丞相宣王就是其中的实力派人物,他专权跋扈,对诺曷钵制定的积极与唐朝结盟、依附于唐朝的国策极为不满,一直在暗中寻找机会投靠吐蕃。唐贞观十五年(诺曷钵六年,641年),在诺曷钵和弘化公主为文成公主一行举行盛大的欢迎仪式后不久,宣王就开始蠢蠢欲动了。他假称要祭山神,私下里招募兵力,打算借诺曷钵和弘化公主出王廷祭山神的机会,袭击弘化公主,挟持诺曷钵投奔吐蕃。不料事情做得不机密,他们的阴谋传到了诺曷钵的耳朵里。诺曷钵知道这个情况后,大惊失色,带着弘化公主连夜出走,飞骑直奔唐朝

---

① 吕建福:《土族史》,北京:中国社会科学出版社,2002年,第113—114页。

的鄯城县（今青海西宁市）。吐谷浑王国的威信王是拥护诺曷钵的亲唐派，他急忙率兵迎护。在他的保护下，诺曷钵和弘化公主才得以顺利逃脱。唐朝的鄯州刺史杜凤举得知消息后，速派果毅都尉席君买与威信王合兵，一起袭击宣王，杀死了其兄弟3人，沉重打击了吐谷浑国内的亲吐蕃势力。诺曷钵出走，宣王被杀，吐谷浑王国群龙无首，老百姓不知道发生了什么事，乱成一团。唐太宗见吐谷浑王国纷扰不平，就派户部尚书唐俭、中书舍人马周持节前去安抚，吐谷浑王国的局势才逐渐稳定下来。

诺曷钵自从和弘化公主成亲后，对唐朝的态度格外恭谨，他年年都派使者到长安朝贡，进献国内的牛马等土特产。唐贞观二十一年（吐谷浑诺曷钵十二年，647年），唐太宗派左骁卫大将军阿史那社尔、右骁卫大将军契苾何力等讨伐西域龟兹（今新疆库车县东）时，命令西北地区的3个属国突厥、吐蕃、吐谷浑配合唐军一起征讨龟兹国。唐贞观二十三年（吐谷浑诺曷钵十四年，649年），唐太宗去世。但因路途遥远，等消息传到吐谷浑王国时，唐太宗的葬礼已经举行过了。可诺曷钵和弘化公主仍然哀伤不已，他们在王宫内摆下了庄严的祭堂，率王公大臣行吊唁之礼。唐人也将诺曷钵的石像陈列在太宗的陵墓

（即昭陵，在今陕西礼泉）之前，让诺曷钵的石像永久地陪伴唐太宗的英灵。

唐高宗李治即位后，为表示祝贺，诺曷钵派人献上了大批骏马。唐高宗封他为驸马都尉，赏赐了40段丝帛。唐永徽二年（吐谷浑诺曷钵十六年，651年），诺曷钵挑选了王国中最好的千里马，派使者千里迢迢送到长安。唐高宗见吐谷浑王国献上的千里马雄健神骏，气度不凡，十分喜爱，就向使者询问千里马的品种。使者回答说："这就是闻名遐迩的'青海骢'，可汗从马群中挑选了最好的'青海骢'，让我们献给皇上。"唐高宗听了后，正色说："好马是人人都所喜欢的，我不能夺人所爱，这马你们还是带回去吧，替我谢过你们可汗的美意，就说我心领了。"见唐高宗如此宽厚仁爱，诺曷钵顿起敬重之心。次年，他又两次派使者到长安朝贡。唐永徽三年（吐谷浑诺曷钵十七年，652年），离开长安已12年的弘化公主难耐思乡之情，向高宗提出了回朝省亲的要求。唐高宗同意了弘化公主的请求，还特地派左骁卫将军鲜于济去迎接公主回长安。诺曷钵可汗陪弘化公主一起赶赴长安，为长子慕容忠请婚。十一月，弘化公主和诺曷钵抵达长安。弘化公主是唐朝远嫁边疆少数民族地区的15位公主中唯一回长安娘家省亲的一位，唐高宗对她礼遇有加，十分友爱，并同意了她和诺曷钵的求婚，将会稽郡王李道恩的第三个女儿封为金城县主，许给了诺曷钵和弘化公主的长子慕容忠（《新唐书》又作"苏度模末"）。唐麟德元年（吐谷浑诺曷钵二十九年，664年），慕容忠与金城县主完婚。唐高宗还给慕容忠封了左领军卫大将军的官职，让他宿卫京师。后来，弘化公主给自己的次子良汉王慕容宝（《新唐书》又作"哒卢模末"）娶了金明县主为妻，唐高宗封慕容宝为右武卫大将军，宿卫京师。唐高宗接二连三地与吐谷浑联姻，目的是为了巩固诺曷钵的统治地位，进一步扩大唐朝在吐谷浑国内的影响，以扼制吐蕃东扩的步伐。缔结了这两门亲事之后，吐谷浑和大唐的关系变得更加亲密了，两国的经济、文化、政治交流也更加频繁。

吐谷浑和大唐、吐蕃都结成了亲上加亲的甥舅之国，在较长的一段时间内，吐谷浑王国与大唐、吐蕃的关系十分紧密，不但王室之间的交往非常频繁，连老百姓都彼此非常亲密，友好地视对方为"舅舅"或"外甥"。就三国的统治者来说，松赞干布的变化十分明显，他自迎娶文成公主后，一直以娶到"大唐公主"为荣，逐渐改变了对唐朝和吐谷浑的敌对态度，恢复了与大唐和吐谷浑之间的友好关系。在他此后在位的日子里，唐、吐蕃和吐谷浑之间不但一直相安无事，而且相互间的友好交往还得到了进一步的发展。可以说，这极其可贵的10年和平时光是两个娇弱而美丽的女子为大家争取来的。文成公主和弘化公主在大唐、吐蕃和吐谷浑之间架起了和平的桥梁，为三个国家和民族的和平交往与发展作出了不可磨灭的贡献。

三、禄东赞攻灭吐谷浑国

吐谷浑王国与吐蕃友好相处的情形持续了近10年。唐贞观二十三年（吐谷浑诺曷钵十四年，649年），吐蕃一代英王松赞干布去世，因其太子早逝，赞普的王位由其孙子芒松芒赞继承。芒松芒赞年龄幼小，国家大权落到了大相禄东赞手中。禄东赞是吐蕃有名的大伦（即丞相），为人聪明果断，是位栋梁之才，号称"吐蕃第一智囊"。他掌权之后，对内征收赋税，制定法规，大力发展生产，对外则施行扩张政策，兼并弱小，一心要与大唐帝国一争高下。

早在松赞干布执政的时候，吐蕃君臣们就对国势衰弱的吐谷浑王国虎视眈眈，后来因松赞干布迎娶文成公主，双方的关系有所改善，吐蕃王朝停止了进攻吐谷浑王国的步伐。但这只是暂时的延缓，吐蕃王朝从来没有放弃过吞并吐谷浑王国的意图。雄才大略的禄东赞掌权后，又重新调整了对吐谷浑的政策，开始实施征服吐谷浑王国的战略。而芒松芒赞赞普是吐谷浑公主蒙洁墀嘎之子，蒙洁墀嘎母子一向对达延莽布支及其儿子达延墀松宠信有加。因此，芒松芒赞继承了赞普之位后，对颇有政治才能的达延莽布支委以重任，任命他为大伦。达延莽布支在外流亡多年，念念不忘的就是要返回故地，从诺曷钵手中夺取王国的汗位和权力。他与禄东赞虽然出发点和目的都不一样，但采取的手段却是一样的，即都企图用兵力颠覆诺曷钵执政的吐谷浑王国。随着吐蕃的日益强盛和达延氏势力在吐蕃的逐渐强大，吐谷浑王国内部以大臣素和贵为首的亲吐蕃势力的气焰又渐趋高涨，他们背着诺曷钵与达延莽布支加强了联系，准备等时机一到，就迎达延莽布支回来继位。

唐永徽二年（吐谷浑诺曷钵十六年，651年），禄东赞执掌国政时间不长，就迫不及待地派兵北扩东掠，向四周扩张吐蕃的势力范围。这一时期，吐谷浑与吐蕃之间相互攻伐，战事不断。为了取得唐朝的支持，两国还同时向唐高宗上书，指责对方的不是，要求唐朝派兵支援。唐高宗虽然偏向吐谷浑，但为了表示公正，他违心地保持了中立的态度，对两国的互相指责不置可否。他的这种态度无疑助长了吐蕃的扩张势头。吐蕃向唐朝上书，本来就是缓兵之计，其目的是阻止唐朝出兵援助吐谷浑。见高宗保持中立，吐蕃君臣们感到正中下怀，他们加快了吞并吐谷浑王国的步伐。

禄东赞善于用兵，为了减少伤亡和敌方的抵抗，他预先使用了攻心战术，声称其出兵的目的是扶持达延莽布支另立汗庭。此举有效地瓦解了吐谷浑王国的民心和兵力，吐蕃军进军比较顺利，一直打到了吐谷浑王国的后方根据地——白兰（今以鄂陵湖、扎陵湖为中心的地区，西端延及柴达木盆地东南缘）。早在300多年前吐延在位之时，白兰就已是吐谷浑人的大后方了，那里地处偏远，人迹罕至，自然条件极其恶劣，只有熟悉情形的本地人才能在那里勉强生存。从叶延开始，每当吐谷浑王国遭遇外敌进攻，形势危急的时候，历代吐谷浑王就跑到白兰躲起来。而来自内地的士卒因高原缺氧反应，往往无力深入，从而使吐谷浑王死里逃生，多次逃过了追杀。相对来自内地的士卒来说，吐蕃人是青藏高原上的土著居民，身体强壮，骁勇善战，根本不存在水土不服、缺氧反应的问题,所以他们长驱直入,一直打到了白兰附近。禄东赞对吐谷浑王国的情况比较了解,他深知要征服吐谷浑王国,首先必须攻占白兰,断其后路,才能一劳永逸地让吐谷浑王国从人们的视野中彻底消失。唐显庆元年(吐谷浑诺曷钵二十一年,656年)冬季,禄东赞不顾严寒,亲自率领12万大军进攻白兰。战争进行得非常激烈,吐蕃军苦战了三天三夜,先遭失败,后反败为胜,最终占据了白兰。禄东赞占领白兰之后,就让达延莽布支在白兰建立了隶属吐蕃的政权,统领旧有土地和部民。这样一来,吐谷浑王国的领土事实上被一分为二。①

白兰失守,吐谷浑王国失去了最后一道屏障,诺曷钵可汗意识到了问题的极端严重性,不禁忧心似焚。他再次向唐朝上书控告吐蕃的扩张行为,唐高宗依然摆出一副和事佬的架势,轻描淡写地责问了吐蕃使者两句就完事了。唐显庆四年(吐谷浑诺曷钵二十四年,659年),禄东赞再次前往吐谷浑,达延莽布支率领8万大军在乌海(今青海玛多县冬给措纳湖,又名托索湖)一带与唐军对峙。达延的军队声势浩大,一个劲地向唐军挑战;唐军自知不敌,严密防守,不出来与之交战。达延莽布支见唐军不

---

① 吕建福:《土族史》,北京:中国社会科学出版社,2002年,第136页。

敢出来作战,便产生了轻敌之心,与手下的将士们设宴饮乐,喝得烂醉如泥。没想到唐军夜深后派出了1000人组成的敢死队发动偷袭,达延莽布支的军队被杀了个七零八落,许多人在睡梦中被唐军砍掉了脑袋。唐军以少胜多,达延莽布支惨败后气恨不已,吐血而亡。达延莽布支死后,他的儿子达延墀松继承了他的汗位,继续向吐蕃纳税称臣,并积极配合吐蕃进攻吐谷浑王国。

唐龙朔三年(吐谷浑诺曷钵二十八年,663年),禄东赞向吐谷浑王国发动了大规模进攻。诺曷钵知道此战关系国家的存亡,因此投入了吐谷浑的全部精锐部队,严阵以待。两军对峙之际,吐谷浑国内的素和贵等亲吐蕃派的大臣们处处对诺曷钵阳奉阴违。诺曷钵早知素和贵等人怀有二心,见他们在国家危难之时还如此执迷不悟,不禁十分恼怒,下决心要惩办作战不利的素和贵。素和贵早在诺曷钵身边安插了耳目,他得到密报后连夜出逃,径直投奔了禄东赞。禄东赞正为战事进展得不顺利而愁眉不展,一听素和贵来投奔,大喜过望,一反常态地亲自迎出帐门。素和贵如丧家之犬凄惶来投奔,见禄东赞对自己如此礼遇,感激涕零之余,不仅将吐谷浑军队的虚实全部告诉了禄东赞,他还出谋划策说:"诺曷钵后方空虚，其老弱病残、粮草都留在青海湖以北，大相如果在正面吸引其主力，然后派一支奇兵去袭击诺曷钵的后方，端掉他的老窝，诺曷钵的阵脚必乱，吐蕃军必胜。"禄东赞采用了素和贵的计谋，使诺曷钵后院起火，军心大乱，粮草也供给不上，在黄河边上的决战中一败涂地，全军覆没。吐谷浑王国350多年的基业就此毁于一旦。

诺曷钵见大势已去，深知自己无力回天，于是长叹一声，带着弘化公主和儿女及亲信几千帐直奔唐朝的凉州而来。五月的青海草原绿草茵茵，一派春和景明的气象。诺曷钵和弘化公主一路飞奔逃命，看着脚下这片本属于自己的大好江山已沦入了吐蕃的手里，不禁心如刀绞。诺曷钵可汗木着脸，一言不发地纵马前奔，弘化公主坐在车上一边擦拭泪水，一边对儿女们说："你们睁大眼睛看好了，这是你们的国土，有朝一日，你们一定要回来重振祖先的基业。"诺曷钵虽然不说话，却一直在心里盘算着向唐朝借兵的事，他认为只要唐朝答应出兵，自己复国便是指日可待之事。他和弘化公主都以为自己只是暂时地离开自己的王国，却没想到这一去，家园便离他们有千里之遥了。他们终其一生都没能再踏上故土一步，其子孙后代也一直在唐朝的国境内四处漂泊，直到最后在历史舞台中销声匿迹。

诺曷钵和弘化公主逃到凉州后,急忙派使者向唐高宗告急求援。但这一时期,吐蕃策反了西域的龟兹(今新疆库车县东)、疏勒(西域城国,都疏勒城,今新疆喀什)等地,这些地方的亲吐蕃派势力掀起了声势浩大的反唐叛乱,西域形势大变,唐高宗正为此而忧心。得知吐谷浑亡国的消息后,暂时对吐蕃未进行反击,只下令任凉州都督的郑仁泰为青海道行军大总管,率领右武卫将军独孤卿云、辛文陵等在凉州、鄯州一带屯兵防守,防御吐蕃进攻,又任命左武侯大将军苏定方为安集大使,节度诸军,安定局势。当年十一月,郑仁泰病死,苏定方按高宗的指示进行调解,试图使吐蕃和吐谷浑和睦相处,没有采取有效措施及时救助吐谷浑。

诺曷钵出逃后,吐蕃占据了吐谷浑王国的全部土地。禄东赞为了求得唐朝的承认和支持,派论仲琮出使唐朝,向高宗陈述吐谷浑的"罪状",又装作大度的样子,表示要与诺曷钵和解,请求再次与吐谷浑和亲,还要求唐朝允许他们在赤水(约在今青海兴海县境)一带畜牧。吐蕃是得了便宜还卖乖,唐高宗气恼不已,不仅一口回绝了吐蕃使者的无理要求,还特地派左卫郎将刘文祥出使吐蕃,向芒松芒赞赞普宣读诏书,责备吐蕃的扩张行为。

四、诺曷钵背井离乡

吐谷浑王国被吐蕃攻灭后,唐高宗只是口头上抚慰了诺曷钵夫妇一番,对吐蕃也仅仅是轻描淡写地下诏书责备几句了事,并没有采取任何帮诺曷钵复国的行动。诺曷钵本来是怀着满腔希望来投奔唐朝的,他和弘化公主客居在凉州,度日如年,翘首企盼唐朝早日出兵。可是唐朝迟迟没有行动,诺曷钵夫妇不禁大失所望。诺曷钵整天唉声叹气,愁眉不展,弘化公主则忙着给亲朋好友写信,请求他们给唐高宗进言,让唐朝出兵帮助吐谷浑复国。

吐谷浑王国灭亡,其实对唐朝也是一个沉重的打击。唐朝的西域、河西及陇右之地直接面临着吐蕃的严重威胁,吐谷浑亡国,等于唐朝丧失了一道有力的屏障。唐高宗一方面是碍于情面,觉得唐朝作为宗主国有保护自己属国的责任,另一方面是渐渐意识到了问题的严重性,觉得吐谷浑的灭亡对唐朝不利。因此,在拖延了近3年之后,他才开始采取措施,准备帮诺曷钵复国。唐乾封元年(吐谷浑诺曷钵三十一年，666年）五月，唐高宗封诺曷钵为"青海王"，明确了要帮诺曷钵重返青海故地的意图，这也是唐朝发出的准备用武力驱逐吐蕃出吐谷浑故地的一个信号。

唐总章二年（吐谷浑诺曷钵三十四年，669年）七月，唐高宗封左卫大将军契苾何力为乌海道行军大总管，准备援助吐谷浑，但因大臣们对这一行动有异议，未能成行。这年九月，唐高宗下令将内附的诺曷钵及其部众迁移到凉州南部的祁连山一带居住。诺曷钵听到消息后十分高兴，下令部众们做迁移的准备，在漫长的等待中他似乎看到了一丝希望的亮光。但这时，有些唐朝大臣担心吐蕃放不过诺曷钵，害怕吐蕃人前来袭击，对诺曷钵迁居之事提出了异议。于是，唐高宗召集左相姜恪、右相阎立本、左卫大将军契苾何力、司戎少常伯崔余庆、左卫将军郭待封、司元少常伯许圉等朝廷重臣进行朝议，讨论是否先发兵攻打吐蕃及如何安置诺曷钵及其部众等问题。

在朝议中，右相阎立本率先进言，他忧心忡忡地说："从去年开始，国内雨水稀少，粮价急涨，民间饥乏，如远征吐蕃，必将雪上加霜，增加百姓的忧劳，以臣愚见，不可出兵。"左卫大将军契苾何力一心想建功立业，提出了以逸待劳的建议，他说："吐蕃远在西边，路途遥远，臣担心我军一到，吐蕃人就会遁走，那时山路险远，军队的粮草供给跟不上，难以深入追击。还不如等到开春，那时，吐蕃必定会来进逼吐谷浑。如果他们真的来了，臣请皇上不要救援。如此一来，吐蕃认为我们不足为惧，就会骄矜起来，到时我军可一举而歼之。"左相姜恪为人忠厚，他不同意契苾何力的说法，他说："吐谷浑是我朝的属国，他们归附的日子已经久了，没有战斗力，吐蕃如乘胜威逼，吐谷浑肯定抵御不了，如我军不去救援，吐谷浑必定会灭亡。如此一来，不仅边境不得安宁，还有损圣德和国威。以臣之见，应拯恤吐谷浑，使其得以复国，然后大举出击吐蕃。"众大臣各执己见，争论了很久，谁也说服不了谁，唐高宗也没有一定的主见，出兵一事就又搁置下来了。诺曷钵部迁移的事情也就此作罢。

就在唐朝君臣优柔寡断、欲行又止的时候，唐咸亨元年（吐谷浑诺曷钵三十五年，670年）四月，吐蕃向唐朝的西域发动了强大攻势，攻陷了唐在西域设置的18州，并联合于阗攻陷了唐在西域的统治中心龟兹拨换城（今新疆阿克苏）。唐朝在西域的统治彻底崩溃，被迫撤废了安西四镇——龟兹（今新疆库车县东）、于阗（今新疆和田）、疏勒（今新疆喀什）、碎叶（在今吉尔吉斯斯坦首都比什凯克以东的托克马克市附近）。吐谷浑王国在西域的鄯善、且末之地，也被吐蕃占领。唐朝朝野为之震动，唐高宗大怒之下，终于下定了出兵的决心，他封战功赫赫的一代名将右威卫大将军薛仁贵为大元帅，任命薛仁贵为逻娑道行军大总管，左卫员外大将军阿史那道真和左卫将军郭待封为副元帅，率领5万大军远征吐蕃，护送诺曷钵返国，唐朝大军到达鄯州后又增加到了10余万。在这次战役中，吐蕃大将钦陵（禄东赞之子）集结了40万大军来战，其中不乏吐谷浑降部。吐蕃军声势浩大，占尽了天时、地理、人和之便利，而唐军不仅不明山川地势情况，还发生了将帅失和的事件。

薛仁贵率军从鄯州鄯城（今西宁）向西，进军到了大非川后，以大非川为大本营，留下副师郭待封率2万兵将设置栅栏守护辎重粮草，嘱咐他不可轻易离开，自己则打算乘吐蕃军队还未做好充分准备之前，率领主力轻装突击乌海。之后，薛仁贵率领主力先行出发，到了积石河口（今青海玛多），突袭吐蕃获胜。正在唐朝大军士气高涨之际，一直自认为比薛仁贵高明，不甘屈居其之下的副帅郭待封害怕薛仁贵再立战功，将统帅的军令抛之脑后，贪功冒进，带着大量辎重缓慢行军，结果遭到了20万吐蕃大军的围攻，唐军的辎重粮秣全部被吐蕃截获。薛仁贵后援不继，被迫退守大非川，吐蕃大将论钦陵乘胜追击，调集了40万大军在大非川对唐军进行围攻，唐军进退失据，寡不敌众，以致全军覆没。薛仁贵、阿史那道真和郭待封3名正副元帅全部被俘，不得已和钦陵签订了和约，才狼狈不堪地得以生还。薛仁贵惨败大非川，对唐朝是一个巨大的损失，从此，唐高宗不但没能遏制吐蕃继续东扩的目的，还使其进一步巩固了之前所占领的吐谷浑国土，而吐谷浑依靠唐朝力量复国的希望也就此永久破灭了。

在经过了7年漫长的等待后，诺曷钵和弘化公主终于等来了唐朝出兵的这一天，他们欣喜若狂，认为这一次复国有望了。可是他们等来等去，等到的却是薛仁贵兵败大非川的消息。初闻噩耗，诺曷钵犹如被迎面浇了一盆凉水，打了个冷战。他呆了半响，才有气无力地说："时不我与，奈何！奈何！"诺曷钵万念俱灰，就此大病了一场，他和弘化公主彻底打消了复国的念头，病好后，诺曷钵再也不提复国一事了。

为了安抚复国无望的诺曷钵，唐咸亨三年（吐谷浑诺曷钵三十七年，672年）二月，唐高宗下令将诺曷钵及其部众迁到鄯州浩门河（今青海大通河）南居住，并在这里设羁縻府——合门府，隶属凉州都督府。可是，这片地方邻近吐蕃，地方又狭小，诺曷钵颇有怨言。于是，时间不长，唐高宗又将诺曷钵及其部众迁到了灵州（治今宁夏灵武南），在灵州境内设置了安乐州（在今宁夏中卫市）和长乐州（在今宁夏同心县），安置内附的吐谷浑部众，并任命诺曷钵为刺史。取州名为安乐与长乐，意思是要诺曷钵及其部众安居乐业。

大非川之败后，诺曷钵不再存复国之念，但唐高宗并没有就此改变大举讨伐吐蕃的政策，也没有停止对吐蕃掠夺吐谷浑土地之事的谴责。唐咸亨四年（吐谷浑诺曷钵三十八年，673年），吐蕃派大臣论仲琮出使唐朝，唐高宗在召见仲琮时直言不讳地责问他道："吐谷浑与吐蕃是甥舅之国，素和贵背主叛逃，吐蕃收留了他不说，还攻灭吐谷浑，夺占其土地，是何道理？朕派薛仁贵送慕容氏返国，你们吐蕃又伏击我军，还攻略我凉州，这又怎么说？"仲琮经常出使唐朝，善于应对，他谦恭地说："臣只是奉命朝贡，军旅之事，并非是臣所能知道的。"高宗拿他没办法，只好降低接待的规格，以示惩罚。唐上元二年（吐谷浑诺曷钵四十年，675年），吐蕃派大臣吐浑弥到唐朝请和，并要求与吐谷浑重修邻好关系。

吐浑弥是投降吐蕃的吐谷浑贵族，唐高宗没有允许。

因苦于没有与吐蕃作战的良将，唐仪凤二年（吐谷浑诺曷钵四十二年，677年）十二月，唐高宗特地发布《令举猛士敕》，在敕书中历数吐蕃侵占吐谷浑土地、围攻唐朝边境、抢夺羊马等罪行，向天下广求勇士，宣布要向吐蕃进军。与此同时，唐高宗任命中书令李敬玄为洮河道大行军总管兼安抚大使，率军攻打吐蕃。唐仪凤三年（吐谷浑诺曷钵四十三年，678年）初，李敬玄在龙支（今青海民和县）打败吐蕃军。当年九月，李敬玄和工部尚书、右卫大将军刘审礼率18万大军与钦陵在青海湖周围决战，结果唐军兵败，刘审礼被俘，李敬玄狼狈逃走，退守承风岭。后来，唐朝的左领军员外将军黑齿常之率500人的敢死队夜袭吐蕃军营，李敬玄才得以带着剩下的兵将返回了鄯州，唐高宗因此封黑齿常之为河源军（今西宁附近）经略副使。唐永隆元年（吐谷浑诺曷钵四十五年，680年），钦陵的弟弟赞婆和原吐谷浑大臣素和贵率领3万大军攻打河源军，吐蕃屯兵于良非川（今恰卜恰河），后来被黑齿常之击退，唐高宗封黑齿常之为河源军经略使。据《资治通鉴》记载：黑齿常之"以河源冲要，欲加兵戍之，而转输险远，乃广置烽戍七十余所，开屯田五千余顷，岁收五百余万石,由是战守有备焉"。此后,唐与吐蕃在青海的势力互有消长,战争胜负大略相当,处于相持阶段。

唐嗣圣四年、武后垂拱三年(吐谷浑诺曷钵五十三年,688年),背井离乡之后一直处在颠沛流离之中的吐谷浑可汗诺曷钵去世,他的儿子慕容忠被封为"青海国王",并继承了诺曷钵的可汗称号。从诺曷钵开始,慕容氏频繁地与唐宗室、外戚或门第较高的汉族官僚通婚,而其子弟依照唐朝对入居唐境的少数民族首领的惯例,从童年时就入侍宫廷,按军功及考绩升迁。唐朝对吐谷浑王族十分优待,特别恩准诺曷钵的子孙世代继承"青海国王"的封号与爵位。继慕容忠之后,袭封者依次有慕容宣超、慕容曦光、慕容兆和慕容复。唐德宗贞元十四年(789年),慕容复仍被封为"青海国王",一直到慕容复死后才停止袭封,吐谷浑的王统在亡国后又延续了100余年后才断绝。这支内迁的吐谷浑王族慕容氏念念不忘返回故乡,由于家园被吐蕃占据,他们无法返回故土,只好退而求其次,把与吐谷浑故地隔山相望的凉州南山阳晖谷(即今甘肃武威市南青嘴喇嘛湾)作为了自己的祖茔。凡是在内地死去的慕容一族,大都由其子孙不辞辛苦迁到阳晖谷旁的各个山岗上安葬,其墓门无一例外地朝向南面,以便远眺山那边的吐谷浑故地。亡国后的吐谷浑王族到死都在"望乡",可在生前,他们漂泊的脚步怎么也走不到那片近在咫尺的土地,就只好让自己死后的灵魂回到祖先的身旁,用灵魂的无羁去触及那片令他们梦魂牵绕的土地了。

后王国时代的吐谷浑

一、离井背乡的吐谷浑王族

吐谷浑王国灭亡后,史书对其王族的活动记载极为简略,难以窥知其之后的发展。20世纪以来,在今河南洛阳、陕西西安、甘肃武威、河北磁县、宁夏同心等地,先后出土了一批吐谷浑人的墓志,约二十方。[①] 其中,甘肃武威地区的吐谷浑墓葬较多。20世纪40年代和20世纪80年代曾在武威市南青咀湾和喇嘛湾陆续发掘了大唐金城县主、慕容曦光及弘化公主、青海国王慕容忠、武氏墓、李深墓等9座唐早、中期吐谷浑王族墓葬。2019年,甘肃武威市天祝祁连镇岔山村又出土了武周时期吐谷浑王喜王慕容智墓。随墓葬呈现在人们面前的墓志在一定程度上填补了历史文献对吐谷浑亡国后的记述空白,给人们留下

---

① 周伟洲:《吐谷浑史》,北京:商务印书馆,2021年,第236页。

了关于唐代吐谷浑王族灭国后活动踪迹的珍贵史料。

唐垂拱四年（诺曷钵五十三年，688年），诺曷钵去世后，由其与弘化公主的长子慕容忠袭爵。弘化公主在武周时被赐武姓，改封"西平大长公主"，于武周圣历元年（吐谷浑宣超一年，698年）在灵州（今宁夏灵武一带）东衙私宅病逝，享年76岁，死后葬于凉州南阳晖谷冶城之山岗（今甘肃武威市凉州区南山青嘴湾和喇嘛湾），也就是吐谷浑王族慕容氏的祖茔地，其墓葬遵循了吐谷浑王族夫妇异穴合葬的独特葬俗，没有与诺曷钵合葬，而是"别建陵垣，异周公合葬之仪，非诗人同穴之咏"，葬在离诺曷钵大可汗陵所在的岔山村约有15公里远的青嘴湾。根据史书和墓志记载，诺曷钵至少有5个儿子2个女儿[①]，目前已知的有他与弘化公主生的长子成王慕容忠、次子良王慕容宝、三子喜王慕容智、五子宣王慕容万[②]，次女成月公主。诺曷钵儿女的"王""公主"称号不是唐朝封的，应该是吐谷浑王国内部自封的。

慕容忠约生于贞观二十二年（吐谷浑诺曷钵十三年，648年），墓志记载他"童年入侍"。永徽三年（吐

---

① 李浩：《新见唐代吐谷浑公主墓志的初步整理研究》，《中华文史论丛》2018年第3期。
② 《大周故西平公主墓志》中有"嗣第五子右鹰卫大将军、宣王万等"句，可知弘化公主的第五个儿子是宣王慕容万，曾任右鹰卫大将军。

谷浑诺曷钵十七年，652年），诺曷钵和弘化公主到长安给慕容忠请婚，唐高宗下诏许婚，年幼的慕容忠可能就在这一年随父母到长安，后留居在长安为侍子。麟德元年（吐谷浑诺曷钵二十九年，664年），慕容忠娶金城县主李季英为妻，婚后不久被封为"左威卫将军"，后来又被封为"镇军大将军、行左豹卫大将军"，并袭封"青海国王、乌地也拔勒豆可汗"。金城县主是唐朝宗室女，交州大都督、会稽郡王李道恩的第三个女儿，她22岁出嫁。据墓志记载，慕容忠与其母亲弘化公主死于同一天，享年51岁，又同一天归葬于凉州南山。母子俩当时不是住在一起的，弘化公主住在灵州东衙私宅，慕容忠住在城南浑牙之私宅，二人同一天去世，应不是历史的巧合，可能有不寻常的事发生，但史书没有记载，其事由已无处追寻。慕容忠的妻子金城县主比丈夫长寿得多，她于开元六年（718年）去世，享年76岁，死后葬于凉州南阳晖谷北岗。

根据陕西夏州丝绸之路博物馆藏的《大唐兴圣寺尼成月公主氏墓志》可知，成月公主应是诺曷钵与弘化公主的女儿，卒于总章元年（吐谷浑诺曷钵三十一年，668年），享年23岁，据此推算，其应约生于贞观二十年（诺曷钵十一年，646年）。从年龄看，成月公主比慕容忠年长,应是姐姐。成月公主幼年就进入长安兴圣尼姑寺修行,后病死在寺内,葬于明堂县(今陕西西安长安区)少陵原。① 兴圣寺是由唐高祖李渊的旧居改建的尼姑寺,唐太宗时立寺,其寺主法澄原是唐太宗第七子蒋王李恽的次妃,因罪被籍没。兴圣寺地位特殊而尊贵,与唐王朝的皇室关系密切。关于成月公主出家原因,周伟洲先生推测是由于其自幼体弱多病,并受唐朝佛教盛行大环境影响,其父母为其健康祈福保佑而送其入寺为尼,② 可惜父母的一片眷眷爱女之心并没能阻止公主早夭,成月公主在最美的年华与世长辞,给家人留下了无限悲伤。

根据 2019 年在甘肃天祝出土的《大周故喜王慕容智墓志》及史书中有关其父母的记载可知,慕容智是诺曷钵的第三个儿子,约生于贞观二十三年(吐谷浑诺曷钵十四年,649 年),14 岁时国中巨变,与父母部族迁至宁夏吴忠,其后到唐都长安入侍宫廷,担任禁卫军职,宿卫皇帝,其为人"沐淳和、贵诗书、践仁义",因出身高贵且尽忠职守,被封为"左领军

---

① 李浩:《新见唐代吐谷浑公主墓志的初步整理研究》,《中华文史论丛》2018 年第 3 期。
② 周伟洲:《吐谷浑史》,北京:商务印书馆,2021 年,第 245 页。

将军、云麾将军、守左玉钤卫大将军"。慕容智智勇双全,"望重边亭,誉满藩邦",于武周天授二年(吐谷浑慕容忠四年,691年)病逝,享年42岁。值得一提的是,考古工作者在慕容智墓志左侧还发现了两行利用汉字偏旁部首合成的文字,初步断定是吐谷浑文,是目前所见依据汉字创造的年代最早的游牧民族文字。①

慕容智墓葬是目前国内发现和发掘的时代最早、保存最完整的吐谷浑王族墓葬,随葬品数量众多,种类丰富,出土纺织品、彩绘陶俑、漆木器等各类随葬品800余件,其中木胡床、大型床榻、六曲屏风、列戟屋模型及以铁甲胄为主的成套武备、笔墨纸砚等文房用品以及类型多样的丝织品,皆为国内同时期同类文物首次或罕见的发现。②其中,慕容智身上穿的丝织衣物多达十四层,包括绢、绮、绫、锦、罗、纱、缂丝等传统丝织品,种类繁多,团窠纹、对狮纹、翼马纹、对鹿纹、凤纹、麒麟纹等纹样富贵华丽,夹缬、扎染、刺绣等工艺精美,不仅显示了吐谷浑王族富足奢华的生活,也反映了唐代丝绸之路的繁盛与辉煌。

---

① 甘肃省文物局:《甘肃武威唐代吐谷浑王族墓葬群》,搜狐网:https://www.sohu.com/a/526954676_121106869
② 宋雪:《甘肃发现唯一保存完整的吐谷浑墓葬慕容智墓首现"大可汗陵"》,央广网:https://baijiahao.baidu.com/s?id=1719180363696498865

慕容智墓中出土的一套装在漆盒中的毛笔、纸、墨，不仅印证了墓志中"贵诗书"的记载，反映了其有较高的汉文化修养和吐谷浑王族汉化的史实，也填补了国内无唐代出土毛笔的遗憾。慕容智墓还发现了装在银胡瓶中的唐代白葡萄酒实物遗存，这也是国内发现的年代最早的白葡萄酒，不仅真实反映了唐代的社会风尚和饮酒习俗，也显示慕容智喜好白葡萄酒，连死后都不忘将美酒带到另一个世界。此外，慕容智墓中出土的 70 余件（组）彩绘陶、木质仪仗俑群，天王、武士、男女侍俑，造型生动，制作精良，生动展现了吐谷浑王族的生活气息和王者气象，是研究吐谷浑历史的珍贵实物资料。《甘肃武周时期吐谷浑喜王慕容智墓发掘简报》认为，慕容智墓的发掘，"丰富和拓展了丝绸之路物质文化资料，对推动唐与丝绸之路沿线民族关系史、交通史、物质文化史、工艺美术史等相关领域的研究具有重要价值。"①

2021 年，考古工作者对新发现的天祝县祁连镇长岭——马场滩区 3 座墓葬进行了考古发掘，出土各类文物 290 余件，其中最重要的文物是马场滩 M2 中

---

① 甘肃省文物考古研究所、武威市文物考古研究所、天祝藏族自治县博物馆：《甘肃武周时期吐谷浑喜王慕容智墓发掘简报》，《考古与文物》2021 年第 2 期。

出土了开元二十七年（739年）《冯翊郡太夫人党氏墓志》。通过墓志可知，该处墓群为唐早中期吐谷浑蓬子氏家族墓地。墓志中有关吐谷浑蓬子氏的记载，对研究吐谷浑史、唐代军事建制、特别是安史之乱前后唐蕃战争、延州阁门府及"安塞军"的来源等一系列问题有着重要的价值。

通过持续的考古工作，考古工作者初步将吐谷浑王族墓群分为以慕容智墓为代表的岔山村区（"大可汗陵"区）、以弘化公主和慕容忠墓等为代表的青咀——喇嘛湾区（"阳晖谷"陵区）和以党氏墓为代表的长岭——马场滩区（"白杨山"陵区）三大陵区。从考古发掘来看，吐谷浑王族墓群整体呈现出"大集中、小分散"的分布特征和"牛岗僻壤、马鬣开坟""地踞龙堆"的墓葬选址特征。墓葬均具有唐代中期中原地区高等级墓葬的基本特征，以唐代葬制为主，兼有吐谷浑、吐蕃、北方草原等文化因素[①]，充分反映了吐谷浑王族逐步融入汉族的历史进程，是中华民族多元一体格局的重要实证。

武周圣历元年（慕容忠九年，698年），慕容忠

---

① 甘肃省文物考古研究所、武威市文物考古研究所、天祝藏族自治县博物馆：《甘肃武威唐代吐谷浑墓葬群》，国家文物局：http://www.ncha.gov.cn/art/2022/5/24/。

去世后，其长子慕容宣超袭爵。慕容忠有慕容宣超、慕容宣昌、慕容宣彻、慕容承福4个儿子①。慕容宣超是慕容忠与金城县主李季英之子，娶唐宗室女姑臧县主为妻。慕容宣超至少有4个儿子，依次为慕容曦光、慕容曦轮、慕容曦晧、慕容相②。据《册府元龟·外臣部·封册二》记载，武周圣历三年（吐谷浑宣超三年，700年），朝廷册封吐谷浑青海国王慕容宣超为"左豹韬员外大将军，仍袭父乌地也拔勒豆可汗"，管理归唐的吐谷浑部众。当时，唐朝派卫尉卿唐休璟去册封慕容宣超，充分展现了其对吐谷浑王室的重视。唐景龙三年（吐谷浑宣超十二年，709年），慕容宣超去世，其子慕容曦光继位，慕容曦光娶武则天侄孙女武氏为妻。根据《大唐故辅国王慕容志》记载，慕容曦光，字晟，载初元年（吐谷浑慕容忠三年，690年）生于灵州南衙，年方3岁被祖父封为观乐王，10岁时又被封为燕王。武周长安四年（吐谷浑宣超七年，704年），14岁时被朝廷封为"游击将军、守左卫豹韬翊府左郎将"。唐神龙二年（吐谷浑宣超九年，706年），转封"明威将军、

---
① 王其英：《"吐谷浑历史文化巡礼"之九：慕容忠墓志释读》，《凉州文史探绎》，2022年5月18日发布。
② 周伟洲：《吐谷浑史》，北京：商务印书馆，2021年，第241页。

行左屯卫翊府左郎将。"景龙四年（吐谷浑曦光二年，710年）被封为"五原郡开国公"。开元九年（吐谷浑曦光十三年，721年），兰池州（治今内蒙古鄂托克旗境内敖勒召其古城）粟特人康待宾领兵7万反叛，正值31岁盛年的慕容曦光率吐谷浑兵马参加了由朔方大总管王晙率领的平叛队伍，征讨叛乱，颇有功勋，被封为"左威卫翊府中郎将、冠军大将军、行左金吾卫将军、金紫光禄大夫、行光禄卿、朔方军节度副使"。开元二十六年（吐谷浑曦光三十年，738年），慕容曦光去世，享年49岁，被追封为"凉州都督"，归葬于凉州南山喇嘛湾。墓志记载慕容曦光去世后"部落叹惜，如丧考妣"，说明其在世时仍统领吐谷浑王族及其亲信部落，此时吐谷浑的王族系统仍然延续存在。而慕容曦光墓志后的铭辞由其叔父慕容承福撰写，慕容承福时任"银青光禄大夫、将作大匠、上柱国"，"将作大匠"为文官，其词文采斐然，显示出了很高的文学修养。

慕容曦光去世后，与其同为嫡子的弟弟慕容曦皓在长安为质子，长期脱离吐谷浑本部，原安乐州的吐谷浑部群龙无首。在这种情况下，朝廷于开元二十七年（739年）下诏封颇有才干的曦光庶弟慕容曦轮为"乌地野拔勤豆可汗"，兼"安乐州都督、吐谷浑使。"据《慕容曦轮墓志》记载，慕容曦轮死于唐天宝八载（749年），享年43岁，据此推算，其应生于唐中宗景龙元年（707年）。慕容曦轮开元六年（718年），年仅11岁时就受父亲慕容宣超委派到合门（今青海门源一带）从军，于开元七年（719年）被任命为"左武卫郎将、合门府都督"。开元二十年（732年），被封为"左武卫中郎将"。据墓志记载，慕容曦轮"其少也，以智谋见拔；其壮也，以雄才入选"，是个智勇双全的人。慕容曦轮任安乐州都督时间虽不长，但德威并施，在边界颇有声望。天宝元年（742年），慕容曦轮因与河西节度使王忠嗣不睦，被贬为播川郡（治今贵州遵义）烊镇将。周伟洲先生认为可能在此时，唐朝方令慕容曦光的儿子慕容兆袭其父官职。[①]天宝八年（749年），慕容曦轮被封为"房陵郡志成府别将"，不久就死于任上，两年后，其灵柩寄葬于京兆府长安县高阳原（今西安长安区郭社）。慕容兆的相关记载很少，据《郭子仪都统诸道兵马收复范阳制》中记郭子仪麾下有"蕃汉部落一万人：马军五千人、步军五千人，以御史中丞慕容兆，与

---

① 周伟洲：《吐谷浑史》，北京：商务印书馆，2021年，第249页。

新投降首领努赖,同统押充使。"① 说明上元元年(760年)6月,慕容兆率领本部跟随郭子仪参与了讨伐安史叛军的行动。

在近年出土的唐代吐谷浑墓志中,慕容环的墓志记载了其家族氏系和仕宦经历,内容较为丰富,为研究安史之乱后吐谷浑慕容氏的政治动向、在唐入仕及家族汉化情况提供了新资料,是研究吐谷浑慕容氏家族历史的珍贵文物。据《故朔方副元帅防秋兵马使金紫光禄大夫张掖郡王慕容府君(慕容环)墓志》可知,慕容环逝于贞元十七年(801年),享年48岁,以此推算,其应生于唐玄宗天宝十三载(754年)。根据志文,慕容环父亲为慕容相,字千寻,娶河南穆氏为妻,曾任太仆少卿。安史之乱爆发后,慕容相率安乐州吐谷浑本部部众东讨叛军,凯旋后被唐肃宗厚赏。慕容相于广德元年(763年)病逝于原州,死后被荣加羽葆之仪,追封为"扬州大都督",归葬于长安义阳乡南姜里,其葬仪和赐官级别在出土的吐谷浑慕容氏中是最高的,可见其功勋卓著。慕容环为慕容相的第四子,从军后18岁就被任命为千户长,后因战功相继升迁为"朔方军防秋兵马使、

---

① 〔北宋〕宋敏求编:《唐大诏令集》卷59,北京:学林出版社,1992年,第288页。

金紫光禄大夫、张掖郡王",后来,慕容环因病去职,病逝于池阳别墅,后于元和十四年(819年)迁葬于长安高阳原,由其长子已中进士的慕容汤撰写志文并书写墓志。以往出土的吐谷浑王室墓志均未记有族人参与科举,因此慕容汤可以说是吐谷浑王室入唐以后进士第一人。[①]墓志行文简练,对吐谷浑王室起源描述明确,墓志书法古朴规整,显示了慕容汤深厚的汉文化素养。

据《大唐故左领军卫大将军慕容威墓志》可知,慕容威为慕容宣彻之子,其母亲为博陵崔氏,后被封为博陵郡太夫人,娶妻封氏。封氏是魏承嗣之孙、燕国公武延寿的女儿,后被封平阳郡夫人。慕容威先后被封为"左领军大将军、长乐州奕副使",于至德元载(756年)在长乐州(今宁夏同心韦州乡境)家中去世,享年63岁。慕容威的长子慕容全承袭父职为"左领军卫大将军"。

慕容复是慕容兆的儿子,也是吐谷浑王室中最后一个承袭青海国王封号的人。据《册府元龟·外臣部·封册三》记载,慕容复曾任"朔方灵州同节度副使、左金吾卫大将军同正、兼详太尝卿",于贞元十四(798

---

① 陈玮:《新出唐吐谷浑王族慕容环墓志研究》,《中国边疆史地研究》2014年第4期。

年)十一月承袭"长乐府都督、青海国王、乌地野拔勒豆可汗"。不久,慕容复去世,唐朝对吐谷浑王族的封袭终止,吐谷浑王族的背影就此慢慢从历史舞台上消逝,史书上很难再寻觅到其后的活动踪迹。

从663年吐谷浑王国灭亡至798年慕容复袭位去世后"封嗣绝矣",吐谷浑王族在大唐历史上又活跃了一百多年。从史书记载和陆续出土的吐谷浑王室慕容氏的20几方墓志看,投归唐朝的吐谷浑王室和贵戚,多在朝廷任职,融入了唐政府的官僚体系。吐谷浑王族内迁后,其与唐朝的联姻关系进一步加强,从弘化公主、金城县主、金明县主、姑臧县主到李深[①],共有5位宗室女下嫁给吐谷浑王族。唐与吐谷浑的联姻关系,不仅局限于唐宗室女,还有外戚女和世家大族女,如慕容宣彻的妻子崔氏是官宦女,慕容曦光的妻子武氏是武则天的侄孙女等。值得注意的是,有学者认为,随着吐谷浑王族在西北边疆对抗吐蕃作用和地位下降,唐廷出适宗女、外戚女

---

① 据《大唐故夫人李氏墓志》记载"夫人讳深,陕西成纪人也",与《西平墓志》记载"公主,陇西成纪人"相同,因此有可能是唐朝嫁给吐谷浑的宗室女。李深为吐谷浑元王慕容若之妻,22岁出嫁,死于景云元年(710年),享年43岁。

的身份也逐步降低。① 但无论如何,唐朝与吐谷浑的和亲是唐与周边各族和亲史上持续时间最长、和亲人数最多的一个。这种频繁的联姻与和亲说明了唐王朝对吐谷浑王族的高度重视与认可,不仅有利于吐谷浑维持其王族慕容氏的统治地位,也在很大程度上促进了吐谷浑慕容氏融入汉族的历史进程。

二、唐代内迁的吐谷浑人

吐谷浑王国灭亡了,但其民族并没有随着吐谷浑王国的消亡而消亡,从唐、五代、北宋到元代,吐谷浑民族一直活跃在中华民族的历史舞台上。亡国后的吐谷浑部众在历代统治者的管辖和奴役下顽强生存,谱写了一曲曲悲壮的民族长歌,留下了绵绵不绝的历史余响。

唐朝统治者对少数民族的政策比较开明,他们对亡国后归附的吐谷浑部众采取了笼络政策,生活在唐朝的这一部分吐谷浑人生活开始比较安定。因此,受吐蕃管辖的部分吐谷浑部众不堪吐蕃奴役,陆续

---

① 杜林渊:《从出土墓志谈唐与吐谷浑的和亲关系》,《考古》2002年第8期。

东迁归附唐朝。唐仪凤三年(吐谷浑诺曷钵四十三年,678年),唐朝将凉州的吐谷浑迁到关内道(治长安,辖地相当于今陕西北部、甘肃东部、宁夏南部、内蒙古西部地区),设置了羁縻州浑州(在延州金明县境西,今陕西安塞王窑乡一带),对其进行安置。

武周圣历二年(吐谷浑慕容宣超二年,699年),吐蕃赞普器弩悉弄成年,因不满钦陵兄弟专权,逼迫钦陵自杀,钦陵的弟弟赞婆、儿子论弓仁率统帅的吐谷浑7000帐降唐,被唐封为"左玉钤卫将军、酒泉郡公"。同年,又有吐谷浑部落1400帐内附于唐朝。《资治通鉴》卷206记载,武周圣历四年(700年),有吐谷浑"余部诣凉、甘、肃、瓜、沙等州降"。其时,唐王朝的大臣们就如何安置这些投降的吐谷浑部众展开了争论。宰相张锡与右卫大将军唐休璟主张将吐谷浑迁到秦(治今甘肃天水)、陇(治今甘肃陇县)、丰(治今内蒙古乌拉特前旗西)、灵(治今宁夏灵武市西北)4州,让他们不得擅自离开。凉州都督郭元振则认为这种做法不妥,他建议考虑这些来投奔唐朝的吐谷浑人的思乡之情,根据他们的故乡来安置,如家乡是凉州(治今甘肃武威市)的,就安置在凉州左侧;如是从甘州(治今甘肃张掖市西北)、肃州(治今甘肃酒泉)来降的,就安置在甘州、肃州的左侧;如是从瓜州（治今甘肃瓜州县锁阳城）、沙州（治今甘肃敦煌）来降的，就安置在瓜州、沙州的左侧。武皇则天最终采纳了郭元振的意见，将归降的吐谷浑就近安置在河西诸州，除了选派官员管理河西4州的吐谷浑部，还每年派居住在安乐州的吐谷浑王族慕容氏前去巡视。

唐开元三年（吐谷浑慕容曦光七年，715年），吐谷浑大首领慕容道奴与高丽首领高文简等约万帐降唐，唐朝将他们安置在河南（今内蒙古河套等地黄河以南），并封慕容道奴为"左武卫将军兼刺史、云中郡公"。唐开元十一年（吐谷浑慕容曦光十五年，723年），居住在祁连山南、受吐蕃统治的吐谷浑，又有一部分到沙州降唐，唐玄宗下诏命令河西节度使张敬忠抚纳，并特地下诏书进行嘉奖，将其就近安置在河西。这些内附的吐谷浑，其首领大多被唐封为都督或刺史，这些官职都可以世袭，而吐谷浑部众对唐朝承担一定的徭役和兵役，虽然也记入唐朝的贡赋册籍，但他们的贡赋却可以不上交户部，所以他们的负担还是比较轻的。由于受唐朝管辖，唐朝的政令、礼教对他们的影响也比较大，尤其是其上层贵族，很快就接受了汉族的文化。

唐天宝十四年（755年），唐朝发生了"安史之乱",随着时局的动荡,吐谷浑部的迁徙及活动变得十分复杂。在"安史之乱"中,诺曷钵部居住的安乐州(在今宁夏中卫市)和长乐州(在今宁夏同心县)被吐蕃攻陷,原唐朝统治下的河西、安乐等州的吐谷浑部,又向东迁徙。因唐朝统治者自顾不暇,无法对他们进行妥善安置,故吐谷浑、党项等部在东迁的同时,不断扰掠沿途州县。到唐广德元年(763年),吐蕃控制河、陇之地后,散布在这一带的吐谷浑、党项等部变成了吐蕃东进的向导和先锋。这一年,吐蕃进攻长安时,就集结了20万吐谷浑、党项士卒。后来,郭子仪上表建议内迁吐谷浑和党项,采取将吐蕃与吐谷浑、党项分离,吐谷浑与党项分离的措施,将吐谷浑大部集中在夏州(治岩绿县,今陕西靖边县北白城子)以西的地方。这一时期,吐谷浑部众主要分布在朔方(治朔方城,今内蒙古杭锦旗北)、河东(指黄河以东今山西省境内地区)之地,他们仍以畜牧为业,各部首领有的被唐朝封为都使、都督,统率部落。唐政府经常征调他们外出打仗,而一些贪暴的藩镇、边将则随意掠夺他们的财物和牲畜。如在潞州津梁寺一带畜牧的吐谷浑李万江部善于养马,每年向唐输送马匹,得铜钱数百万,因而致富。唐武宗会昌元年(841年),泽潞节度使刘从谏觊觎李万江的万贯家财，诬告其谋反，抄斩了他的3族300余家，将其财物和牲畜掠为己有。

唐朝中后期，天德、振武一带居住着许多吐谷浑部落，每个部落都由都使、都督统帅。其时，吐谷浑最集中的地区是浑河川（今山西桑乾河上游）一带，拥有很多牛马。唐会昌二年（824年），浑河川地区的一部分吐谷浑人又南迁到了河东道的岚（治今山西岚县北）、石（治今山西离石）两州。唐末，原居于大同川的吐谷浑赫连部兴起，其首领赫连铎屡屡与沙陀李国昌、李克用父子争战，互有胜负。因赫连铎攻打沙陀部有功，曾被唐封为"云州刺史、大同军防御使"，据有云中（治今河北赤城县）等地，成了代北的一个小藩镇。蔚州（今河北蔚县）的吐谷浑部首领白义诚也被封为"蔚州刺史"。从乾符四年（877年）开始，赫连铎多次与李国昌父子争战，双方结下了很深的仇怨。因此，唐大顺二年（891年），李克用倾尽全力进攻居住在云州的赫连铎，他派大将薛阿檀为前锋，在黄河边设下了埋伏。赫连铎率精骑追击薛阿檀，到了黄河边，伏兵四起，云州城内粮尽食绝，赫连铎不得已弃城逃到了幽州（治蓟州区，故址在今北京市城区西南部的广安门附近）。不久，赫连铎引幽州的李匡威部众约8万人围攻云州，收复了云州城。唐乾宁元年（894年），李克用又发兵攻打赫连铎，赫连铎败亡，白义诚被生擒，赫连铎部从此逐渐衰弱，散处于蔚州界内。

三、五代、北宋初年内迁的吐谷浑

五代时，吐谷浑的分布大致与唐末相同，仍聚居在青海、甘肃的河西、黄河河套南北，河东的山西、河北北部等地。其中，河西的瓜州、沙州是吐谷浑人比较集中的地区。据敦煌文献记载，8世纪末至11世纪，敦煌的150姓中就有属吐谷浑的慕容、达、浑等姓。而在敦煌的莫高窟、榆林窟中精美绝伦的壁画中，也有许多姓慕容的供养人题记，他们应该就是吐谷浑慕容氏①。10世纪20年代前，河套和代北等地的吐谷浑部中有一部分被契丹所征服，成为其奴役的属部之一。而在河东、代北的吐谷浑的绝大部分，仍然受沙陀人晋王李克用父子的统治。晋王经常征调所属的吐谷浑部参加战争。

这一时期，活跃于历史舞台的吐谷浑部主要有活动在今山西省境的白承福部。白承福部是当时后

---

① 周伟洲：《吐谷浑史》，北京：商务印书馆，2021年，第155页。

唐境内人数较多、势力最大的一支吐谷浑部，他们约有数千帐，自称"吐浑"，有数千壮丁，仍以畜牧为业，生活较为安定，经常用羊马等牲畜与周围的汉族贸易，还不时以朝贡的形式向后唐献马匹和其他牲畜。白承福可能是唐末吐谷浑首领白义诚的后代，白义诚部衰亡后，散居于蔚州一带。后唐统治者对白承福等首领采取了笼络政策，后唐庄宗以中山北石门地（今河北定县太行北段），置宁朔、奉化两府，以白承福为节度使，并给他赐名叫"李绍鲁"。之后，又多次给吐谷浑首领加官晋爵。曾封白承福为"光禄大夫、检校太保，赐竭忠建策兴复功臣"，授赫连公德为"金紫光禄大夫、检校右仆射，赐忠义正卫功臣"。

从后唐天成三年（928年）到清泰二年（935年），短短的7年间，除了白承福部，还有吐谷浑首领念九、念公山、念坦、北海儿、康合毕、康万琳、李金全、姚胡等陆续向后唐进献马、驼。吐谷浑首领进献的马匹，弥补了后唐马匹供应的不足。因此，后唐统治者除了按当时的市场价格付给马价外，还额外赠送缯帛，以致吐谷浑、党项进献的羊马不绝于路，这在一定程度上促进了以养马著称的吐谷浑各部落经济的发展。

后唐时期，吐谷浑各部的生活较为安定，不时有吐谷浑部投归后唐。如长兴元年（930年），有两批吐谷浑投奔北京（今山西太原），后唐统治者将人数较多、有一千多帐的那批吐谷浑人安置在天池川静乐县（今山西静乐），另一批内附的生吐浑（指没有汉化的吐谷浑）安置在岚州。这一年，明宗还封吐谷浑首领薛冀堆为岚州刺史，赐名为"万通"。后唐清泰三年（936年），唐末帝大肆敕封吐浑白承福的将校。从相关史料看，这次受封的21人中有原属西域康国的康姓、龟兹白姓、铁弗匈奴赫连氏、鲜卑慕容氏、段氏鲜卑、羌族党氏和梁氏、汉族李氏、王氏和秦氏等。这说明自唐安史之乱以来，陆续迁入朔方、河东等地的吐谷浑各部的民族成分已变得十分复杂，他们仍然以畜牧为主要生产方式，有着共同的经济生活，对外自称"吐浑"，依附于中原或漠北所建立的政权。

后晋时，石敬瑭将燕、云十六州割让给了契丹，白承福所率吐谷浑部聚居的地区也属割让范围，因此隶属于契丹。白承福部不堪契丹统治者的严酷统治，于后晋天福五年（940年）率千余帐部众从应州（今山西应县）取飞狐道（今山西广灵南经灵丘南之道）入五台山，至镇州，投靠了后晋成德节度使（治今河北正定）安重荣。后又脱离安重荣，投归后晋朝廷，但其实际上被河东节度使刘知远所控制,被安置在太原东山及岚、石二州之间,白承福被封为大同节度使。

辽太宗因吐谷浑部归附后晋,多次派使者去责问儿皇帝石敬瑭,石敬瑭在辽朝使者面前卑躬屈膝,不停说好话替自己开解。后晋天福七年(942年)六月,石敬瑭因招纳吐谷浑不力,屡次被辽使责骂,最终忧悒而死,其侄子石重贵(晋出帝)继位。第二年九月,吐谷浑都督赫连公德、副使白可久、白铁匮等到后晋朝贡。晋出帝为了借助吐谷浑部的力量对抗辽朝,对吐谷浑部优待有加,多次召吐谷浑首领入朝,给他们赐宴赏物。遇到盛大的宴会,为了表示对吐谷浑首领的重视,还特地让他们坐在勋贵和重臣的行列中。

后晋开运元年(944年),辽国皇帝借口石重贵继位没有得到其同意,派大军南下。辽军势如破竹,一直打到了太原境内,刘知远和白承福一起聚集了2万兵力,在秀容(今山西忻县境)大败辽伟王。之后,白承福又随晋出帝和张从恩参战,在澶州(治今河南濮阳)、滑州(治今河南滑县)抵御辽军。当时,天气酷热,白承福的部下有许多人因中暑而死亡。于是,晋出帝将白承福部遣还太原,安置在岚(治秀容,在今山西岚县南古城村)、石(治在今山西吕梁市离石区)二州之间。辽军战败退回塞外。

白承福部迁到岚、石二州后不久，因白承福驭下无方，不断有将士触犯军令，部落内还发生了争夺牧马的纠纷，部落管理较为混乱。后晋开运二年（945年），白承福的部下白可久率一部分北投辽朝，又派人劝诱白承福等降辽。刘知远本就对白承福部存有戒心，听闻这个消息后十分不快，加上白承福家资巨万，奢靡无度，连饲马都用银制的马槽，刘知远便对白承福起了杀心。他先是秘密上表，说吐谷浑部反复无常，要求将其迁回内地。晋出帝听从了他的建议，将白承福部的1900人分别安置在河阳（今河南孟州市）诸州。分化削弱了白承福部的力量后，刘知远又派心腹大将郭威引诱白承福、赫连海龙、白铁匮等五族人入居太原城，然后诬蔑白承福等谋反，派士卒团团围住其住宅，惨无人道地进行了大屠杀。白承福等5家共计400余人倒在了血泊中，其财物、良马全部被抢。这是后期吐谷浑史上的一件惨案。据史书记载，当时的人们都替白承福等人惋惜，认为他们是被冤杀的。白承福等首领被杀后，吐谷浑丧失了统一的领导，凝聚力涣散，各部势力进一步衰弱。

吐谷浑余部与辽朝的联系也较为密切。10世纪20年代，辽多次派军征服了河套及代北一带的吐谷浑部，将其当作自己的属部。作为属部，吐谷浑各部落要向辽朝贡羊马,服兵役。后晋天显十一年(936年),石敬瑭将燕云十六州割让给辽,居于十六州的吐谷浑全部归辽朝统治。白承福部虽然逃到了后晋,但其白可久部最后又返回辽境,被安置在云州。宋辽对峙时期,辽朝严厉禁止吐谷浑部将骏马卖给宋或党项族建立的西夏政权。辽朝统治吐谷浑部时,将吐谷浑作为自己的属国或属部,封大部落的首领为王,封小部落首领为部使,对其恩威并施。其时,辽国的59个属国中有2个吐谷浑属国,分别为"吐谷浑国王府""吐谷浑王府",属部有"退欲德部""白可久部"等。吐谷浑属国和属部要向辽朝贡,辽有战事时向吐谷浑属国和属部征兵,不服从会受到征讨,但征兵人数没有强性规定数额,吐谷浑属国和属部可以根据自己的情况确定出兵的人数。

刘知远屠杀了白承福五族之后,上书给晋出帝让吐谷浑别部首领王义宗统领白承福的余部。后晋开运二年(945年),辽军南下,后晋灭亡,刘知远在晋阳(今太原)称帝,后汉建立。同年三月,刘知远封统辖白承福余部的吐浑节度使王义宗为检校太尉。八月,又封王义宗为沁州刺史。后周时,原为辽国所属的浑吐(吐浑)指挥使党富达等51人带着42头骏马和骆驼从朔州投附后周。北汉时,太原还有吐谷浑部,由卫俦掌管吐浑军。其时,太监卫德贵妒忌卫俦的功劳,将卫俦遣到辽州(治今山西左权)。卫俦走时,几千吐浑将士拥在道路中挽留,但北汉国主不允许卫俦留下来,吐浑军失去了得力的将领,不再具有战斗力。宋太平兴国四年(979年),北汉被宋所灭,居于河东太原等地的吐谷浑部又臣属于宋。其时,北宋境内的吐谷浑有逃到辽朝的情形,辽朝统治者给其赏赐衣带。北宋初年,青海的吐谷浑主要聚居在今青海大通河达坂山南。

此后,在有关的汉藏史册典籍中仍然还可以见到关于内迁吐谷浑部的零星记载,一直到元代,史籍上仍偶尔有提及吐谷浑部的话语,但也仅仅是片言只字的记载,无法从中揣测迁离青海的吐谷浑人在当时的活动和分布情形,他们可能在与当地汉族和其他民族人民长期交往交流交融的过程中逐渐被同化,最后融入了汉族和其他民族之中。

四、吐蕃统治下的吐谷浑邦国

吐蕃攻灭吐谷浑后,诺曷钵率领王室和部分部众狼狈逃离青海,之后,虽然有不少吐谷浑部众陆续内迁投靠唐王朝，但其大多数部众故土难离，仍留在青海高原，成了吐蕃王朝的臣民。禄东赞完成了吞并吐谷浑的历史使命之后，管理吐谷浑故土的重担就落在了他的儿子论钦陵、论赞婆等人的肩上。英勇善战的论钦陵在大非川之战中大败唐朝名将薛仁贵之后，进一步巩固了父亲禄东赞占领吐谷浑的战果，并牢牢树立起了自己对青海吐谷浑的统治权威。

据吕建福研究，吐蕃征服吐谷浑后，占据了吐谷浑的绝大部分地区，但吐蕃没有立即对其进行直接统治，而是暂时扶持了一个吐谷浑王作其傀儡，统治吐谷浑部民。达延政权可能是伏允次子尊王所建立的政权，建立于唐贞观九年（吐谷浑伏允三十九年，635年）。伏允可汗惨死于新疆大沙漠之后，尊王达延撤到了西南羌人属部苏毗或北象雄，宣布继位，建立了流亡的吐谷浑汗廷。① 大非川之战后，达延政权成了吐蕃的属国，其管辖地域在今天的青海湖西、柴达木盆地一带。吐谷浑邦国在吐蕃的统治下，仍然保持着相对的独立性，并作为最大的属国在吐蕃王朝中具有较高的地位，其国主大多被冠以"莫贺吐谷浑可汗"的称号，有些国主还担任过吐蕃的大臣，参与朝政，并与赞普家族保持着联姻关系。而其他归

---

① 吕建福：《土族史》，北京：中国社会科学出版社，2002年，第119页。

顺了吐蕃的吐谷浑王室、大臣也受到了重用，如吐谷浑慕容谷仲曾任吐蕃所占领的临洮定秦堡的堡帅，为吐蕃攻灭吐谷浑立下了汗马功劳的素和贵也成了吐蕃的将帅等。

吐蕃统治下的吐谷浑邦国的第二代王是达延墀松，其母是吐蕃赞蒙（公主）墀玛伦，因其是吐蕃外甥，又被称为"尊达延墀松"（"尊"在藏文中是"外甥"之意），深受吐蕃赞普的信任和重用。尊达延墀松曾于687年、688年和690年连续三次主持和参与了吐蕃的冬季会盟，在会盟中位列吐蕃大伦论钦陵之后；他还参与吐蕃政事，担任过吐蕃的大伦，在吐蕃王朝享有很高的地位。唐上元二年（诺曷钵四十年，675年）春天，吐蕃赞普芒松芒赞来巡视时，尊达延墀松与母亲墀玛伦为其举行了盛大的宴会，并贡献了精美的金鼎。唐永昌元年（吐谷浑慕容忠二年，689年），尊达延墀松延续了吐谷浑王室与吐蕃联姻的传统，娶了吐蕃王室女赞蒙墀邦为妃。达延墀松先后执政36年，于694年去世。

尊达延墀松死后，由他和吐蕃妃赞蒙墀邦所生的幼子尊达延赞松继位，被称为"莫贺吐浑可汗"。因其年幼，吐谷浑邦国的国政大权由吐蕃大伦钦陵控制。垄达延赞松长到十六七岁后开始亲政。[①] 垄达延赞松曾娶吐蕃公主为妃,后又与吐蕃朝臣达热达氏、尼氏及属庐氏都缔结有婚姻关系。[②] 垄达延赞松亲征后,住在羊山堡(今祁连山南麓),经常出去巡视领地,清查户口,征集赋税,处理邦国事务,并在各地的行宫频繁地举行圣寿大典,宴请吐蕃官员及邦国的有功之臣。唐神龙元年(705年),垄达延赞松与吐蕃大臣蔡牙咄弃达、属庐·穷桑达贡等在羊山堡召开了盛大的宴会。吐蕃大臣向莫贺吐浑可汗——垄达延赞松致礼并赠送了古银币五枚和丰盛的礼品。唐景龙四年(710年),金城公主远嫁吐蕃时,垄达延赞松还曾与母后墀邦公主举行盛大宴会热情招待金城公主,向金城公主赠送了各种珍贵礼品。另外,垄达延赞松除了主持吐谷浑邦国事务外,还参与吐蕃政事。

垄达延赞松在吐蕃赞普都松芒布结(器弩悉弄)死后,手握重权,曾出任吐蕃宰相,与大伦乞力徐共同辅政,多次主持集会会盟以及对唐军事外交事务。如唐开元二年(714年)五月,垄达延赞松以吐蕃宰相身份向唐玄宗上书,说"两国的地界,应该早点界

---

① 吕建福:《土族史》,北京:中国社会科学出版社,2002年,第121页。
② 吕建福:《土族史》,北京:中国社会科学出版社,2002年,第122页。

定,界定之后可以写盟书。大夫解琬往日在安西地界,希望让他出使河源,大家互相商量,这是我们吐蕃的愿望"。唐玄宗知道后,就让左散骑常侍解琬出使河源定界,唐宰相魏知古、姚崇、卢怀镇等都给坌达延赞松写了信。给唐玄宗上书不久后的八月,时隔三月,坌达延赞松与乞力徐等率10万大军向唐朝发动进攻,先攻打临洮的唐军,又攻打兰州、渭州等地。十月份,唐军在渭源武阶驿、洮水长城堡接连打败吐蕃大军,吐蕃军队阵亡数万人,战场上尸横遍野,尤其是洮水长城堡之战,连汹涌的洮河都被死尸堵塞住,流不动了。

坌达延赞松之后,吐蕃统治下的吐谷浑王世袭情况在典籍中记载甚少,但大都曾以外甥吐谷浑王的称呼出现于吐蕃典籍。如唐开元十五年(727年),墀德祖赞赞普曾巡视吐谷浑,并于当年冬天任命外甥吐谷浑小王、尚·本登忽、韦·悉诺逻恭禄三人为大伦(大相),对吐谷浑诸部的大部分进行了赏赐。唐天宝四年(745年),吐谷浑王、论莽布支二人攻打计巴堡(应为石堡城,今青海湟源县日月乡境内),唐军失利,大半将士战死。唐天宝七年(748年),哥舒翰在积石(今阿尼玛卿山)打败吐蕃军队,擒获了吐浑王子悉弄恭及其女婿悉颊藏,不久放还。

吐谷浑被吐蕃统治后，吐蕃统治者一方面通过联姻、任命为大伦等方式极力拉拢吐谷浑，另一方面却又严加防范，使其完全听从自己的号令，对不受控制的吐谷浑进行打击，甚至剪除。如唐德宗贞元五年（789年），南诏王派使者给西川节度使韦皋送帛书时，愤愤不平地指责吐蕃害死了吐谷浑王，说"往日退浑王被吐蕃所害，孤遗受欺。"南诏与吐谷浑都是受吐蕃统治的属国，他所说的应该是事实。9世纪初，藏文史籍《贤者喜宴》中记载的墀德松赞兴佛诏书中，参加盟誓的有吐浑可汗，署名为"外甥吐谷浑王堆吉布希桂波尔莫贺可汗"。吕建福先生认为其意为"能成就事业的英明的吐谷浑可汗。"

吐谷浑邦国虽有一定的独立性和自主权，但吐蕃仍然从政治、军事、法律等方面逐渐加强对其的掌控。具体地说，吐蕃主要通过以下方式对吐谷浑进行间接统治：一是在与河陇地区交接的吐谷浑领地设立军政权力机构"德论会议"，由吐蕃大臣担任召集人，吐谷浑官吏参加，负责处理地区军政事务，并从吐谷浑领地征收赋税、筹办粮草、调解民族纠纷、任命吐谷浑官吏。据《关于新疆的藏文文献和文书》记载，曾有一位吐谷浑千户长的儿子上书给"德论会议"，要求任命他为新建成的卡莱镇的千户长，他在申请书中特别提到,"垒阿柴王(即莫贺吐谷浑可汗)及其论(即德论会议主持人)知道我等都是有能力之人……阿柴王和论曾提名我们作千户官员,请授予我等千户长之职"。由此可知,吐谷浑可汗有推荐高级官吏之权,但最后决定权在吐蕃控制的德论会议。二是有关"吐谷浑邦国"的重要政事由吐蕃赞普亲加过问。吐蕃王室还会不定期派出重臣前往吐谷浑可汗王廷,共同"协商"解决重大政务,并对"吐谷浑邦国"的重大事务行使监督权。古藏文写本《吐谷浑(阿柴)纪年》第16—20行中记述道:709—710年,吐蕃派遣大臣韦通热纳云等,前往莫贺可汗夏宫色通,与可汗举行了会议,制定了六种职务,进行了户口大清查。吐蕃还给吐谷浑邦国制定了新法规,有别于吐谷浑的旧法规。三是吐蕃对吐谷浑邦国的军队结构作了一些改革,将吐谷浑能战之士,以原部落为基础编成军团,其指挥官仍由吐谷浑人担任,遇有征调即随吐蕃大军征战。

吐蕃统治青海一带的吐谷浑长达170多年,统治河陇的吐谷浑地区也长达百年之久。在吐蕃统治时期,吐谷浑邦国成了吐蕃征集军粮、兵源的主要供给地。吐蕃统治者对其奴役下的吐谷浑部民进行了残酷的压迫和剥削,他们经常向吐谷浑人强行征集军粮马匹，清查他们的户口，让他们承担兵役，驱使吐谷浑人为吐蕃争战。如王尧、陈践编著的《吐蕃简牍综录》中记载，吐蕃在吐谷浑上部万人部落征收田赋，每户征收五升青稞，所征收的青稞堆积如山，用羊驮运不完，又派牛运送。沉重的贡赋负担和无休止的劳役与兵役，给吐谷浑人民带来了很大的灾难，不时有吐谷浑部民叛逃降唐，而剩余的绝大部分吐谷浑人则在困境中艰难地生存着，并逐渐产生了吐蕃化的倾向，后来慢慢融入吐蕃人之中。这一时期，汉文文献中有时将"吐谷浑"记作"退浑"或"吐浑""浑"。

唐贞元二十年（804年），唐代著名文学家吕温随侍御史张荐出使吐蕃，在吐谷浑邦国亲眼看见了吐谷浑人在吐蕃奴役下的悲惨生活，并亲耳听到了吐谷浑译者的哭诉。吕温感慨万分，挥笔写就了《蕃中答退浑词》的千古悲歌，他在序文中满怀同情地说明："退浑部落尽在，而为吐蕃所鞭挞者，译者诉情于予，因而答之。"而其词云："退浑儿，退浑儿，朔风长在气何衰，万群铁马从奴虏，强弱由人莫叹时。退浑儿，退浑儿，冰消青海草如丝，明堂天子朝万国，神岛龙驹将与谁？"这是亡国后的吐谷浑人悲凉命运的真实写照，堪称千古绝唱。

20世纪初，英国人斯坦因第三次到敦煌时窃去了一份关于吐谷浑纪年的藏文残卷，学界认为该残卷是一部记述附属于吐蕃政权吐谷浑王的大事纪年。周伟洲先生通过对此残卷的研究，得出以下结论：吐蕃所立之吐谷浑王，是与吐蕃联姻且自称"甥"的一支，因此，吐蕃公主墀邦之名总是在可汗名字之前，其地位远在可汗之上。除吐蕃所立之莫贺可汗之外，当时吐蕃统治下的吐谷浑境内还有其他一些吐谷浑王子。役使于吐蕃的吐谷浑莫贺可汗之下，还设置有大尚论、尚论等各级官职，有与吐蕃王朝相同的"告身"位阶制度。国内也按"千户""万户"为行政单位。吐谷浑国也定期向人民征收赋税，多次进行户口大清查等。当时吐谷浑王的领地，基本包括了原吐谷浑的主要地区：东从黄河河曲起，西至今新疆的若羌，北到祁连山，与河西、陇右相接。709年后，莫贺可汗所居住的夏、冬宫，基本上从东边的黄河河曲一带西迁至今新疆若羌和今甘肃敦煌（沙州）之间，并且一直在西边活动。这种情况可能与7世纪末8世纪初沙州以南及青海湖地区吐谷浑部大量投归唐朝有关。吐谷浑可汗迁到今沙州至鄯善（今若羌）之间主要是为了稳定吐谷浑各部局势，防止他们继续投归唐朝。

到 9 世纪,吐谷浑可汗可能一直在沙州与鄯善之间。①

此外,周伟洲先生通过对敦煌古藏文残卷和新疆若羌米兰东、和田北面的玛扎塔格吐蕃古戍堡遗址中出土的古藏文简牍的研究,认为从 7 世纪到 9 世纪中叶吐蕃瓦解期间,西域的鄯善、且末,甚至于阗、伊州(今新疆哈密西)地区,都有吐谷浑人定居其间。在西域的吐谷浑人,大多以部落形式,按吐蕃千户、万户的军事体制纳入吐蕃的行政体系之中。② 据王尧等学者研究,吐蕃在统治鄯善地区(也称为罗布泊地区)后,设置了"萨毗节度使",其府衙设在萨毗泽(今新疆阿雅克库木湖)附近的萨毗城,此地正是青海入西域且末的交通要冲,有许多吐谷浑部落居住其间。米兰简牍中记载:"……如在萨毗地面发现可疑足迹,由吐谷浑(军)负责",可见萨毗泽一带是吐谷浑人聚居之地,吐谷浑万户、千户部落等军事行政组织当属吐蕃当局萨毗节度使管辖。萨毗地面除吐谷浑人外,还有众多的吐蕃人。③ 而从新疆出土藏文简牍

---

① 周伟洲:《吐谷浑资料辑录(增订本)》,北京:商务印书馆,2021 年,第 360—361 页。
② 周伟洲:《吐谷浑资料辑录(增订本)》,北京:商务印书馆,2021 年,第 372—373 页。
③ 周伟洲:《吐谷浑资料辑录(增订本)》,北京:商务印书馆,2021 年,第 373—374 页。

中提到的"吐谷浑上部万人部落""许垓冲木道穷吐谷浑武士之部""门玛以下的吐谷浑""驻扎在于阗玉姆供应。驻扎在吐谷浑的军队,甚至没有一定数额的守哨人口粮"等字句,以及《沙州伊州地志残卷》《张义潮变文》等文献记载看,鄯善其他地方及且末、于阗、伊州等地均有吐谷浑部众居住。8世纪至9世纪,新疆鄯善地区除了吐谷浑人,还有大量吐蕃人、粟特人以及白兰、南茹(即南部族)、突厥、回纥、于阗等民族或部落。

米兰简牍中记有吐蕃对吐谷浑"上部万人部落","每户征收五升(青稞);万人部落田赋以六成计所征,征青稞混合堆置一处,一部分(青稞)如以羊驮运不完,可派牛运"的记述,简牍中还多次出现"吐谷浑送粮人"字句,根据这些简要记载可知当时新疆地区的吐谷浑人主要从事农业,可能也有一部分人仍然以游牧为生。周伟洲先生认为,根据汉藏文简牍文书,吐蕃统治下的西域吐谷浑各部处于吐蕃及附属于吐谷浑小邦的直接管辖之下,以万户、千户为军事行政单位,主要从事游牧与农业。吐蕃当局征收吐谷浑人田税,并经常调他们外出打仗、戍守、运输等。9世纪中,吐蕃政权瓦解后,西域鄯善、且末等地吐谷浑人逐渐不见于记载,可能融入当地土著,最后成为今天若羌、且末一带维吾尔族的组成部分之一。①

唐朝收复河陇前后,大约在9世纪20年代初,唐朝使者刘元鼎千里迢迢到青藏高原与吐蕃会盟,曾不辞辛劳,专门途经吐谷浑国,前去考察黄河源头,当时吐谷浑国的中心在今青海都兰一带。唐大中十年(856年)左右,归义军节度使张议潮从沙州率军向西南进军一千多里,到达吐谷浑国,吐谷浑王又怕又急,突围而出,登上高山,据险而守。吐谷浑的三个宰相在交战时被唐军生擒,被张议潮在马前用寸斩的刑法残酷处死,碎尸万段。张议潮的军队活捉了300多吐谷浑人,夺取了吐谷浑的2000头骆驼、骏马和牛羊。打败吐谷浑后,将士们唱着《大阵乐》凯旋。其时,吐谷浑国仍然存在于沙州之南,据有青海湖西柴达木盆地一带。而自五代以后,青海的吐谷浑邦国和吐谷浑王基本不见于文献的记载了。

就这样,曾在我国大西北繁衍生息了约700多年的吐谷浑人渐行渐远,在历史的舞台上慢慢远去了,他们那模糊的背影逐渐隐没在了广阔而无限的历史时空之中。

---

① 周伟洲:《吐谷浑资料辑录(增订本)》,北京:商务印书馆,2021年,第377页。

五、吐谷浑人的历史密码

唐朝后期，吐蕃统治下的吐谷浑邦国的活动中心渐渐转移到了柴达木盆地。吐谷浑的历史以663年被吐蕃攻灭为界，可分为吐谷浑王国时期和吐谷浑邦国时期（即吐蕃统治时期）两个阶段，这两个时期都在以柴达木盆地为中心的区域留下了较为丰富的考古学遗存。这些考古遗存是吐谷浑人留在青海高原上的神秘的历史密码，无言地诉说着吐谷浑辉煌的过去和那段扑朔迷离的历史。

近30年来，青海考古部门在海西州境内发现了大量唐代墓葬，主要集中在柴达木东南边缘的柴达木河（上游称作托索河）、察汗乌苏河、沙柳河以及德令哈附近的巴音郭勒河流域及宗务隆山南麓。墓葬主要分布点有：都兰县热水乡的血渭、卢斯沟、直尕日、英德尔羊场、科肖图、黑山、夏日哈河北村，香加乡的莫克里；德令哈市尕海镇的夏塔图，蓄集的保日毯、根艾日格、爱里斯太、布格图阿门、木河尔尕秀，市郊的水泥厂北、巴格希热图、闹哈图、阿再沟、燥河沟，怀头他拉镇的阿奇特沟。截至2008年，已发现墓葬1000座以上。

1982年以来，青海省文物考古研究所等部门对都兰热水、直尕日、科肖图、夏日哈河北村、香加乡莫克里，德令哈市郭里木乡的夏塔图地区等处的墓葬进行了正式发掘，共清理墓葬100余座，其中都兰热水血渭、卢斯沟、直尕日地区发掘的墓葬约60座。大部分研究者认为都兰热水墓葬是吐蕃统治下的吐谷浑邦国的遗存，一部分人认为是吐谷浑遗存，一部分认为是吐蕃在与唐王朝征战时期的后方基地，其主体当属来自西藏本土的吐蕃人（含苏毗、羊同羌）。

柴达木盆地吐谷浑、吐蕃考古遗存中，影响最大的是都兰县察汗乌苏镇东南约10公里的热水沟一号大墓（又名血渭一号大墓）。该墓曾在国内引起轰动，1983年被文化部评为"全国六大考古新发现"，1986年被列为"全国十大考古新发现"，1996年被公布为全国重点文物保护单位。此墓北依血渭山脚，南临察汗乌苏河，墓葬封土平面和立面均为梯形，其北部与自然山体形成的梯形岩相连。封土南北长58、南宽65、北宽55、高12米，下层平台南宽160、北最窄60米，从上层封堆顶部到南面地平面高达35米。墓室位于封土下11.5米深处，位于封土中心，建在下层的梯形平台之上，平面呈十字形，东西宽21、南北长18.5米，由墓道、墓门、回廊、东室、西室、中室和南室组成。

从考古发掘来看，此墓早期被盗并经火焚。中室出土了大量丝织物残片，除用于衣饰外，多见用于幡上加有边饰的残片；东室内有大量牛、羊、马骨和木制食器；西室内除了残木件外，发现有大量小麦粒；南室内以木残件居多，各室均未见人骨（据此，也有专家怀疑这里是吐谷浑王室祭天的祭坛或与吐蕃会盟的场所）。大墓南面平地上有排列规则的动物殉葬遗迹。五条殉葬沟居中，东西向横列，殉有完整的马87匹。其东西两侧共有27个圆形殉葬坑，其中，13座殉有牛头、牛蹄，8座殉有完整的狗，另有巨石以及砸碎的镀金银器残片。整个分布范围长约30米、宽50米。

此墓规模很大，学术界一般认为它是王者之陵，这一点似没有太大的分歧。但墓主为谁？究竟是吐蕃王，还是吐谷浑国哪一世国王（可汗），目前尚在研究中，还没有定论。热水一号大墓发掘者根据对墓葬结构和出土遗物的分析，初步认定它是一座8世纪中期或稍晚的大型吐蕃墓葬，并将其比定为吐蕃统治下的吐谷浑邦国的遗存，属于吐蕃文化的一个区域类型，墓主人应该是吐谷浑邦国的国王。也有学者认为都兰热水一号大墓的主人是吐蕃派驻吐谷浑地区的高级军政官员，有的则认为它属于吐蕃贵族墓葬。

中国社会科学院考古研究所仝涛在《考古学报》2012年第4期上发表的《青海都兰热水一号大墓的形制、年代及墓主人身份探讨》一文，先将热水一号大墓与7—8世纪中叶的吐蕃王陵以及吐蕃论一级官僚的陵墓列出表格，从封土类型、封土规模等方面进行比较，认为其规模与同时期吐蕃王陵相当，都兰热水一号大墓墓主的社会等级应介于吐蕃王陵和最高级贵族之间。接着，根据发掘者公布的该墓所出丝绸、镀金舍利银器、塔形木饰件等文物，与吐鲁番等地出土的有明确的纪年或断代的丝绸等文物作了对比，从而将热水一号大墓的年代确定在7世纪末到8世纪初之间。在此基础上，又将7世纪至8世纪初活跃在吐谷浑地区比较有影响的吐蕃最高军政将领，诸如禄东赞、论钦陵、麹莽布支、乞力徐等列举出来，从其生平地位、去世时间、葬地等方面加以考察，一一从热水大墓墓主中排除。最终仝涛推断，从热水墓地的总体布局来看，都兰热水一号大墓属于吐谷浑降吐蕃后最重要的一个吐谷浑王陵墓的可能性是很大的，而这个最重要的吐谷浑王大概是坌达延墀松。

周伟洲先生认为，仝涛将都兰大墓的时代定为7世纪末8世纪初"基本可信从"，至于墓主人为坌达延埋松的推测，可备一说，他认为说成吐谷浑王族似乎更稳妥一些。我们认为，仝涛、周伟洲的观点还不能说是最终定论，它可能是迄今为止在全面深入研究基础上得出的最值得信据的学术观点。仝涛认为："不论是热水一号大墓还是文献记载，都反映出吐谷浑邦国在吐蕃王国中的地位，这不仅体现了吐谷浑在被征服前自身的强大，同时也可能反映了7世纪末期吐蕃在向唐朝和西域扩张的过程中日益倚重吐谷浑王室的政治策略。"

都兰等地已发掘的墓葬中出土的文物非常珍贵，历史价值很高，尤其是丝绸引人注目。学界公认，都兰古墓出土丝绸数量之多、品种之全、图案之美、技艺之精、时间跨度之大（北朝晚期至唐代中期，约6世纪末至8世纪后半叶）与敦煌所藏的、新疆吐鲁番阿斯塔纳出土的、陕西法门寺出土的、日本所藏的丝织品相比，均有过之而无不及。种类之多几乎囊括唐代的所有品种。其中织金锦、缂丝，嵌合组织显花绫、素绫、绯锦等均属国内首次发现。据统计，这批丝绸中，共有残片350件，不重复图案或色泽的品种达130余种。其中多半为中原汉地织造，占品种总数的85%，18种为西方中亚、西亚所织造，占品种总数的14%。西方织锦中有独具异域风格的粟特锦和波斯锦，一件织有中古波斯使用的钵罗婆文字锦，是目前所发现世界上仅有的一件确证无疑的8世纪波斯文字锦。最近几年在柴达木盆地又陆续新发现了不少丝织品，总共已经超过1000件了。除丝织品外，中原汉地文物还发现有"开元通宝"铜钱、小宝花铜镜及大量的漆器如杯、盘、碗等。西方文物发现有粟特金银器、突厥银饰件、玛瑙珠、玻璃珠、红色蚀花珠、铜盘残片和铜香水瓶等。这样多的来自东、西两方的文物集中于此，充分地说明这一时期青海路的地位和作用。此时的青海，确已成为交流东、西方物资的中心和融合东西方文化的中心。

都兰古墓发掘者认为，都兰古墓出土的丝织品大体可分为四期，早的在北朝晚期，正当吐谷浑兴盛期；晚的即第4期为盛唐时期，时间约在7世纪末到唐开元天宝时期，这时在青海高原生活了数百年的吐谷浑已成为吐蕃属邦。出土文物证明，在这一历史时期内，青海丝绸之路是畅通的，即使是在吐蕃控制下的7—8世纪，其与东、西方贸易的规模也是前代所无法比拟的。也就是说，吐蕃占领吐谷浑故地后，吐谷浑开辟的丝绸之路青海道并没有冷落、被废弃，而是继续保持着兴盛势头。这也充分说明吐谷浑国灭亡后，吐谷浑遗民在吐蕃统治下仍比较活跃，他们在青海西部繁衍生息，与中原保持往来，继续为中西交通的发展繁荣做出着贡献。

21世纪以来，随着青海地区考古工作的进一步推进，素有"八百里瀚海"之称的柴达木盆地有诸多惊人的考古发现，如2002年海西德令哈市出土的郭里木夏塔图棺板画、2018年发掘的乌兰泉沟一号墓和都兰血渭一号墓，均与远逝的吐谷浑王国，尤其是吐蕃统治下的吐谷浑王国有着千丝万缕的联系。

郭里木夏塔图墓位于海西蒙古族藏族自治州德令哈市尕海镇郭里木村夏塔图草场，墓葬位于东距德令哈市30公里处的巴音河畔。2002年，青海省文物考古研究所对两座古墓进行了抢救性发掘，出土了三具葬具形制相同的木棺，木棺四面均有彩绘画面，保存较好，内容丰富，绘画技艺高超，特别是其中两块侧板上的画面情节、人物形象、题材内容和风格技法均具有鲜明的民族特色。其中，夏塔图M1左侧棺板画由狩猎、商旅、宴饮、野合、射牛等场景组成，共绘男女40余人，以及毡帐、马、鹿、牦牛、狗、骆驼等，从内容上看，各个画面中的情节之间有着密切的联系，狩猎、行商画面均向宴乐图汇集，而射牛也是宴乐的组成部分，整个画面以宴饮为主题；其右侧棺板画画面比左侧模糊，不易辨认，大致绘有吊唁、哭丧、奔丧、帐居、宴饮、野合等场景,共绘男妇60余人,以及毡帐、马、牦牛、骆驼等,其绘画主题均围绕丧礼展开。夏塔图棺板画M2棺和M1棺的木棺形制、图像布局及内容大体相似,只是M2棺的体型较小,其左侧板绘狩猎、帐居、宴饮、野合等场景,共绘男女人物近40人,以及毡帐、马、鹿、牦牛、野驴、狗等;右侧板仅上半部保存完好,绘迎宾、哭丧、出行、帐居、宴饮、野合等内容,残存男女人物40余人,以及毡帐、马等,下半部侵蚀严重。① 夏塔图棺板画M1棺和M2棺前后挡板均绘有朱雀和玄武。

据夏塔图墓的发掘者研究测定,夏塔图两座古墓的精确年代分别为756年和757年。② 关于夏塔图墓主人的族属,有吐蕃说、吐谷浑说、苏毗说等,其中,仝涛在《木棺装饰——中世纪早期鲜卑文化的一个要素》一文中认为青海出土的木棺彩绘系源于鲜卑的青海吐谷浑人的墓葬,夏塔图棺画中有带"垂裙皂帽"的鲜卑人形象。霍巍教授在《吐蕃时代考古新发现及其研究》一书中认为,夏塔图棺板画"可以认为

---

① 仝涛:《青海郭里木吐蕃棺板画所见丧礼图考释》,《考古》2012年第11期。
② 王树芝、邵雪梅、许新国、肖永明:《跨度为2332年的考古树轮年表的建立与夏塔图墓葬定年》,《考古》2008年第2期。

就其所反映的文化特征而言,显然应将其归属于吐蕃文化;就其族源而言,则可能属于鲜卑系统的吐谷浑人"①。周伟洲先生则根据夏塔图棺板画的形制渊源、挡板画"四神"图像、棺板画的主题及人物服饰等几个方面,论述木棺画墓主人的族属应为吐谷浑人,而非吐蕃人或已完全吐蕃化而自认为是吐蕃人的人群,应将其定为"吐蕃王朝统治下的吐谷浑墓"②。同时,他也认为,这一结论并不否认木棺画墓及其出土的木棺彩画(包括其内所反映的丧葬轨仪等)其他文物中吐蕃文化的巨大影响,即已被吐蕃统治已一百多年的墓主人吐谷浑贵族"吐蕃化"的事实。因此,可以说,郭里木夏塔图棺板画像一幅绚丽多彩的历史画卷,生动形象地展现了唐代吐蕃统治下吐谷浑贵族丰富多彩的生活场景,给人们留下了珍贵的历史影像。

乌兰泉沟墓位于青海省海西蒙古族藏族自治州乌兰县希里沟镇河东村泉沟周边的山谷地带,2018年9月至2019年9月对其进行了发掘。2020年,泉沟壁画墓入选"2019年度全国十大考古新发现"。泉

---

① 霍巍:《吐蕃时代考古新发现及其研究》,北京:科学出版社,2012年,第126页。
② 周伟洲:《吐谷浑史》,北京:商务印书馆,2021年,第228页。

沟墓中的前室、后室均绘有壁画，内容有武士牵马迎宾、宴饮舞乐、狩猎放牧、宫室帐居、山水花卉等内容，墓顶绘有各类珍禽异兽、祥龙飞鹤、日月星辰等图像。后室内发现大量彩绘漆棺构件，应为双棺，棺表髹黑漆，再施彩绘，内容有骑马行进人物、兽面、飞鸟、花卉、云团及几何图案。残存随葬器物有嵌绿松石金银带饰、绿松石珠饰、丝织物残片、漆盘、木器残片、夹砂红褐陶残片等。考古工作者在后室西壁木椁外侧的墓坑壁上发现了一处封藏的暗格，内置一长方形木箱，箱内放有一件方形龙凤狮纹鎏金王冠和一件镶嵌绿松石四曲鋬指金杯，木箱下铺有似为青稞的粮食种子。鎏金王冠主体部分由四片银质鎏金冠面组合为方斗形，四冠面及护颈上均锤揲出鸟兽主题纹饰，前后各饰一对翼龙，两侧各饰一立凤，后侧护颈饰双狮，周身镶嵌绿松石、蓝宝石、玻璃珠等，供奉和珍藏意味突出，可见是墓主人最为珍视的重要物品。鋬指金杯为金质，有四曲杯体和方形圈足，镶嵌有金珠、绿松石，装饰富丽，技艺精湛，融唐朝、中亚和吐蕃艺术风格于一体，是同类出土器物中的极品。彩绘漆棺也是迄今为止青藏高原首次发现的独特葬具装饰形式，而墓葬内设置暗格的做法也极为罕见。

《青海乌兰县泉沟一号墓发掘简报》一文根据出土遗物和壁画的内容、风格，推测泉沟一号墓年代应为吐蕃时期，人骨牙齿碳14测年显示为7—8世纪。[1]关于墓主人的族属，简报认为"很可能与吐蕃时期当地的王室有密切关系，或即王室成员之一。据文献记载，吐蕃在663年征服吐谷浑地区后仍然保留了它的王室体系，并将其纳入吐蕃的官僚系统。但由于文字资料缺乏，墓主人的具体身份，族属为何，尚有待进一步的分析。从文化面貌上来看，墓葬表现出浓厚的唐朝文化和吐蕃文化的双重影响，对于研究青海地区多民族文化的形成过程具有重要价值"[2]。虽然简报没有明确指出泉沟壁画墓属于吐蕃统治下的吐谷浑人，但7至8世纪的青海地区正处于吐蕃统治之下，乌兰地区是吐蕃统治下的吐谷浑邦国的重要活动地区之一，泉沟壁画墓的墓主很有可能是吐谷浑贵族，而鎏金王冠的出土也显示墓主人有非同一般的王族身份。

---

[1] 中国社会科学院考古研究所、海西蒙古族藏族自治州民族博物馆、乌兰县文体旅游广电局：《青海乌兰泉沟一号墓发掘简报》，《考古》2020年第8期。
[2] 中国社会科学院考古研究所、海西蒙古族藏族自治州民族博物馆、乌兰县文体旅游广电局：《青海乌兰泉沟一号墓发掘简报》，《考古》2020年第8期。

2018血渭一号墓是近年来热水墓群的重大发掘，考古工作者从2018至2022年对其进行了抢救性发掘，对该墓的墓葬形制、埋葬礼仪、出土遗物、墓主人身份都有了较清晰的认识。经发掘确认，2018血渭一号墓规模宏大，结构复杂，体系清晰，是迄今为止青藏高原所发现的高规模陵墓中，保存最完整、结构最清晰的一座墓葬，而尤为珍贵的是，该墓中出土了古藏文的"阿柴王"印章，为墓主人的身份提供了重要信息，明确了该墓主人是吐蕃统治下吐谷浑邦国的国主陵墓，是吐蕃化的吐谷浑王陵[①]。2021年4月13日，2018血渭一号墓入选"2020年度全国十大考古新发现"，这是继1996年之后，都兰热水墓群第二次入选全国十大考古新发现。

2018血渭一号墓墓葬为木石结构多室墓，由地上和地下两部分组成。地上为墓园建筑，平面呈方形，由茔墙、祭祀建筑，以及封土和回廊组成。茔墙平地起建，基础石砌，上部为土坯垒砌而成，在北墙、西墙均发现排水口。茔墙之内有覆斗形封土。回廊介于茔墙与封土之间，是围绕封土的通道。墓园东北隅发现祭祀建筑，由两座石砌房址组成，房址平面呈长

---

① 韩建华：《青海都兰热水墓群2018血渭一号墓墓主考》，《考古研究》2022年第1期。

方形。一号房址内有堆放在一起的羊肩胛骨,还有插入地面的方形木柱,是重要的祭祀遗存,而如此完整的墓院建筑在热水地区尚系首次发现。古墓地下部分由墓道、殉马坑、照墙、甬道、墓门、墓圹、二层台、殉牲坑、三层台、砾石层、四层台、墓室组成。其中,墓圹填土中发现殉人和殉牲坑,殉牲坑内殉有牦牛、黄牛、岩羊、马鹿、绵羊、山羊等。殉牲分层堆放,在坑底有木鞘铁剑一把。墓室为木石结构,规制复杂,由一个主室和两个北侧室、两个南侧室组成,平面均为长方形,平顶,顶上平铺棚木。主室呈东西长方形,四壁石砌,设有东西向棺床,以放置棺椁。在棺椁周边发现大量琉璃串珠,推断棺椁上原来有帷幕。棺木上均有彩绘和贴金。主室内绘有壁画,多有剥落,局部保存有白灰地面和黑红彩。主室发现两具人骨。侧室出土大量的皮革、织物,墓室内被盗洞扰乱严重。墓道及甬道随葬有大量的绿松石、金箔、镶嵌绿松石的金象、彩绘人形木牌、金包木等,殉马坑内有颈带,系织物与银牌组合,还有大量的黑白石片,共计500余件。主墓室内随葬有金、银、铁、漆木、皮革、玉石、海螺等。金器有金胡瓶、錾指杯、金链子、带饰、革带饰、杏叶等。出土印章一枚,为方形,边长1.8厘米,是由骆驼和古藏文组成,藏文经释读,大体意思是"外甥阿柴王之印",说明墓主人就是和吐蕃联姻的吐谷浑小王。铜器有容器、铠甲片、各构件上的铜饰等;铁器有铁甲胄;漆器有漆盘、甲片等;木器有马鞍、小型斗拱模型等;玉石器有装饰的玛瑙、琉璃珠、水晶和大量的黑白石片等。另外祭台上的漆盘内发现未炭化的葡萄籽若干。此外,该墓葬共清理纺织文物600件,其织物组织种类包括纱、绢、罗(四经绞罗)、经向显花汉式绮、纬向显花汉式绮、织锦(斜纹纬锦)等,装饰工艺包括贴布、夹缬、彩绘、泥金印花、扎染,可知花木种类26种,包含植物、动物、几何等图形,部分织物的图案带有粟特纹样特征。

2018血渭一号墓考古发掘的项目负责人韩建华认为,根据墓室出土金器、丝织物等,结合棚木树木年轮测定,该墓的年代在8世纪中期左右(树木年轮测定744),墓葬的规格相当高,根据印章可知墓主人是吐谷浑王,时代是吐蕃统治时期。① 《青海都兰县热水墓群2018血渭一号墓》一文则根据印章内容,结合敦煌文书《阿柴纪年》(残卷)记载,初步断定墓主人可能是吐蕃统治下的吐谷浑王莫贺吐浑可汗,

---

① 韩建华:《吐蕃化的阿柴王陵——2018血渭一号墓》,《文博中国》2021年4月6日。

其母亲是吐蕃的墀邦公主。①

2018血渭一号墓的文化内涵十分丰富和复杂，既具有浓厚的吐蕃文化特征，也有着汉文化特征。如该墓墓园中的祭祀遗迹与《旧唐书·吐蕃传》中的"于墓上起大室，立土堆，插杂木为祠祭之所"的记载相吻合，其五墓室的结构也与文献记载吐蕃"墓作方形……内有五殿，四方墓形自此始""在陵内建神殿五座"等记载相吻合。另一方面，2018血渭一号墓的地上墓园建筑、棺床，以及主墓室东西两壁用涂红彩的斗拱构件装饰等带有明显的中原文化特征，而墓中出土的木结构的建筑模型、漆器、丝织物，以及青铜器制作工艺等也大概率来自中原汉地。此外，2018血渭一号墓中出土的大脚羚羊、鹿等动物样式的黄金饰品，显示出鲜明的北方草原文化和少数民族特征，有些丝织物带有粟特纹样特征等，充分证明了直到7世纪中期，丝绸之路青海道仍在发挥着重要作用，同时也体现了中原文化强大的辐射力及影响力，反映了中华文明由多元到一体的历史演变过程。

总之，通过21世纪以来在陕西西安、甘肃天祝和青海海西地区的一系列考古新发现，亡国后的吐

---

① 中国社会科学院考古研究所、青海省文物考古研究所：《青海都兰县热水墓群2018血渭一号墓》，《考古》2021年第8期。

谷浑王族的活动逐渐得以明晰,其奢华的生活场景和复杂的文化面貌也得以再现。穿越重重历史迷雾,吐谷浑王国的神秘面纱正在徐徐被揭开。

余论

一、吐谷浑与中原王朝的关系及其兴亡原因

吐谷浑是慕容鲜卑贵族与羌人豪酋共同建立的地方政权，是一个长期活跃在辽阔的青藏高原上的游牧王国，历经晋、南北朝、隋、唐等朝代，其政权陆续延续了三个多世纪，是中国历史上存国时间最长的地方政权之一。吐谷浑作为慕容鲜卑西迁后在中国大西北建立的塞外小国，与中原王朝时而频繁遣使往来，时而战争不断，关系极为密切和复杂。

从性质来说，吐谷浑与内地诸王朝的关系是地方性少数民族政权与中央政府的关系，即藩属小邦与宗主国的关系，但随着双方势力强弱的不同，有时变为小国与大国的关系，即平等邻邦关系。双方总体以和谐友好的政治交往、经济交流、文化沟通为主，有时由于矛盾激化，成为敌对关系，也发生过战争。

从西晋末到唐前期，300多年间，吐谷浑人通过朝觐通问、贡献方物、贸易互市、个别时候以兵戎相见等多种方式，与中原诸王朝、中原以汉族为主的各民族人民进行了密切的政治经济交往与文化交流，发展了互通有无、互利互惠的关系，增进了相互间的了解，丰富了多民族统一国家的历史内涵。

从史书记载上看，吐谷浑上层贵族的汉文化修养、儒学修养一直比较高。吐谷浑上层主动与内地中央政权建立和好关系，与他们自身具有根深蒂固的汉文化素养、维护中央正统的思想意识十分牢固是分不开的。例如吐谷浑第六任主视罴欲"扫氛秦陇，清彼沙凉，然后饮马泾渭，戮问鼎之竖"；其第八任主树洛干则欲"振威梁益，称霸西戎，观兵三秦，远朝天子"，都有平定当地乱局、维护国家大一统的愿望，俨然以维护中央正统的封疆大吏自居。第九任主阿柴之所以能正确定位自身，开创向内地中央政权通使称臣、接受封号的先河，与其继承父辈一脉相承的忠君一统思想是分不开的。吐谷浑与中原诸王朝的关系是吐谷浑历史的重要组成部分，也是中国古代史的重要组成部分。时至今日，吐谷浑人对中华民族大家庭的归属感、文化认同感仍是值得称道、值得提倡的。自古以来中华民族强大的凝聚力、向心力仍是值得继承和发扬光大的伟大的精神遗产。

从东北迁到西北的慕容鲜卑吐谷浑部,为什么能建立起一个国家,并一步步走向强盛呢?换句话说,吐谷浑采取了哪些治国措施使其国家经历东晋、十六国、南北朝、隋、唐诸代,延续长达300多年呢?我们认为,至少以下5个方面的因素值得注意:

其一,北方分裂的大背景对建小国有利。吐谷浑开始西迁时正值西晋末以来全国性民族大迁徙形成浪潮的时期,吐谷浑建国的时代正是十六国时期,这时的大背景是北方大乱,少数民族纷纷凭借武力图谋建立割据小王国,这种分裂、纷乱、小王国众多的大环境,为吐谷浑国的诞生提供了条件。

其二,与羌人上层结为盟友,联合建立政权,使统治基础更为牢固。吐谷浑建国的地方原是羌人之地,羌人曾创造过灿烂的古代文化,但直到两汉时期仍没有建立起统一的政权。经过汉魏时期羌汉之间广泛深入的交流,农业区的羌人大部分融入汉族,但牧业区仍是羌人部落集中的地方。从辽东迁来的吐谷浑鲜卑人初到羌人聚居区时,曾与羌人发生冲突。吐谷浑的儿子吐延被羌酋姜聪刺死,就是这种冲突的表现。但羌人分为众多的部落,各部落自有酋豪,平时各行其是,互相争战,以力为雄。羌人的这种松散性特点有利于鲜卑人寻找到同盟者，并逐步将同盟阵线扩大，直到将羌人"征服"。吐延临终时告诫族人"速保白兰"，可知居牧在黄河源一带的白兰羌是较早与慕容鲜卑建立友好关系的种落。白兰羌数百年来一直是吐谷浑的可靠盟友，也是吐谷浑的可靠后方与"避难所"。在长期的发展壮大过程中，吐谷浑中融合了羌、氐、匈奴、汉及其他鲜卑部等多个民族成分。吐谷浑与各民族主要是与羌人建立起牢不可破的联盟，是其在羌地站住脚跟并得以发展的根本。

其三，重视发展商业，不断增强经济实力。吐谷浑国之所以能长期存续并不断发展，与其具有较雄厚的经济实力有很大关系。吐谷浑是个游牧王国，其主体经济是畜牧业，也兼营一部分农业。畜牧业为主的经济比较脆弱，不够稳定，支撑吐谷浑国的支柱产业其实是商业。东晋南北朝时期，南北分裂，丝绸之路东段主道河西段时通时阻。吐谷浑顺应时代需要，充分利用所拥有的交通设施、安全保卫、居中通译等优越条件，引导、护送西域商使往来，维护并提高了其东西方国际贸易中继站的地位，同时，积极参与较大规模的国际商贸，使丝绸之路青海道一度繁盛，发挥了主道的作用。史称吐谷浑人"事惟贾道""国用不足，辄敛富室商人"，说明其商人阶层形成较早,且商业在其经济总量中占有重要比重。青海省境内多次发现埋藏地下的波斯银币、罗马金币、丝织品等都是中西贸易曾比较兴盛的实物证据。由于重视商业,吐谷浑人积累的财富较多,曾引起北朝统治者的垂涎和觊觎,甚至成为他们发动战争的诱因。吐谷浑经商致富,有较为厚实的经济力量,政治、军事的底气就比较足。

其四,努力吸收汉文化,学习汉族治国经验,加强政权建设。吐谷浑主阿柴登上西倾山观看垫江(今白龙江)的源头时曾感叹说:"水尚知有归,吾虽塞表小国,而独无所归乎!"反映出他视汉族政权为华夏正统,对华夏民族有着高度认同感和强烈归属意识。这种可贵的向心意识正是中华民族强大内聚力的体现。吐谷浑由众多民族融合而成,国内语言复杂,主要流行的是古鲜卑语,但汉语也十分流行,且写作书契多采用汉文。吐谷浑上层对儒家经典也比较熟悉。吐谷浑在政权建设方面,努力吸收和仿效汉族朝廷的做法。王族子弟大多封王,羌人部落大首领也有封王的。吐谷浑对地方的管理一般不设郡县,而是通过设"戍"进行军政合一的管辖。

其五,法律建设对巩固政权也发挥了一定作用。史书记载吐谷浑刑罚为杀人及盗马者死,余则征物以赎罪，亦量事决杖。吐谷浑的法律虽比较简单，但对维护其国内社会秩序，巩固上层的统治权，强化其政权建设仍发挥了不容忽视的作用。

那么，吐谷浑亡国的原因又是什么呢？简单地讲，吐谷浑地处西北边疆，相对闭塞和落后，加上青海高原自然条件严酷，经济发展不稳定，社会发育程度较低，社会形态的发展与进步相对缓慢，这些都是制约吐谷浑国进一步强盛的消极因素。而大一统的外部大环境也不允许吐谷浑国再偏安一域。隋炀帝西征，吐谷浑王国一度覆灭，其国势日渐衰微，再也没有恢复到鼎盛时期的状态。接着，唐贞观年间李靖西征，吐谷浑又遭受了唐军的重创，再次大伤元气，力量急剧削弱，再也无力振兴。而从慕容顺开始，吐谷浑正式成了唐王朝的附属国，对唐朝越来越具有依赖性，其独立自强的意识和能力日渐衰退。

其时，吐蕃在青藏高原崛起，逐步向青海地区扩张，势头十分强劲，对吐谷浑形成了极大的威胁。诺曷钵执政之前，吐谷浑每当遇到危急时，都可退保白兰，可是自从青南地区的苏毗、多弥、白兰等诸羌小国被吐蕃占领后，吐谷浑便丧失了能帮助它"死灰复燃"的"避难所"。吐蕃还竭力在吐谷浑统治集团内部培植亲吐蕃势力，吐蕃攻击吐谷浑之所以一举奏效，正是在很大程度上借重了吐谷浑内部的亲吐蕃势力。如日中天的唐王朝和雄心勃勃的吐蕃两个强国在青海地区相互角力，而曾经强盛的吐谷浑国正在日益没落，已无力保全自己。面对吐蕃咄咄逼人的强势进攻，唐王朝的统治者们决策失误，并没有给自己藩属国——吐谷浑以及时而有力的保护和支持。吐谷浑内忧外患，外面有强敌吐蕃步步紧逼，内部人心涣散，处于风雨飘摇之际，最终无可挽回地走向了覆灭的历史命运。

二、寻找遗失的草原王国吐谷浑

一个细雨绵绵的黄昏，我们来到了位于青海湖西面约十五里远的伏俟城古城遗址。"伏俟"是鲜卑语，"伏俟城"意为"王者之城"，是曾经在青藏高原上存国350余年之久的草原王国吐谷浑的都城，当地藏族牧民称之为"铁卜加古城"。在雨雾中远远望去，静静地横卧在我们前方的伏俟城就像是吐谷浑王国盖在青海湖环湖草原上的一枚旧印章，让人悠然产生一种向往之情。但当我们走近时，却发现这座在历史上声名显赫的古城实际规模并不大，其城墙残高约有6米高,周长约800米,除了疯长的牧草,城内没有任何建筑遗留。暮色四起,我们踩着松软而潮湿的青草往回走,回首望去,伏俟城已隐没在了浓深的黑夜中,正如1300多年前它从历史中隐没一样。

伏俟城是草原王国吐谷浑留在青海苍茫草原上的一个标志性遗迹,它的建造者在1600多年前奇迹般地出现在青藏高原上,在这片被人们认为是蛮荒的土地上创造了中国历史上的诸多传奇:它长达350多年的存国时间开创了少数民族地方政权建国时间最长的纪录;它将鲜卑、匈奴、羌、氐、戎、汉等民族中的一部分人融合成了一个新的民族共同体;它成就了丝绸之路青海道几个世纪的繁华;它培育了中国历史上名闻遐迩的千里马"青海骢";它的历代帝王中涌现了许多雄姿英发、见识不凡的杰出之士……但令人遗憾的是,在浩如烟海的史册典籍中,有关吐谷浑王国的记载极其有限,历史学家们无法从那些零星而简略的记载中还原其完整、丰富的历史,草原王国吐谷浑给世人留下了许多扑朔迷离、难以破解的谜团,而它缔造的辉煌也随着岁月的流逝逐渐从历史的记忆中淡出了。

远涉千里上高原

吐谷浑民族的兴起和王国的建立都是由一场小小的部落马斗引起的。1700多年前，在今天的辽宁彰武、铁岭一带，生活着中国古代民族鲜卑族的慕容部落。吐谷浑是这个部落首领涉归的庶长子，统率着1700户（一说700户）部众，而他嫡出的年仅16岁的弟弟慕容廆由于身份高贵，于284年继任了可汗之位。不久，慕容廆和吐谷浑两部的马群在草场上争斗，兄弟俩为此发生争执，吐谷浑一气之下率部众向西远徙。这场看似意外的兄弟马斗事件实际上并不那么简单，它是慕容鲜卑内部权利之争的余波，其整个过程充满了猜忌和激烈的军事冲突，但不愿意看到兄弟相残局面的历史学家们巧妙地将人们的注意力转移到了马斗事件中，用兄弟间的脉脉温情掩盖了残酷的政治斗争，也掩盖了这个历史事件的真相。但无论如何，一个新的民族和国家的历史就这样传奇式地开始了。

吐谷浑人的西迁是一次长达30年的艰苦卓绝的长途旅程，他们西迁的时代是中国历史上的魏晋十六国时期，这是继春秋战国之后的又一个乱世，是又一个群雄并起的时代。但这一次逐鹿中原的主角是来自北方的马背民族，鲜卑、匈奴、羌、氐、羯等民族从今天的蒙古草原、东北、西北等地呼啸而来，在从东起山东，西至新疆，南到淮河长江的辽阔土地上先后建立了十六个小国家。吐谷浑人在青藏高原建立的吐谷浑王国是十六国之外又一个颇具影响力的少数民族政权。

在被马群神秘地指引向西方后，吐谷浑人就义无反顾地从富饶的辽东老家出发，一路向西，跋山涉水，穿过了今天的辽宁北部、内蒙古草原的南部边缘，在呼和浩特以西、阴山以南的河套平原停住了脚步，在这一带游牧了近20余年。此地原是长期与汉朝对抗的匈奴人的家园，气候温和，水草丰美，非常适于游牧民族居住，从东北和漠北向中原挺进的游牧民族大都先迁徙到这里。吐谷浑人刚到这片地方的时候，这一带势力最强的拓跋鲜卑部落恰好发生了内乱，自顾不暇，因此，吐谷浑部落才暂时在这儿立住了脚。大约10年后，拓跋鲜卑强大起来了，居住在黄河内外的少数民族部落大都臣服于拓跋部，吐谷浑部不得已也向其低头。

312年，不愿意仰人鼻息的吐谷浑可汗不顾自己年老体衰，乘拓跋部再次发生动乱之机，摆脱其控制，率领族人又一次向西迁徙。这一次，他们是朝着中国的腹地——青藏高原进发,其迁徙路线大概是从阴山往西南,越过陇山,又西渡洮河。吐谷浑途中经过的河西陇右一带土地肥沃,已经被同是鲜卑人的河西鲜卑(即后来建立了南凉王国的秃发部)、陇西鲜卑(即后来建立了西秦王国的乞伏部)捷足先登,吐谷浑部难以与之争衡。他们继续西行,来到了枹罕西北的罕原广大阪地区。这块地方后来成了吐谷浑人向广大羌人聚居区推进的桥头堡,而草原王国吐谷浑长达350多年的存国历史从这一年就正式开始了。

317年,一生处在颠沛流离之中,始终坚定不移地为部落寻找一块繁衍生息之地的吐谷浑,在完成了民族迁徙的历史使命后,溘然与世长辞,享年72岁。作为一个民族和王国的开创者,吐谷浑享有崇高的威望,受到了后人的无限敬仰。329年,为了纪念吐谷浑,他的孙子叶延,一个自幼好学,仰慕中原儒家文化的少年可汗用祖父的名字作了王族姓氏,并立国号为"吐谷浑",正式建立了吐谷浑的国家政权。从此,人们用"吐谷浑"来称呼这一支慕容鲜卑和他们在西北建立的草原王国。

从吐谷浑在西北的最初落脚地临夏往西行80多公里,穿过在临津古渡口旧址修建的新黄河大桥,就是素有青海"小江南"之称的民和县三川地区,在这片山清水秀的土地上生活着4万多土族人。土族是青海特有的少数民族，不少学者认为，现代土族是由吐谷浑人演变而来的。这些居住在黄河边上的三川土族人，有正月初一凌晨祭祖的习俗。届时，在震耳欲聋的爆竹声中，各家的老人在自家庄廓（甘青地区民居）的花坛前点上香，焚烧黄白两色的"宝盖"和"钱粮"，然后往地上洒一杯青稞酒，虔诚地向"河州帝帝"（"帝帝"，土语，意为爷爷）祷告，祈求他来年的护佑。吕建福认为这一习俗是吐谷浑可汗崇拜的遗留，他在《土族史》中明确写道："河州帝帝，以吐谷浑可汗卒后祭葬并立庙于河州境内，故以地方名敬称，但后来与二郎神的信仰混合在一起，遂失其真，幸而在正月初一的祭祖中留下痕迹，其称呼中也留下遗迹（称先祖而不称神），使人从中能窥见吐谷浑可汗崇拜的信息。"显然，随着时光的流逝，土族人的历史记忆已变得模糊不清，于是，吐谷浑可汗崇拜的祖先信仰逐渐与道教的二郎神信仰混合在一起了，致使今天的大多数人三川土族人认为河州帝帝与二郎神有关，而忘却了自己民族最初的记忆，背离了纪念民族之父吐谷浑可汗的初衷。

西羌故地逞英豪

我们穿过了青海贵南草原，溯茫拉河东上，经过了泽库县、同仁县和甘肃南部的夏河县，又沿大夏河而下，来到了临夏回族自治州的州府所在地。这片广袤的土地曾是吐谷浑人在西北的最初家园，但我们沿途所见的，却大都是衣着时尚的汉族人、穿着藏袍的藏族人和戴着小白帽的回族人，吐谷浑人的踪影早已无处可寻了。

当一路风尘仆仆的吐谷浑人来到这片土地时，这儿生活着西北最早的世居民族羌人。这个素有"西戎牧羊人"之称，却在今天让许多人感觉到陌生的古老民族，在驯养野生动物方面有过杰出的贡献，他们驯养羊、牛、犬、马成功之早，可能超过了世界上其他任何民族。正是这个对中国历史产生过重大影响的民族将桀骜不驯的野牦牛驯养成了"高原之舟"——温顺的家牦牛，将凶猛的狻猊驯养成了忠实的藏獒，而今天在青藏高原上到处可见的藏系羊和藏系马也是他们驯养的成果。号称世界屋脊的青藏高原是地球的脊梁，海拔高，气候寒冷，植被生长期短，畜牧条件较差。吐谷浑人来到西北后，将自己丰富的游牧经验和较为先进的养马、养驼技术带到了青藏高原，他们与当地羌人一起同恶劣的自然条件展开长期的艰苦斗争，大力发展青藏高原的畜牧业。正是羌人和吐谷浑人的心血使这块土地上的人们在极其恶劣的环境中一直繁衍了下来，即使在今天，畜牧产品仍是青藏高原最具竞争力的对外出口产品。

两晋时期，羌人主要居住在今天青海、甘肃、新疆南部及四川西部一带的辽阔地区，他们居住分散，没有统一的首领，生活和生产都比较原始、简陋，尚未走出原始社会末期阶段。而吐谷浑部早在辽东时，从吐谷浑可汗的曾祖莫护跋时，就已经接受了先进的汉文化，吐谷浑部的政治、经济和文化比羌、氐要开化、先进一些。所以，呼啸而来的吐谷浑部落很快在西羌故地立住了脚。吐谷浑可汗的长子吐延骁勇善战，号称"项羽"，他率领吐谷浑人以枹罕为根据地，四处征战，用武力抢夺羌人的人口和土地，从而使自己的人口猛增，统治地区逐步扩大。经过十几年的浴血奋战，远道而来的吐谷浑人不仅在西羌故地牢牢地立住了脚，还开辟了极为广阔的新家园。据史书记载，吐谷浑在西北最初的疆域南至昂城（今四川西北的阿坝）、龙涸（今四川松潘），西到白兰（今以鄂陵湖、扎陵湖为中心的地区，西端延及柴达木盆地东南缘）一带，东西绵延数千里。

武艺超群的吐延可汗用武力强占羌人的土地，他英勇善战的威名令羌人闻风丧胆，但他的暴虐最终激起了羌人的反抗。329年，四川昂城（今四川西北的阿坝）的羌族酋长姜聪刺杀了吐延，而他自己被吐延的部下剁成了肉酱。这是吐谷浑人与羌人部落联盟之前所暴发的一次激烈冲突。关于这位勇敢的姜聪，有些学者做出了一个有趣的推测，他们依据"姜"字的女字旁，认为姜聪可能是一位女酋长，所以才能令勇力过人的吐延不加防备。此后，虽然史书没有明确记载，但从吐谷浑王国的国事活动上看，吐谷浑人逐渐改变了对羌人的策略，他们用政治联盟和联姻的方式取得了羌人的支持与合作，并形成了以鲜卑贵族为中心的与诸羌部落首领的联合政权。

中国的周朝被称为"姬羌联盟"，所谓"姬羌联盟"主要指周王室与羌人的政治联姻，羌族贵族女子历来是周王后的首要人选。这个传统一直延续了下来，直到春秋战国时期，各诸侯国的国君和贵族仍以羌族女子为娶妻的理想人选。吐谷浑来到西北后，出于繁衍种群和稳定政权的需要，也普遍与羌族通婚，王室更是如此。念氏是吐谷浑历史上一位著名的羌族王后，她美丽聪慧，颇有胆识，在立志要"秣马厉兵，争衡中国"的丈夫视罴英年早逝后，按照吐谷浑"父兄死，妻后母及嫂"的转房风俗，她又转嫁给了视罴的弟弟乌纥堤。乌纥堤是个懦弱无能的人，整天沉溺在酒色之中，荒废了国事。于是，漂亮能干的念氏掌握了朝政，对外发号施令。对此，《资治通鉴》中评价道："念氏专制国事，有胆智，国人威服之。"一向反感女性参政的司马光难得地肯定了念氏的政治才能，但他却忽视了念氏在培育儿子方面的杰出之处。

吐谷浑历史上赫赫有名的君主树洛干、阿柴、慕璝及慕利延都是念氏的儿子，他们在念氏的精心培养下个个都成长为叱咤风云的一代英豪。从411年到452年，同父异母的四兄弟遵行了视罴开创的舍幼立长的优良传统，推行了兄死弟及的王位继承制度。在西秦、南凉、北凉、大夏国等对吐谷浑王国虎视眈眈之时，四兄弟审时度势，发奋图强，巧妙斡旋于这几个邻国之间。对内，他们实行了轻徭薄赋的休养生息政策，大力发展生产，并积极召集抚纳周边羌、氐、戎等少数民族和邻国失业的老百姓。对外，在积极与邻国交好的同时，也乘他们相互争战、自顾不暇的时机，坐收渔翁之利，向四边扩展吐谷浑的势力。由于穷兵黩武，上述几个曾在中国西北横行一世的国家很快走向了灭亡，而吐谷浑王国却迎来了自己的强盛时期。这一时期，阿柴向南方挺进，拓土到了四川松潘（龙涸）、平康（黑水县芦花镇东北平康一带），慕璝向东推进，将吐谷浑的东边疆界扩展到了渭河之源、三秦之边，慕利延则向西远征，将吐谷浑的势力延伸到了喀喇昆仑山，并一度从新疆且末南征，征服了于阗、罽宾（今克什米尔地区），吐谷浑成为西北地区举足轻重的强国。

阿柴折箭留遗训

从青海省的省会西宁市往北偏东行30公里，就是中国唯一的土族自治县——互助土族自治县的所在地，它是现代土族聚居的又一个孤岛。漫步在整洁、繁华的县城街道上，不经意间，我们的目光总被那些头戴插花毡帽、身穿七彩花袖衫的土族人所吸引。土族曾有过自己绚丽多彩的民族服饰，而今天，除了在互助县还能一睹土族服饰的风采外，民和、同仁等地的土族人着装已跟汉族没什么两样了，土族服饰已经或即将成为博物馆中陈列的死气沉沉的展品，而不再是活生生的文化了。在过去，土族妇女的传统头饰"扭达"华贵古朴，有八九种之多，其中，尤以"吐浑扭达"最为尊贵和古老。这种用白珠连缀而成，形状像圆饼一样的头饰名称与吐谷浑大有渊源，它是吐谷浑人留下的一个历史密码，延续着土族与吐谷浑之间中断了几个世纪的神秘联系。

这片相对封闭的土地上，吐谷浑人还留下了另外一条历史线索，那就是土族的神箭崇拜习俗。走进这里的土族人家，在堂屋的供桌或大红面柜上就能见到主人虔诚供奉的神箭，神箭大概有4尺长，箭身系满了彩绸，被插在一个装满粮食的方形斗里。土族人称它为"护法神箭""五台护法"，这支被土族人当作神一样崇拜和供奉的神箭据说与吐谷浑历史上的开明君主阿柴有关。

阿柴可汗以智慧著称，是吐谷浑历史上很有影响力的一位君王，虽然他曾在军事上颇有建树，但他之所以这么有名并不是因为他的文韬武略，而是因为他对远隔千里之遥的中原王朝的追随和临终时对子孙的一番教诲。吐谷浑王国偏居中国西北一隅，尽管前几代王都仰慕中原文化，有"远朝天子"的心愿，但与中原王朝没什么实质性的接触。这种状况到阿柴时发生了变化，这位有着极强的寻根意识的可汗站在白雪皑皑的西倾山上，望着白龙江滔滔东流，发出了"水尚知归，吾虽塞表小国，而独无所归乎"的感叹。他认为南朝刘宋政权是华夏正统，因此主动向远在千里之外的刘宋政权遣使上表，进献土特产。这仅仅是个开端，此后，历代吐谷浑王频频地向中原王朝遣使进贡，到唐代时，吐谷浑王国成为中原王朝名副其实的藩国。

在阿柴生命垂危之际，他又做了一件被人们称颂至今的事。他命令自己的20个儿子各拿出一支箭，从中抽出一支交给同母异父的弟弟慕利延，让慕利延折断它。慕利延轻轻一掰，箭折断了，被扔到了地上。阿柴又叫人把剩下的19支箭捆成一束，让慕利延试着折断这束箭，慕利延使出了浑身的劲，却没能损伤箭捆分毫。此时，阿柴指着完好无损的箭捆，语重心长地告诫大家："单者易折，众则难摧；勠力一心，社稷可固。"这就是中国历史上有名的阿柴折箭遗训的故事。

很多学者认为，互助土族中的神箭崇拜与阿柴折箭遗教有关，他们认为这一古老习俗是吐谷浑后裔对阿柴折箭遗教事件和他倡导的"勠力一心"精神的纪念和传承。而早在半个世纪之前，班禅专使行署摄影师庄学本到互助县沙塘川游历，就曾亲眼看见过土族人供奉的神箭，他在《青海土人考察记》中写道："在叠叠馍馍的中央，供着一支高约四尺、仿佛梭标的神箭，清油灯的光亮照耀着箭上一绺一绺的红绿带条，披茸地如神箭的衣服，箭的颈中挂着一串铜铃和铜板，这是他们最信仰的护法神箭，又叫五台护法。他们庄子上的安宁，就地的农业，土人的健康，据他们说多靠这一支神箭的呵护。"这是目前所能见到的关于土族神箭崇拜的较早记载。如今，清油灯已换成了明晃晃的日光灯，在神箭前上香点灯的土族人也早已过上了丰衣足食的好日子，无须再祈求神箭的护佑，但在神箭前调解家人和村人纠纷的习惯却直到今天仍在延续。

威震西北名远扬

我们从同德县沿巴水而下，来到了卡力岗村附近的一处名叫"班多"的黄河古渡边。放眼望去，只见滔滔奔流的黄河流到这儿后变得极为狭窄，河面不足20米宽，河岸两旁都是巨石，其中有一处两岸相对的巨石相隔非常近，两边的巨石都有相叠的痕迹，很有层次感。不少学者认为这是吐谷浑人修建的河厉桥的一处旧址。"河厉"是吐谷浑语中"飞鹰"的音译，是说桥的形状像展翅高飞的雄鹰。河厉桥是吐谷浑人的一项创造发明，他们利用黄河水道狭窄处的地形，就地取材，用岸边天然巨石和木材修建成可以横渡黄河的桥梁,使黄河天堑变为了通途。

渡口处准备修桥,堆着很多长石条和钢筋,岸边架起了钢架,一道铁索横穿水面。岸那边,一个青年男子怀里抱着一个四五岁的红衣小女孩,坐在铁索下用来运送物资的简陋铁筐里,岸这边的人正用力将铁索往这边拉,一个披着袈裟的喇嘛也加入了帮忙的行列。看样子,在桥未修成之前,当地老乡暂时就得用这种独特的方式渡河。

渡口南面不远处,曲什安河从山谷间奔流而出,汇入了黄河,河对岸那块平坦的川地便是因能种水稻而得名的大米滩,滩上梯田纵横,绿树成荫。在夏日的照耀下,吐谷浑人曾经生活过的这片地方看起来十分祥和安谧。457年,树洛干的儿子拾寅继位,将吐谷浑王国的国都迁到了曲什安河流域(伏罗川)。拾寅一改吐谷浑"逐水草,无城郭"的旧俗,在新国都大兴土木,营建城邑。《魏书》记载:"其居止出入,窃拟王者。"他的傲慢激起了近邻北魏统治者的恼恨,加上吐谷浑王国盛产金银,牛马众多,产生了觊觎之心的北魏统治者多次出兵攻打吐谷浑,从吐谷浑王国掠夺了20多万只牛、羊、驼等牲畜,还差点在曼头山(今兴海县河卡镇幸福村)生擒拾寅。曼头山之战后,拾寅改变了对北魏的态度,开始实行和平共处的对外政策，他频繁地向北魏派遣使者，双方的关系走向了和睦相处的轨道，交往十分密切，民间的贸易往来也十分频繁。这种和平共处的政策一直实行到了北魏灭亡，时间长达60年。

因为相隔遥远，吐谷浑王国与南朝的关系比起北朝来融洽得多。从阿柴王开始，吐谷浑王国就频繁地向南朝遣使进贡，南朝的各个政权也对派遣使者的吐谷浑王们封官授爵，虽然这些爵位大多是名义上的赏赐，但这种政治关系的确认对吐谷浑王国仍然至关重要。崇尚汉文化，是吐谷浑王国的一大特征。早在吐谷浑的曾祖莫护跋时，慕容鲜卑就接受了汉文化影响。吐谷浑王国的历代王都有较深的汉文化素养，贵族子弟从小就接受儒学教育，官员们也大都识文断字。在与南朝交往的过程中，吐谷浑人一如既往地表现出了对汉文化的倾慕。如喜爱天文历算的度易侯王求知若渴，曾亲自向刘宋王朝提出请求，要求赏赐一些有关天文知识方面的书籍，但迷信天象的刘宋王朝生怕度易侯会因此勘破天机，拒绝了他的请求。吐谷浑历史上在位时间最长的夸吕可汗喜欢读文学辞章，北齐的阳夏太守傅灵标出使吐谷浑时，曾在夸吕可汗的案头看到了北朝著名的大才子温子升的文集。

在长达半个世纪的时光里,吐谷浑人给自己营造了一个相对和平的外部环境,与北魏、南朝的和平交往,极大地促进了吐谷浑政治、经济和文化的迅速发展。与此同时,吐谷浑王国的可汗们并没有停止自己开拓疆土的脚步,他们励精图治,积极整顿政务和军事,先后收服了宕昌、邓至等羌人建立的小政权,吞并了不少戎氏部落,并极力向外扩张势力。伏连筹时期,吐谷浑疆界东边到了甘肃的迭部县(叠川),西南与新疆的和田(于阗)相邻,南面边界延伸到了阿尼玛卿山、昆仑山,北边到了祁连山,西北边与新疆的哈密(高昌)相接,拥有着东西 4000 里、南北 2000 里的辽阔疆域。吐谷浑的国力也在这时达到了鼎盛,在当时的塞外各国中,吐谷浑王国以强大和富裕出名。

追风掣电青海骢

从日月山往西,没行多远,我们的车又奔驰在了美丽的青海湖边。109 国道的南侧是金黄的油菜花,北侧是葱绿的草地,再往北就是湛蓝的青海湖。这个于 2005 年被评为"中国最美的内陆湖"的湖泊是一个梦幻之湖,在那似乎与天空相连的无边无尽地延伸着的碧蓝色湖水中,有一抹突出的黑色,那就是神秘的海心山。在1500多年前,那里是吐谷浑人培育闻名遐迩的千里马"青海骢"的地方,而湖边这些绿草茵茵的可爱草地,则是吐谷浑人曾经的黄金牧场。

吐谷浑人与马结下了不解之缘,他们爱马,也善于养马。在他们简单的法律中,甚至有"杀人及盗马者死"的规定。将杀人与盗马同等量刑,可见吐谷浑人对马的重视程度。在今天的土族人中,有忌食"圆蹄"类动物的肉食禁忌,这可能是吐谷浑人的爱马情结在今日土族人习俗中的遗留。

吐谷浑人有着丰富的养马经验和先进的养马技术,他们培育出了名扬天下的千里马"青海骢"。关于"青海骢",《周书·吐谷浑传》中有详尽记载:"青海周回千余里,海内有小山,每冬冰合后,以良牝马置此山,至来冬收之,马皆有孕,所生得驹,号为龙种,必多骏异。"那时的人相信青海湖里有龙神,"青海骢"是龙种,隋炀帝对此也信以为真,他攻伐吐谷浑,占领了青海湖地区之后,还特地命人将2000匹母马赶入海心山,想得到传说中的千里马,结果无功而返。其实,"青海骢"是吐谷浑人利用自己高超的养马技术培育出来的新马种。他们利用青海湖周围草场优越的自然条件,从遥远的波斯(今伊朗)引进优良的马种,与当地马杂交,利用杂交优势,培育出了"青海骢"。"青海骢"风骨俊秀,善于侧步走,据说能日行千里,常常被吐谷浑王当成最珍贵的礼物送给中原王朝。隋唐时,皇室、豪门、贵族们常骑着"青海骢"外出游玩或参加马球游戏。唐代大诗人杜甫的诗句"长安壮儿不敢骑,走过掣电倾城知",说的正是"青海骢"。

吐谷浑人养马的技艺确实十分高超,他们不仅培育出了能日行千里的"青海骢",还训练出了能随音乐翩翩起舞的"舞马","舞马"也是他们向中原王朝进献的珍贵贡品。拾寅时,吐谷浑王国就曾向南朝的刘宋政权进贡过"舞马"。宋孝武帝刘骏惊异之余,还特地大宴宾客,召集王公贵族一起观赏"舞马"的精彩表演。在那次皇家宴会上,神俊的"舞马"随着音乐声翩翩起舞,时而轻盈得像拖曳的长练,时而柔美得像飞舞的蛱蝶,让与会的宾客大开眼界。他们纷纷赋诗作词,赞美"舞马"的美妙舞姿。

畜牧业是吐谷浑王国的经济支柱之一,从南北朝到唐代,吐谷浑人通过朝贡、进献、贸易、互市,甚至战争等方式,向中原汉地输入了大量的牲畜。这些牲畜在汉地农牧业、交通运输业和战争中扮演了重要的角色,为国家经济发展和民族大统一做出了重大贡献。如625年，为了发展吐谷浑的商贸经济，伏允可汗向唐朝提出互市的要求。此时，内地刚经过隋末战乱，百业萧条，人民流离失所，经济亟待发展，急需大批耕牛，唐王朝平定内忧外患，也急需大批骏马。于是，唐高宗答应了伏允可汗的请求，双方在今青海省湟中县上新庄南拉脊山口（承风戍）展开了互市。吐谷浑的牲畜、毛皮大量进入中原，中原的丝绸、茶叶、瓷器也源源不断地通过承风戍流入吐谷浑。

无论是追风掣电的"青海骢"，还是随着悦耳的音乐声翩翩起舞的舞马，如今都难以寻觅其踪影了。今天，在青海湖周围的草原上，连普通的马都很难看到了，穿着藏袍的牧人们骑着摩托车放牧、走亲访友、运送物资，曾经整日与马为伍的牧人们已经远离了那些在漫长的岁月中曾与他们的先辈们一起叱咤风云的可爱生灵，没有生命的摩托车取代了马在牧人生活中的地位，"青海骢"的后代正寂寞地从人们的生活中远去。

繁华绚丽丝绸路

经过像三级台阶一样自然上升的共和县三塔拉高原后，我们站在了宽旷的切吉旷野东缘，前方就是塘格木农场。由于雨后的砂土路有积水,我们无法前行,只能站在路边的高坡上遥望,只见前方的塘格木农场上长满了郁郁葱葱的树林,清澈的沙珠玉河正从切吉旷野的南边静静流过。我们脚下的这片土地是丝绸南路的重要组成部分,一千多年前,在骑着"青海骢"的吐谷浑人的引导下,满载着货物的驼队就是行走在我们目光所及的这些地方。

号称中西"文化运河"的丝绸之路早在新石器时代晚期就已存在,西汉张骞通西域后日益兴盛。张骞去西域,从长安出发,跨渡过渭河,爬越陇山,向西穿过祁连山以北的河西走廊,进入西域。这条道被古代和现代的人们所熟知,是传统意义上的丝绸之路东段的主道,而黄河以西,经过祁连山以南吐谷浑王国疆界内的丝绸南路就鲜为人知了。丝绸南路一般经过西宁,过日月山后大致有三条支线:其一,经青海湖南岸或北岸,过柴达木的德令哈、大柴旦、小柴旦,出当金山口,到达甘肃敦煌,汇入河西走廊道,再往西域;其二,过青海湖南岸,经今都兰县城、香日德、诺木洪、格尔木、乌图美仁,再向西北经过尕斯库勒湖,越阿尔金山到西域。这条线是主线,与现代的青新公路走向基本一致;其三,从白兰出发,经布尔汗布达山南麓或北麓,一直向西,溯今楚拉克阿干河谷入新疆,这条道山势陡峻,向来人迹罕至,到今天仍然几乎是无人区。这三条支线多处可以相通,走法多样。丝绸之路南道又叫"羌中道""青海道",它作为丝路南道与河西走廊段的丝路北道相辅而行,都是中原通往西域的贸易通道。但由于路险天寒,丝绸之路南道向来比较冷清,远远比不上丝路北道的繁华。如果没有吐谷浑王慕利延的西征,它也许就会长久地寂寂无闻下去。

445年,在北魏高凉王那等的追击下,吐谷浑王慕利延率领部众远遁白兰,然后从白兰进行了吐谷浑历史上有名的西征。关于慕利延西行的路线,史书记载过于简略,有学者认为他当时急于逃命,可能走的是垂直距离最短的捷径,也就是青海道的第三条支线。我们认为走第二条支线的可能性更大,因为这条支线是青海道的主线,而且沿途水草条件较好,这条线直到现在仍然比较繁华。此后,经拾寅、伏连筹、夸吕几代可汗的努力,吐谷浑王国逐渐掌控了这条丝绸之路南道。这一时期,河西走廊一带烽火连绵,丝路北道不再是畅通无阻的了,中原与西域的经济、文化交流受到了阻碍。于是,在吐谷浑王国的推动下,丝绸之路南道开始复兴,并一度取代河西道成为丝绸之路的主干道,延续了中国自汉朝以来的中西文化交流。

出于与南朝开展经济、政治、文化交流的需要，吐谷浑人在自己的国境内开辟了一条通往南朝都城建康（今南京）的新道，他们的使者和商队频频地从今青海湖东岸向东南行，经共和县或兴海县渡过黄河，经黄南藏族自治州、四川松潘，到达益州（成都）一带，再沿长江而下，到达建康（南京），向南朝皇帝进贡土特产，与南朝人贸易。由于吐谷浑王曾经被南朝封为"河南王"，加上这条道的地理位置在黄河之南，所以历史学家们称其为"河南道"，又叫"吐谷浑道"。这条道向西，在青海湖南岸可以与丝绸之路南道的三条支线相衔接，成为南朝通向西域的贸易通道。"河南道"在中国历史上非常有名，那些去西天取经的和尚、东来传法的印度僧侣、往来于南朝和西域之间的使者和商人，大都穿行在这条道上。

吐谷浑王国是丝绸之路南道的中转站，吐谷浑人是丝绸之路南道的中介者。在史书中，他们大多以向导和翻译的身份出现。实际上，这个挥惯了战刀和牧鞭的马背民族，还十分善于经商，他们"事惟贾道"，是开展国际贸易的能手。吐谷浑王国频频向南北朝进贡朝献，一方面固然是出于政治投靠的需要，另一方面，却是他们特有的一种"以献为名，通贸市卖"

的贸易方式，那些一再抱怨吐谷浑人进贡太频繁的南朝官吏并没有认识到吐谷浑人在丝绸之路南道上发挥的重要作用。丝绸之路南道长路漫漫，吐谷浑人不仅担负起了指引方向、提供翻译、武装护送等的重任，还积极与来自中亚、西亚的胡商们进行中转贸易，他们将大量的丝绸、棉布、瓷器、铁器、茶叶及纸张等从中国南方运到吐谷浑，然后辗转销往西域各国，同时也将西域的金银制品、玻璃器皿、香料及珍禽异兽等贩运到国内，销往南北中国的各个市场。在这种中介交易中，吐谷浑王国获得了丰厚的利润，产生了许多腰缠万贯的富商大贾，但普通百姓依然贫穷，国内贫富两极分化严重。吐谷浑王国因此制定了一项特殊的税收政策，即不向穷人收税，而是"国库不足，辄敛富室商人"，由商人和有钱人承担国家的所有财政支出，这在中国历史上乃至世界都是较为罕见的一种税收方式。

丝绸之路南道是一条文化之路，也是一条财富之路。它给吐谷浑王国带来了巨大的财富，但吐谷浑王国的富裕也引起了别国的垂涎。553年，夸吕可汗向北齐派出了以贸易为主要使命的庞大使团。使团返经凉州西面的赤泉（今甘肃永昌县西）时，西魏的凉州刺史史宁闻风而至，截获了这支由吐谷浑的高级官吏"仆射""将军"带领的使团,使团中有胡商240人,骆驼600头,杂彩丝绸数以万计。从中我们可以想见吐谷浑人进行国际贸易的独特方式和巨大规模。三年后,尝到了甜头的史宁联合好战的突厥木杆可汗,兵分两路,攻陷了位于今天的青海省海南藏族自治州共和县曲沟乡的吐谷浑旧都树敦城和石乃亥乡的贺真城,抢劫了无数的奇珍异宝,使这两座繁华的贸易城市变成了废墟。

这些坎坷并没挫伤吐谷浑人经营丝绸之路南道的积极性,他们一如既往地奔波在丝绸南道上,为中西方经济和文化的交流穿针引线。直到唐代后期,吐谷浑王国灭亡后,受自己往昔强敌吐蕃统治的吐谷浑邦国仍继续担负起了沟通中原和西域的重任。这一点,从1983—1995年都兰吐蕃统治下吐谷浑墓的发掘可以得到证实,在这座吐谷浑古墓和附近几十座同时代古墓中出土了大量来自中原汉地、中亚和西亚的丝绸、金银器、玛瑙珠、玻璃珠、铜盘残片和铜香水瓶。其中,丝织物残片的数量非常可观,大约有350余件,其86%是中原汉地织造,14%是中亚、西亚所织造,里面还有一件波斯人使用的钵罗婆文字锦,是目前世界上所发现的仅有的一件确证无疑的8世纪波斯文字锦。这些图案华美的丝织物时间跨度很大,大约从北朝晚期到唐代晚期(约6世纪末到9世纪前半叶)。这些文物的发掘有力地说明吐谷浑王国灭亡后,在受吐蕃奴役的吐谷浑人的不懈努力下,丝绸之路南道仍艰难地继续维持了一百多年。

今天,柏油公路像一条黑色的飘带,贯穿在这条被古人视为畏途的丝绸之路南道上,青藏铁路也像一条大动脉,将相隔近2000公里的西宁和拉萨联结了起来,西宁、格尔木、拉萨修建的现代化机场每天输送着南往北来的客人。一千多年前由吐谷浑人引导的使者和商人们要花好几个月,甚至几年时间才能到达的地方不再是那么遥不可及了,现代化的公路、铁路和航线使寂寞了千年的丝绸之路南道再度繁华了起来。

朔风长在气何衰

古老的伏俟城在青海湖的环湖草原上静静地沉睡了一千多年,它是夸吕可汗于535年继位后修建的新都城,它见证了吐谷浑王国在强盛时的繁华,也见证了这个王国最后的衰落。1400多年前,吐谷浑国主夸吕在这座城里大胆地自称"可汗",并封自己的妻子为"恪尊"。这一时期的"可汗"远不是对少数民族首领的称呼那么简单，它具有"皇帝""君主"的含义。夸吕自称"可汗"，也就是向天下人宣称自己是皇帝，为了使自己更名副其实，他完备了自慕利延开始的官职设置，设了王、公、仆射、尚书、将军等官职，使吐谷浑王国的官职设置更为规范。

在北魏使者的眼里，这位坐在金狮子床上发号施令的可汗和他的王后"恪尊"的装扮十分奇特，《魏书》的作者这样转述这位不知名的使者的描述，"夸吕椎髻毦珠，以皂为帽，坐金狮子床。号其妻为'恪尊'，衣织成裙，披锦大袍，辫发于后，首戴金花冠"。

20世纪30年代，民和的三川土族妇女还像夸吕可汗尊贵的"恪尊"一样，一年四季穿着艳丽的裙子。我们已无法得知吐谷浑妇女的裙子是什么样式和花色，只能从陈列在博物馆中的近代土族妇女前后开衩的绯红色褶裙中遥想吐谷浑女子"衣织成裙"的美丽风采了。而一直到今天，民和土族的阿姑们出嫁时，都要在自己如云的秀发上插满金花和银花，这种土族人传承了很久的"金花头饰"，可能与"恪尊"头上华贵的金花冠存在着某种神秘的联系。

夸吕可汗是吐谷浑历史上罕见的长寿老人，史书上说他"在位百年"，这当然是不可能的，夸吕可汗的实际执政时间是57年，比中国历史上在位时间最长的康熙皇帝仅少了5年。这位生活奢靡、喜爱汉族诗词的可汗，对外实施的基本国策是"远交近攻"，他一方面频频地向远离吐谷浑国境的东魏和北齐遣使进贡，另一方面又多次派兵侵扰近邻西魏、北周边境。这一战略在乱世还吃得开，但隋统一中国后就立刻显出了它的不合时宜。夸吕可汗的战略失误和晚年的昏庸失政使强盛的吐谷浑王国走向了它的衰落时期，即使他精明的两个儿子世伏和伏允继位后及时调整国策，也已无力回天了。

随着中国又一次大统一时代的来临，吐谷浑王国的命数将尽。隋大业五年（609年），隋炀帝率大军西征吐谷浑，在覆袁川（今青海门源县西北永安河谷一带）设置了绵延900余里的包围圈，想生擒伏允可汗。吐谷浑大败，伏允可汗用金蝉脱壳之计逃脱，率2000骑南奔党项（青海果洛），客居在党项部落之中。吐谷浑亡国，其故地被纳入隋朝版图。自王莽设西海郡以来，这是青海的广大牧区第二次被正式纳入中央王朝的版图。

大约10年后，隋朝灭亡，在党项卧薪尝胆的伏允可汗立刻率领部众返回故园，重建了吐谷浑王国。吐谷浑王国虽然得以复国，但其往昔的荣光早已不在，伏允可汗也不复昔日的睿智，他不明智地多次与唐朝对抗，终于给自己招来了杀身之祸。634年，李靖奉唐太宗之命，兵分五路大举讨伐吐谷浑。吐谷浑人溃不成军，伏允可汗一路西逃，跑到了新疆南部的且末一带，其长子慕容顺在伏俟城内向唐军投降。唐军在茫茫戈壁和沙漠中千里追击伏允可汗，伏允可汗众叛亲离，走投无路，在突伦碛（在今新疆且末与和田的大沙漠）自杀身亡，吐谷浑王国再度亡国。为了以德怀远，唐太宗下令让吐谷浑复国，并扶持伏允之子慕容顺继任可汗。慕容顺继位仅10天，就被对唐朝心怀不满的部下杀死，其儿子诺曷钵继位，受封为"乌地也拔勒豆可汗"（意为智慧富贵的君主），吐谷浑王国就此成为大唐王朝的属国和西面的一道屏障。

诺曷钵是吐谷浑王国的末代可汗，为了挽救吐谷浑王国败亡的命运，他归顺唐王朝，迎娶了唐朝的弘化公主，并殷勤地年年向唐王朝遣使进贡，但已经走向没落的吐谷浑王国远不是正在青藏高原上兴起的吐蕃的对手。663年，在吐蕃的步步进逼下，吐谷浑与吐蕃在黄河边决战，诺曷钵一败涂地，带着弘化公主和亲信几千帐逃到凉州，依附于唐王朝，吐谷浑王国的大好河山落入了吐蕃之手，曾几次死灰复燃的吐谷浑王国这一次永远地沉寂了，结束了近350年的立国历史。

诺曷钵背井离乡,在唐朝境内度过了25年的流亡岁月,最后与儿孙们长眠在与吐谷浑故地隔山相望的凉州南山阳晖谷的各个山冈上,他们的墓门无一例外地朝向南方。1300多年来,诺曷钵和他的家人们就一直在那儿痴痴地"望乡",远远地守望他们曾经的家国。

吐谷浑王国从历史中远去了,但吐谷浑民族并未就此消亡,他们继续在吐谷浑故地顽强生存,直到元代,史籍上仍偶尔有提及吐谷浑部的零星话语。不少学者认为,吐谷浑与当代的土族有一定的渊源关系,只是由于史籍中关于吐谷浑继续发展的文献记载极其匮乏,吐谷浑与土族之间的历史和文化出现了长时间的缺环,至今仍难以连缀,以至于土族的族源问题到现在仍存在争议。经过了千年的历史沧桑之后,今天的土族究竟是不是吐谷浑后裔,这也许是神秘的草原王国吐谷浑留给世人的又一个千年之谜。

(原载于2006年第3期《中国国家地理》,题为《草原王国的覆灭:吐谷浑》)。

三、走马北中国的鲜卑民族

鲜卑是继匈奴之后又一个在北方崛起的强大民族，在中国北方的民族史上曾占有显赫的地位。魏晋南北朝时期，这个来自大兴安岭密林深处的民族在东起辽东、西至青藏高原的辽阔大地上先后建立了前燕、后燕、西秦、西燕、南凉、南燕、吐谷浑、代国、北魏、东魏、西魏、北周十二个地方政权。其中，拓跋鲜卑建立的北魏政权开创了少数民族入主中原的先例。从东汉末到隋唐初，鲜卑人扬鞭催马的身影一直活跃在中国历史舞台上，他们像一颗颗明亮的流星，在历史的天空璀璨划过，却没留下太多的痕迹。

席卷而来的林地民族

从今天的内蒙古自治区呼伦贝尔市鄂伦春自治旗阿里河镇往西北行约 10 公里，就是闻名遐迩的鲜卑人遗址"嘎仙洞"。"嘎"是鄂伦春语，"嘎仙洞"意为"猎仙之洞"，这个被当地鄂伦春人认为是猎仙曾显示过神迹的神秘山洞高悬在一座长约 100 米、巍然耸立的花岗岩大山半山腰中，洞高 20 多米，长 100 多米，可容纳数千人。1980 年 7 月 30 日，呼伦贝尔文物管理局的米文平在这个人迹罕至的石洞中发现了北魏石刻,这方石刻是443年魏世祖拓跋焘派李敞祭祖先时刊刻在石壁上的祝文,这个惊人的发现证明嘎仙洞就是拓跋鲜卑祖先居住过的"旧墟石室",而嘎仙洞所在的大兴安岭北段就是史书上总说不清所在的大鲜卑山。在那个平淡的夏日,困扰了史学界千年之久的"鲜卑山之谜"从此被揭开。

鲜卑源于东胡,早在先秦时就生活在大兴安岭山脉中部与北部的广大地区。受所处地理环境的影响,这时鲜卑民族的生产方式是狩猎兼游牧,他们所捕获的野马、羱羊、端牛是中原所见不到的异兽,而其出产的貂豽和羼子皮柔软光滑,用其制成的衣服被认为是天下名裘。但由于其活动区域远离中原,汉王朝一直没有注意到或忽视了他们的存在。东汉初年,漠北草原的霸主匈奴人已不复昔日的风光,在汉朝与乌孙、丁零、乌桓、鲜卑等民族的连年打击下,被迫西迁。鲜卑人趁机大规模成扇形南迁西徙,从东北地区向蒙古草原中部、西部迁移,占据了匈奴人的家园,而没有迁徙的十余万落匈奴人,"皆自号鲜卑",鲜卑民族人数大增,开始崛起于中国北方。

鲜卑人占领匈奴故地之后,他们中涌现出了一位杰出首领檀石槐。"檀石槐"在鲜卑语中就是"灵异、奇异"之意，据说其母亲是吞冰雹后受孕，长大后果然不同凡响，能"施法禁，平曲直"，被推举为鲜卑大人。东汉桓帝时（147—171年），檀石槐建庭于弹汗山（今山西阳高县北），统一鲜卑各部，建立了强大的军事同盟，占有自今天东北部经华北边缘至新疆北部的广大地区，"尽据匈奴故地，东西万四千余里、南北七千余里，网罗山川水泽盐池，东接夫余、貊，二十余邑为东部；从右北平以西至上谷十余邑为中部；从上谷以西至敦煌，接乌孙，二十余邑为西部，各置大人主之。"至此，兵强马壮的鲜卑人代替了匈奴，成了北方广大草原的主人，他们不断南下，到汉朝边地抢掠。直到此时，汉王朝才开始重视这个似乎是突然之间就冒出来的强大敌人，视其为心腹大患，以东汉著名文学家蔡邕为首的大臣们一致认为，鲜卑"兵利马疾，过于匈奴"，难以战胜。果然，在随后的两军对阵中，鲜卑三部在檀石槐的统一指挥下大败汉军，从此打开了鲜卑南下的大门，鲜卑民族就像一股狂风一样，与匈奴、羯、氐、羌等民族一起逐鹿中原，横扫北中国。

鲜卑是一个族属多元的民族，其构成十分复杂，最初的鲜卑部落大致可分为东部鲜卑和北部鲜卑，后又在二者的基础上演化出了西部鲜卑。后来，在南迁西徙的过程中,鲜卑各部与匈奴、丁零(即后来的高车)、乌桓、汉人等混血形成了许多新的部别。如鲜卑与匈奴混合,在河套阴山一带形成了鲜卑父、匈奴母的拓跋鲜卑,在蒙古草原南部形成了匈奴父、鲜卑母的铁弗匈奴;与敕勒混合,在阴山以北形成了乞伏鲜卑;与南匈奴之后宇文氏混合,在西拉木伦河一带形成了宇文鲜卑等等。根据这些部落后来建立政权的大致区域,后世学者将慕容氏、宇文氏、段氏称之为东部鲜卑,拓跋鲜卑称为北部鲜卑,慕容氏的一支吐谷浑、拓跋氏的一支秃发氏及乞伏氏称为西部鲜卑。这三部鲜卑与檀石槐时的三部已有了很大区别,他们在魏晋南北朝时横刀跃马,纵横北中国,在东起辽东、西至青藏高原的辽阔大地上先后建立了前燕、后燕、西秦、西燕、南凉、南燕、吐谷浑、代国、北魏、东魏、西魏、北周12个地方政权。从嘎仙洞里走出来的拓跋鲜卑更是定都洛阳,与汉民族建立的南朝长期对峙,成为中国历史上第一个入主中原的少数民族政权。

  鲜卑民族是因山而得名。"鲜卑",用鲜卑人自己的语言来解释,是"祥瑞"之意,鲜卑山就是神山,是鲜卑人心目中的神圣之山。这个极度怀旧的民族,在多年的迁徙过程中,走到哪儿,就把鲜卑山的名字带到哪儿,以至于那一时期,在中国的历史上出现了若干个鲜卑山。辽东塞外鲜卑山、辽西的两座鲜卑山、大兴安岭北段鲜卑山、横贯甘青边界的祁连山等,北中国的好几个山脉,都曾被称为"鲜卑山",这些鲜卑山极大地混淆了史学家们的视线,以至于最后谁也说不清鲜卑山的确切位置,使其成为中国历史上的一个千古之谜。

后燕铁骑在参合陂的恸哭

慕容部落是晋代鲜卑诸部落中重要的一支,他们的祖先是从辽东塞外的鲜卑山走出来的。慕容氏的发式与拓跋部脑后垂一条辫子的"髡发"不同,是披发。由于慕容部崇尚白色,其族人肤色也较白皙,被称为"白夷"。东汉初年,慕容部落从辽东鲜卑山南迁,来到了饶乐水,即今天的西拉木伦河流域,以此为根据地,向四周扩展地盘和势力。永嘉初年(307—313年),慕容廆自称"鲜卑大单于",借尊王之名,行扩土之实,尽得辽东地区,被东晋封为平州刺史,其疆域包括今天的辽宁锦州、义县、锦西、阜新及朝阳等地。慕容廆在位时的突出政绩是立侨郡县,劝课农桑,发展社会生产。除了教部民种庄稼之外,慕容廆还在江南求得桑种，在辽川发展养蚕业，他恐怕算得上了辽东历史上第一个引进蚕种的人。慕容廆死后，其第三子慕容皝继位。慕容皝继续起用汉族士人，施行重农政策，给贫困流民分田、分牧牛，兴修水利，这些措施在很大程度上促进了东北地区的开发。

在鲜卑诸部中，慕容鲜卑是最早建立地方政权的部落，他们为鲜卑最终问鼎中原迈出了关键性的第一步。从337年至410年，慕容氏先在辽东，后在黄河流域建立了前燕、后燕、西燕、南燕四个燕国。这四个燕国的立国时间都不长，最长的不过30多年，短的还不到10年，生命力极其短暂。究其原因，除了前秦、后秦及北魏、东晋等强敌环伺，生存环境恶劣，也与其自身的一些执政失误有关。慕容鲜卑本来是游牧部落，作战时依靠兵强马疾的骑兵取胜，但在新中国成立以后，慕容鲜卑加快了汉化的步伐，其生活方式发生了根本性的变化，从逐水草而居的畜牧生活转向了农耕定居生活，战马锐减，军士凋敝，加上王公贵族们日益腐化，骄奢淫逸，军队无心作战，强敌来临时时常常不战而溃，燕国最终灭亡，消失在了历史长河之中。

虽然都是鲜卑人建立的国家，且二者有亲缘关系，但拓跋鲜卑建立的北魏和慕容鲜卑建立的四燕政权（前燕、后燕、南燕、北燕）之间战事不断，他们之间最惨烈的战争发生在1600多年前的参合陂（今内蒙古凉城县东北）上。395年，后燕国主慕容垂派太子慕容宝率领8万铁骑攻打北魏，两军隔着黄河对峙了6个月后，慕容垂的外甥北魏道武帝拓跋珪采取心理战术，散布慕容垂已死的假消息，后燕军心动摇。然后，拓跋珪抓住了黄河冰封的良机，在参合陂偷袭撤退的燕军，燕军人马相踏，溺死一万多人，慕容宝单骑出逃，四五万人被俘，全被拓跋珪活埋。这是中国历史上继白起长平坑杀40万赵卒、项羽新安坑杀20万秦兵以来的第三起大规模杀降事件，是拓跋鲜卑对慕容鲜卑的一次大屠杀，极大地削弱了后燕的兵力。第二年，慕容垂攻打北魏，率军经过参合陂时，看到了一幅"积骨如山"的人间地狱景象。看着散落在荒野中的累累白骨，数万后燕铁骑禁不住一起放声恸哭，声震山谷。曾经身经百战、从未打过败仗的常胜将军慕容垂气恨交加，当场吐血发病，不久病逝。

数万铁骑的恸哭声改变不了后燕灭亡的轨迹，也挽救不了慕容鲜卑消亡的命运，15年之后，慕容氏建立的最后一个国家——南燕，被"气吞万里如虎"的东晋刘裕消灭。亡国后，慕容部落渐渐不复存在，但慕容这个姓氏却保留了下来，成为汉族百家姓中的一个，直到今天仍在使用。

雕在石窟里的西秦文明

在甘肃省永靖县小积石山大寺沟内，黄河右岸一处长约 200 米、高约 60 米的峭壁上，密密麻麻地凿着 183 座窟龛，窟中共计有 694 座石雕、82 座泥塑和 900 平方米的壁画，这就是素有"深山瑰宝"之称的炳灵寺石窟。在这个风格古朴的石窟中，遗留着乞伏鲜卑所建立的西秦文明的碎片。如开凿在绝崖峭壁上的 169 窟中，有距今 1500 余年的精美的西秦造像。169 窟是炳灵寺的精华所在，其北壁佛龛内有"无量寿佛""观世音菩萨""大势至菩萨"的造像，而在北壁的显著位置还立有一尊高约 1.25 米的立佛，"一佛二菩萨"的造像色彩艳丽，立佛仪态庄重，均具有很高的艺术水平。169 石窟北壁上方还有"建弘元年岁在玄枵三月二十四日造"的字样，"建弘元年"是西秦第三代王乞伏炽磐的年号，为 420 年，这是至今所见到的中国最早的石窟记年题记。

西秦是鲜卑人在中国陇西地区建立的地方政权，立国时间为 47 年。在几千年的中国历史中，47 年时光只是短暂的一瞬，曾经在陇西一带纵横驰骋，东征西讨的西秦虽然立国时间不长，但在陇西地区的农业和畜牧业开发、城镇建设、交通道路的改良及沟通中西交通方面，却也做出了不少贡献。如乞伏贵族曾从河湟、河西、陇东、陇南等地强行迁徙十万农民到陇西，客观上推动了陇西农业的大规模开发；史载西秦"马大繁息"，养马业十分发达，其骑兵骁勇善战，在著名的淝水之战中曾被前秦征调为先锋骑兵，参加与东晋的决战；而离甘肃省夏官营火车站不远的勇士城、榆中县东北的苑川城、甘肃靖远县西北的度坚城等都是西秦在陇西建设的新城镇；《水经注》记载，乞伏乾归在位时，曾花费三年时间，在枹罕境内的黄河修建了一座高 50 丈、长 40 丈的宏伟"飞桥"，当时号称为"天下第一桥"。

西秦时的陇右地区处在中国内地与西方（中亚、欧洲、印度）的交通要道上，无论从河西走廊入西域、欧洲，或是由青海经柴达木盆地至西域，一般都要先经过陇西地区。西秦存在的 47 年中，往来于陇西西秦的中外僧人，为数不少。其中，从内地往西域求法的僧人，有法显、释昙无竭、释智猛、法勇等数十人，而从西方或西域入内地来弘法的僧侣人数更多，如大名鼎鼎的鸠摩罗什、昙无毗等，都是经河西的北凉、陇西的西秦境内抵达了中国内地，向信徒们传授佛教教义。

东晋十六国时期，佛教在北方十分兴盛，西秦的东西邻国后秦和北凉均崇信佛教，受地处中西交通要道的地理位置和社会大环境的影响，佛教在西秦很快传播和盛兴了起来。除了炳灵寺外，甘肃天水的麦积山石窟也与西秦有关。麦积山距今天的天水45公里，因其形状像堆积的麦秸而得名。西秦时，被乞伏炽磐"崇为国师"的禅宗大师玄高曾在麦积山隐居，从者如云，仅徒弟就有100多名，而后秦高僧昙弘也在麦积山修行，与玄高一起研修佛法。

在鲜卑各部建立的地方政权中，西秦是较早接受佛教影响的政权之一。继西秦之后，北魏、西魏、北周各政权均大力提倡佛教，虽然中间也有北魏太武帝、北周武帝灭佛之举，但佛教在北朝总体上是处于蓬勃发展阶段，这一点可以从麦积山、炳灵寺、莫高窟、龙门石窟、云冈石窟中留存的大量北朝时期的佛像、壁画、雕塑中得到证实。令人惊喜的是，鲜卑人不仅将自己全心膜拜的神灵和关于天国的美好想象雕在了各地的荒山石窟中，还因虔心所至，无心地将自己的形象以"供养人"的名义留在了石壁上，使后人对其相貌和服饰有了一些直观的了解。如在莫高窟285窟的西魏壁画中，男供养人头戴卷沿毡帽，身穿小袖窄衫、白布小口袴，腰系蹀躞带，上面挂着打火石、刀子、磨刀石、解结锥、针筒、绳子等，脚登乌鞋，与史书记载以"着小袖袍、小口袴"为主要特征的鲜卑人服饰十分相近，是十分珍贵的鲜卑文物资料。

胡筛汉月的北魏孝文帝

有着3000多年历史的洛阳是中国六大古都之一，有"九朝故都"之称。493年，北魏孝文帝拓跋宏将都城从平城（今山西大同东北）迁到河南洛阳，在这座美丽的历史名城中继续大刀阔斧地进行了鲜卑族的汉化改革。实际上，拓跋鲜卑的汉化运动早在孝文帝祖母冯太后临朝听政时就已开始。拓跋鲜卑历史上太后摄政现象较多，与其有浓厚的母系氏族遗风和奇特的"子立母死"制度有关。那位曾经活埋后燕数万士兵的拓跋珪建立代国，成为鲜卑历史上第一位君临中原的皇帝后，仿效汉武帝的做法，创立了"子立母死"的继承制度，即只要皇太子一册立，其母亲立刻被赐死。因为没有生下可以继承皇位的儿子，出身北燕皇室的汉族女子冯有非常幸运地成为皇后，后来又成了至高无上的皇太后、太皇太后，把持朝政数十年。冯太后聪明能干，既有见识，又有魄力，是拓跋鲜卑历史上有名的女政治家。她在当时进行的汉化改革主要有禁止同姓通婚、实行俸禄制、立三长制、朝服改革等内容，这些重大举措极大地改变了拓跋鲜卑的政治、经济和社会面貌，为孝文帝的汉化运动奠定了基础。

冯太后死后，孝文帝在其丧礼上弃鲜卑旧俗不用，宣称自己要遵循儒家礼仪，服丧三年。此后，他接二连三地破除了许多鲜卑固有的习俗，改用汉族习俗，如废除了对鲜卑族诸神灵的祭祀，把汉地的天、神当作自己的神灵加以敬奉，崇拜天皇大帝和五方大帝；让汉族官吏参与太庙祭祀，打破了非帝室十姓不得参与国家丧葬祀礼的规定；由于小岁时众臣穿着袴褶来朝贺皇帝，觉得不合华夏礼仪，于是贺小年的风俗也被废除；不允许像以前一样袒裸；改变拓跋鲜卑每年第二个月祭宗庙的习惯，像汉族人一样在第一个月祭宗庙；开始减省繁缛的四月祭天仪式，后来，索性废除了鲜卑人十分重视的这项传统仪式，正式采用中原帝王祭祀天、地的仪式；革除了六月至阴山却霜的习俗；等等。

革除旧俗只是孝文汉化改革的前奏。孝文帝汉化的决心十分坚定,为此,他甚至处死了反对改革的太子。紧接着,孝文帝带着约100万左右的贵族、官僚、军队和部众浩浩荡荡地迁都洛阳,为了让南迁的人永远定居下来,他还下令"迁洛之民,死葬河南,不得北还",拓跋鲜卑从此就在洛阳长久居住了下来。孝文帝的汉化运动十分全面,他在洛阳采取的汉化措施主要有禁止鲜卑人穿民族服装,不允许大臣们在朝廷上说鲜卑话,提倡说汉话、穿汉服,还下诏定姓族,改鲜卑复姓为汉姓,拓跋皇族就是在这时改为元氏的,鼓励鲜卑人与汉族通婚,改革官制,改定律令等等。孝文帝的改革极大地促进了鲜卑与汉民族的交融,鲜卑民族迅速封建化。在他的大力提倡下,儒学在北魏也盛兴起来,北魏统治阶层中出现了许多文武双全的杰出人物,还出现了与南朝相比,北朝的儒学有过之而无不及的局面。为此,初到洛阳的南朝使者陈庆还发出了"吾始为大江以北皆戎狄之乡,比至洛阳,乃知衣冠人物尽在中原,非江东所及,奈何轻之礼"的感叹。孝文帝推行的汉化运动将鲜卑民族带进了文明的领域,因而被后世的君王当成明君的楷模。200多年后,大唐皇帝在云州(今大同),在昔日北魏明堂的遗址上给孝文帝修建了祠堂,纪念他不朽的历史功绩。

丝路南道的中介者——吐谷浑

20世纪80年代,一个偶然的机缘,考古工作者在荒凉的柴达木盆地南缘发现了一群总数在千座以上的巨大古墓群。其中,一座被当地藏族牧民称为"九层妖楼"的吐谷浑古墓中出土大量来自中原汉地、中亚和西亚的丝绸、金银器、玛瑙珠、玻璃珠、铜盘残片和铜香水瓶。这些被埋藏了千年却依然精美如昔的丝织品和各种珍贵器皿的发掘,用铁一般的事实表明,鲜卑人在青藏高原上建立的吐谷浑王国是丝路南道当之无愧的中介者。

在鲜卑诸部纷纷南迁西徙的历史潮流中,源出于慕容部落的吐谷浑部跋涉得最为遥远,其生命力也最为长久。吐谷浑部落不远万里,来到甘肃、青海之后,联合当地的氐羌部落,以现在的青海为主要活动中心,建立了一个存国时间长达350年之久的草原王国。在其漫长的统治时期,吐谷浑有过许多不为世人周知的历史贡献,如创造发明了没有墩柱也依然可以横渡黄河天险的河厉桥,在荒无人烟的青海草原大开城镇建设新风,在美丽的青海湖草原中培育出了能追风掣电的千里马"青海骢",推动了长期无人问津的丝绸之路南道的繁荣,开辟了从青海高原直接通往南朝都城建康（南京）的新道等。其中，对中国历史产生了深远影响的是吐谷浑人对丝绸之路南道的沟通与联结。

号称"中西文化运河"的丝绸之路早在新石器晚期就已"玉石之路"的名义存在，西汉张骞通西域后日益兴盛。大家现在熟知的是张骞走过的丝绸之路，即出长安，跨渭水，越陇山，向西穿过祁连山以北的河西走廊，进入西域，这条路是传统意义上的丝绸之路。实际上，在黄河以西，经过祁连山以南的吐谷浑王国疆域内，还有一条鲜为人知的丝绸之路，这条路被后世的学者称为"丝绸之路南道"或"丝路南道"。丝路南道一般经过西宁，经过日月山后大致有三条支线：其一，经青海湖南岸或北岸，过柴达木的德令哈、大柴旦、小柴旦，出当金山口，到达甘肃敦煌，汇入河西走廊道，再往西域；其二，过青海湖南岸，经今都兰县城、香日德、诺木洪、格尔木、乌图美仁，再向西北经过尕斯库勒湖，越阿尔金山到西域；其三，经布尔汗布达山南麓或北麓，一直向西，沿楚拉克阿干河谷入新疆。这三条支线并不独立存在，而是多处可以相通。虽然这些路线早就存在，但由于路险天寒，丝路南道长期受到冷落。魏晋南北朝时期，河西走廊一带烽火连绵，丝路北道的热闹繁华再也无法维持下去。这时，在吐谷浑人的推动下，丝路南道开始兴盛，并一度取代河西道成为丝绸之路的主干道，自汉朝以来就频繁进行的中西文化交流得到了延续。

往西域的路畅通无阻了，到南朝的路又该怎么走呢？出于与南朝进行经济、政治、文化交流的目的，吐谷浑人开通了一条通往南朝都城建康（今南京）的新道，这条道大致是从今天的青海湖东岸出发，向东南经过青海黄南州、四川松潘，到达益州（成都）一带，然后沿长江而下，直达建康，古代史学家们称其为"河南道""吐谷浑道"。这条道向西，在青海湖岸边可以与丝路南道的三条支线相连接，是当时南朝与西域之间主要贸易通道。"河南道"在中国历史上享有盛名，那些去西天取经的和尚，东来传法的印度高僧，往来于西域和南朝的商人和使者，都曾风尘仆仆地穿行在这条新道上。

往西域和南方的道路畅通之后，吐谷浑王国随之成为丝路南道的中转站，吐谷浑人成为丝路南道的中介者。这个以前只知道挥舞战刀和马鞭的民族，开始以向导和翻译的身份出现在南朝的史书中，事实上，除了担负起给商旅和使者们指引方向、提供翻译、武装护送等重任外，吐谷浑人"事惟贾道"，还积极与来自中亚、西亚的胡商们进行各种中转贸易,他们将大量的丝绸、棉布、瓷器、铁器、茶叶及纸张从中国南方运往吐谷浑国内,然后辗转销往西域各国,同时也将西域的金银制品、玻璃器皿、香料及珍禽异兽等贩运到国内,销往中国南北的各个市场。中国历史上有名的舞马,是吐谷浑人献给中原王朝的珍贵贡品。现在看来,那些能随音乐翩翩起舞的舞马,极有可能就是西域的舶来品。

中华文化中的鲜卑元素

文化的交流往往是双向的,鲜卑民族大量涌入中原之后,用谦虚的姿态无比虚心地接受着汉文化的教诲与熏陶,但与此同时,他们所带来的刚健纯朴的鲜卑文化也对汉文化的发展产生了相当大的影响,博大精深的中华文化中至今仍遗留着不少鲜卑文化元素。只是,由于时隔久远,那些来自鲜卑游牧生活的文化因子被漫长的历史岁月蒙上了厚厚的尘埃,一时难辨其本来面目,而有些甚至无迹可寻,只留下了一个个难解的谜团。

秦汉以前,汉族的服装样式是"上衣下裙",裙子里面穿袴,即开档套裤,给腿部保暖,不仅女子,连男人们的服装都是这个样式。可到了南北朝时期,由于鲜卑等北方少数民族胡服的流行和影响,北方男子的日常服饰变成了"长帽、短靴、合袴、袄子",其主流演变成了上衣下裤,男人们不一定非要穿宽大累赘的裙子,但南朝的服装主流依旧是"上衣下裙"。隋唐继承了北朝服饰的传统,并将其发扬光大,推广到了南方,"上衣下裙"的男子服饰逐渐退出了历史舞台,而"上衣下裤"的模式沿袭了下来,一直到今天仍在沿用。

魏晋南北朝时,南方的汉族文人们崇文鄙武,喜欢清谈,不尚实务,手无缚鸡之力。史书记载,梁朝的士大夫们体质虚弱得没有人搀扶连路都走不了,见到嘶鸣奔跑的马后吓得大惊失色,直说那是老虎,不是马。而北方士大夫与他们有很大区别,"便弓马,好武事",尤其是在西魏和北周时期,北方士族中习武蔚然成风,这种风气的形成与鲜卑民族的影响分不开。鲜卑是个尚武的马背民族,"遥看孟津河,杨柳郁婆娑,我是虏家儿,不解汉儿歌。健儿须快马,快马须健儿,跸跋黄尘下,然后别雌雄"。这首《折杨柳词》是北朝时在大江南北广泛流行的民歌,鲜卑人在这首歌中对自己勇健强悍的民族性格进行了生动的描述,他们豪迈尚武的个性极大地影响了当时的汉人，北朝汉人不仅在日常生活中习惯于携刀武战，还普遍喜欢骑马，甚至连女子都有"褰裙逐马如卷蓬，左射右射必叠双"的矫健身手。这一时期，受以鲜卑为主的北方少数民族骑马风气的影响，北朝汉人们经常用马代步，其日常代步工具发生了较大变化。隋唐时，马代替车，成为人们主要的日常交通工具。

鲜卑人入主中原多年，其民族音乐在当时的乐舞文化中占有一席之地。《阿干之歌》《慕容可汗》《企喻歌辞》《真人代歌》《簸逻回歌》《兰陵王入阵曲》等，都是风靡一时的名曲，但由于这些歌曲大多是用鲜卑语演唱，好多现在已经失传。其中，《真人代歌》又叫《北歌》，是一首用鲜卑语演唱、叙述拓跋鲜卑历史的雄浑壮美的叙事诗，大约创作于北魏之初，北魏皇帝住在平城的时候，常叫宫女唱这首歌，在祭祀和宴会时也常演奏这首歌。唐贞观年间，《真人代歌》依旧留存于世，仍用鲜卑语演唱，但当时的人们已听不懂这首古老的歌谣了。而《兰陵王入阵曲》是北朝鲜卑著名的舞曲，兰陵王高长恭是北齐皇帝——鲜卑化汉人高欢的孙子，因面目俊美，常戴假面上阵杀敌，这首曲子就是根据他的事迹编唱的，因此表演者要戴着假面具舞蹈。这首名曲在我国也早已失传，在唐代时传入日本，至今仍被作为日本庙堂和皇室的庆典音乐。

鲜卑民族在北朝建立的最后一个政权北周被隋朝攻灭之后，许多鲜卑贵族成为隋唐王朝的姻亲和大臣，如一代明君唐太宗的祖母独孤氏、母亲窦氏、皇后长孙氏，都是鲜卑人，其大臣中也有不少鲜卑人，正是由于有这种家世背景，唐太宗在对待民族问题时十分开明，能较为平等地对待各少数民族，因此深受边疆各族的爱戴，被他们称之为"天可汗"。隋唐时期，除了皇室具有不容置疑的鲜卑血统外，还有许多著名人士也是出身鲜卑或鲜卑化胡族，如权相长孙无忌和元稹、建筑学家宇文恺、音韵学家陆法言、诗人白居易、刘禹锡、画家尉尺乙僧等，他们如璀璨的群星，照耀在隋唐盛世的夜空中，为那个伟大的时代增添了几许绚丽的色彩。

（原载于2007年第10期《中国国家地理》，题为《鲜卑：统一中原的第一个北方少数民族》）。

主要参考文献

1.〔北宋〕司马光:《资治通鉴》,北京:中华书局,1956年。

2.〔唐〕房玄龄等撰:《晋书》,北京:中华书局,1974年。

3.〔北齐〕魏收:《魏书》,北京:中华书局,1974年。

4.〔唐〕魏征等撰:《隋书》,北京:中华书局,1973年。

5.〔后晋〕刘昫:《旧唐书》,北京:中华书局,1975年。

6.〔北宋〕欧阳修:《新唐书》,北京:中华书局,1975年。

7.〔唐〕李延寿:《南史》,北京:中华书局,1975年。

8.〔唐〕李延寿:《北史》,北京:中华书局,1974年。

9.〔梁〕沈约:《宋书》,北京:中华书局,1974年。

10.〔梁〕萧子显:《南齐书》,北京:中华书局,1972年。

11.〔北宋〕王钦若等编:《册府元龟》,北京:中华书局,1960年。

12.周伟洲:《吐谷浑史》,北京:商务印书馆,2021年。

13.周伟洲:《吐谷浑资料辑录》(增订本),北京:商务印书馆，2017年。

14. 吕建福：《土族史》，北京：中国社会科学出版社，2002年。

15. 崔永红、张得祖、杜常顺主编：《青海通史》，西宁：青海人民出版社，1999年。

16. 毕艳君、崔永红著：《古道驿传》，西宁：青海人民出版社，2007年。

17. 吕一飞：《北朝鲜卑文化之历史作用》，合肥：黄山书社出版，1992年。

18. 霍巍：《吐蕃时代考古新发现及其研究》，北京：科学出版社，2012年。

19. 王俊杰：《吐谷浑在历史上的积极作用》，《西北师范学院学报》1986年第3期。

20. 仝涛：《青海都兰热水一号大墓的形制、年代及墓主人身份探讨》，《考古学报》2012年第4期。

21. 谢佐主编：《中国文化通览·青海卷》，北京：中华书局，2013年。

22. 许新国：《西陲之地与东西方文明》，北京：燕山出版社，2006年。

23. 肖永明：《树木年轮在青海西部地区吐谷浑与吐蕃墓葬研究中的应用》，《青海民族研究》2008年3期。

24. 周伟洲：《青海都兰暨柴达木盆地东南沿墓葬主民

族系属研究》，青海民族大学民族学与社会学学院所编《人类学（民族学）视野下的藏族与周边民族研究论坛论文集》2013 年 9 月。

25. 李浩：《新见唐代吐谷浑公主墓志的初步整理研究》，《中华文史论丛》2018 年第 3 期。

26. 陕西考古研究院、陕西历史博物馆、长安区旅游民族宗教文物局：《陕西西安西魏吐谷浑公主与茹茹大将军合葬墓发掘简报》，《考古》2019 年第 4 期。

27. 罗新：《西魏晖华公主墓志所见的吐谷浑与柔然名号》，《中山大学学报》2020 年第 5 期。

28. 刘卫鹏、王忠信：《吐谷浑"王者之城"——青海伏俟城钻探调查的突破性新发现》，《文物鉴定与鉴赏》2021 年第 2 期。

29. 甘肃省文物考古研究所、武威市文物考古研究所、天祝藏族自治县博物馆：《甘肃武周时期吐谷浑喜王慕容智墓发掘简报》，《考古与文物》2021 年第 2 期。

30. 李鸿宾：《慕容曦光夫妇墓志铭反映的若干问题》，《唐史论丛》2012 年第 1 期。

31. 陈玮：《新出唐吐谷浑王族慕容环墓志研究》，《中国边疆史地研究》2014 年第 4 期。

32. 杜林渊：《从出土墓志谈唐与吐谷浑的和亲关系》，《考古》2002 年第 8 期。

33. 仝涛：《青海郭里木吐蕃棺板画所见丧礼图考释》，《考古》2012年第11期。

34. 王树芝、邵雪梅、许新国、肖永明：《跨度为2332年的考古树轮年表的建立与夏塔图墓葬定年》，《考古》2008年第2期。

35. 中国社会科学院考古研究所、海西蒙古族藏族自治州民族博物馆、乌兰县文体旅游广电局：《青海乌兰泉沟一号墓发掘简报》，《考古》2020年第8期。

36. 中国社会科学院考古研究所、青海省文物考古研究所：《青海都兰县热水墓群2018血渭一号墓》，《考古》2021年第8期。

37. 韩建华：《吐蕃化的阿柴王陵——2018血渭一号墓》，《文博中国》2021年4月6日。

38. 韩建华：《青海都兰热水墓群2018血渭一号墓墓主考》，《考古研究》2022年第1期。

后记

自2004年有幸在时任青海省社会科学院文史研究所所长崔永红研究员指导下，执笔完成了省地方志编纂委员会办公室策划出版的《青海史话》（第一辑）中《草原王国吐谷浑》一书的写作以来，我心中就埋下了浓厚的吐谷浑情结。这之后的岁月中，只要有吐谷浑的新研究成果和考古发现发布，我总会不由自主地去关注和学习，而时间过得愈久，越觉得最初撰写的《草原王国吐谷浑》内容过于单薄和稚嫩。而令人意想不到的是，2013年春天，青海省海西蒙古族藏族自治州政协将《草原王国吐谷浑》一书列入《柴达木文史丛书》第四辑，要求我们对该书进行补充完善。之后，我和崔永红研究员对《草原王国吐谷浑》进行了局部修改，对吐谷浑民族构成、吐谷浑王国各个历史阶段的疆域和政治制度、丝绸之路南道的形成、吐谷浑的政治制度与风俗文化、某些历史事件的因果,进行了较为深入的分析与展现,尤其是对"吐谷浑王国的余响"部分修改较多,不仅分阶段对内迁的吐谷浑人的历史演变进行了系统叙述,还对吐蕃统治下的吐谷浑邦国进行了较为全面的展现,而该部分中"吐谷浑人的历史密码"是由崔永红研究员补充撰写,主要是以柴达木盆地丰富的考古遗存为历史线索。该书修改完成后,改名为《吐谷浑史话》,由中国文史出版社于2016年12月出版。

近几年,随着陕西西安吐谷浑公主与茹茹大将军合葬墓、甘肃天祝吐谷浑喜王慕容智墓、乌兰县泉沟一号墓的陆续发掘,以及吐谷浑"王者之城"——青海伏俟城钻探调查的突破性新发现、都兰2018血渭一号大墓中"外甥阿柴王"银印章的出土等,尤其是自乌兰县泉沟一号墓和2018血渭一号大墓于2019年和2020年先后入选"全国十大考古新发现"以来,在历史长河中被湮没的草原王国吐谷浑越来越受到社会各界的关注,其对东西方商贸和文化交流所做出的重要贡献也重新被学界所审视和认可,而吐谷浑民族多元融合、文化交融及其最后融入汉族、吐蕃与其他民族的历史为我们现在的"一带一路"建设和铸牢中华民族共同体意识提供了宝贵启示与借鉴。

每当与吐谷浑有关的考古新发现公布之后,我激动之余，总是急切企盼能有机会将这些珍贵的、新的历史信息补充到我们的书中去，渴望能再次对《草原王国吐谷浑》一书进行补充、丰富和修正。而惊喜总是不期而临，2022年3月，省地方志编纂委员会办公室和青海人民出版社共同策划《走进青海历史文化丛书》，承蒙青海省地方志编纂委员会办公室主任杨松义、青海人民出版社副总编辑戴发旺两位先生的厚爱，《草原王国吐谷浑》被选入第一批选题之中。《走进青海历史文化丛书》的定位是"大众普及类历史文化读物"，策划方要求作者对原书文字进行修改、补充与完善，进一步订正史实，核查原文和出处，认真校核，确保舛误彻底清零，并要求尽可能照顾大众的阅读旨趣，写得通俗生动、活泼有趣一些，既要有学术性，也要有可读性。接受任务后，我根据周伟洲先生2017年增订出版的《吐谷浑资料辑录》和2021年新出版的《吐谷浑史》对自己于2013年撰写完成的《吐谷浑史话》一书进行了逐字逐句对照修改，并根据这两本书新增加的内容对个别地方进行了补充，在此基础上，又依据20世纪以来出土的吐谷浑墓志、2014年以来的考古新发现增加了"伏连筹与柔然联姻""背井离乡的吐谷浑王族"两小节新内容，并在"吐谷浑人的历史密码"部分中补充了德里木棺板画、慕容智墓、乌兰泉沟一号墓和2018血渭一号墓的相关内容。需要说明的是，根据策划方的要求，我在文中增添了脚注，力求做到重要观点和说法有出处。之后，崔永红研究员对我修改的内容进行了复查和审核，并对"吐谷浑道的兴盛"部分进行了补充修改，然后由我审阅定稿。尽管我们尽了最大努力，但错误疏漏仍然在所难免，在此敬请广大读者提出宝贵意见。

此外，为了让大家立足于今天，纵向地回顾和重新认识吐谷浑人的历史贡献，并横向地从整个鲜卑民族的兴衰潮流之中了解吐谷浑人的历史命运，我将自己所撰写的、刊载在《中国国家地理》中杂志的两篇文章也附在书后。同时，附上崔永红研究员撰写的《吐谷浑与中原王朝的关系及其兴亡的原因》一文，他颇具专业性的学术分析对读者深入了解吐谷浑的兴衰很有帮助。

最后，感谢青海省地方志编纂委员会办公室和青海人民出版社对青海历史文化的重视和热爱，感谢杨松义主任和戴发旺先生的大力支持，更感谢我们所处的文化盛世，给了我们这些久居书斋的科研工作者越来越多的施展自己才华的舞台与广阔天地，我们愿意与这个伟大的时代同频共振，竭自己所能为青海历史文化传承发展尽自己的一份绵薄之力。

胡芳

2022 年 7 月于西宁